동아시아의 고대정치사상연구

전 락 희

단국대학교출판부

머 리 글

동아시아에 있어서 고대사상가들의 한결같은 관심사는 인간관계였다. 특히 유가는 그 점을 중시하였다. 사람이 산다는 건 인간관계 그 이상도 이하도 아니다. 본래 인간(人間)이란 사람과 사람 사이에서 살 수 밖에 없는 사회적 존재임을 뜻한다. 원하든 원치 않든 간에 인간관계를 맺고 그것을 유지하고 발전시키거나, 때로는 그것을 파기하거나 무시해 버리는 것이 우리들 삶의 모습이다. 대학원에서 담당했던 '고대동양정치사상연구'의 초점도 여기에 맞춰 진행되었다.

나의 경우, 지난 2월로 맞이한 정년은 자축할 만 하다고 생각되어 저간의 강의 내용을 한 권의 책으로 묶기로 하였다. 강의를 하다보면 하지 않아도 되는 데까지 언급하기도 하고, 필요 이상의 사례를 드는 경우도 없지 않다. 본서에는 그런 것들을 가감 없이 그대로 실었다. 까닭은 버리기보다는 그런대로 남겨두는 것이 조금은 더 낫다고 생각되었기 때문이다. 그러다보니 자료의 진위를 가리고 사상을 비교 설명하는 데 있어서는 다소 상세하지 못한 감이 없지 않다.

그러나 원전에 만은 충실하려고 노력하였다. 한 학기 강의를 끝내면서 수강자들에게 소감을 물어보면 각기 달리하는 견해가 더 많다. 그래서 동아시아의 고대정치사상이 오늘을 사는 우리에게 어떤 의미와 가치가 있는가에 대한 인식과 평가의 문제는 독자들의 몫으로 남겨

놨다.

끝으로 어려운 여건 속에서도 출판을 허락하여 준 단국대학교 출판부 강재철 부장님과 편집과 교정에 수고를 아끼지 않은 정진형 주임님 외 여러분께 감사를 드린다.

2006년 5월 31일

여락재에서 **전 락 희**

목 차

제1장 정치사상의 연구와 선진제가

1. 동아시아의 정치사상과 연구방법

1) 동아시아의 의미와 정치사상

동아시아의 정치사상이란 동아시아인들이 처했던 정치적 상황에 대한 의식 반응을 뜻한다. 그들은 긴 역사 과정 속에서 수많은 정치적인 문제를 만났고, 그것을 설명하고 해결하지 않으면 안 되었다. 아울러 그것은 사상으로서의 보편성을 지니면서도 특유의 문화와 역사 그리고 자연 조건에 따른 특수성 때문에 서양의 그것과 구별되는 내용과 성격을 가지게 되었다.

대지를 삶의 터전으로 그리고 활동무대로 삼고 농업을 생업으로 영위하면서 살았던 동아시아인들은 생존과는 그렇게 중요하게 여기지 않던 바다－양(洋)이란 명칭을 사용할 리가 없었을 것이다. 공자(孔子)가 살던 시대로부터 19세기말까지 파도가 치는 바다에서 모험을 해본 경험이 있는 동아시아의 사상가는 아무도 없었다는 사실을 감안할 때 더욱 그렇다. 일찍이 공자는 이런 말을 남기고 있다.

> 이 세상에 도가 실행되지 않으면 떼를 타고 바다로 떠나겠다. 그 경우 나를 따를 사람은 중유 너뿐일 것이다.[1]

그리고 맹자(孟子)도 바다에 관한 말을 거의 하지 않았다.

> 바다를 본 사람은 다른 물을 보기가 어렵고, 성인의 문하에서 유학한 사람은 말을 하기가 어렵다.[2]

그러나 공자와 맹자가 비록 바다를 말했다고 해서 그 바다는 관념상의 바다일 뿐, 경험상의 바다는 아니었다.[3] 그들 양인이 열국을 주류하면서 만났던 것은 크고 작은 강일수는 있어도 바다는 결코 아니었다.

사람들은 그들 자신이 위치한 곳을 중심으로 동과 서를 말하고, 남과 북이라 하기도 한다. 그러므로 동아시아(동양)라고 할 경우, 그것은 서양적인 입장에서의 개념임을 쉽게 알 수 있다. 서양인들이 동쪽으로 여행하여 중국을 포함하여 동아시아에 이르렀을 때, 그들은 그들이 위치한 곳을 원동(遠東) 또는 극동(極東)이라 할 수는 있지만, 그곳에 살

---

1) 道不行 乘桴浮於海 從我者其由與(『論語』公冶長).
2) 故觀於海者難爲水 遊於聖人之門者 難爲言(『孟子』盡心上).
3) 공자와 맹자가 말한 바다는 경험상의 바다가 아니라 관념상의 바다라는 점에서는 다르지 않으나, 특히 맹자의 경우, 큰 바다를 본 사람은 적은 양의 물은 바다에 비교할 수 없다는 의미로 이해할 수도 있겠으나, 그가 말한 진정한 의미의 바다는 큰 깨달음으로 이해하는 것이 옳을 것이다. 큰 깨달음을 한 사람은 비록 작은 깨달음이라고 해도 그것을 작다할 수 없는 것처럼 성인의 문하에서 진정한 의미의 말을 깨달은 사람은 비록 사소한 말이라도 함부로 말하지 않는다는 뜻으로 이해하는 것이 옳을 것이다.

고 있는 사람들이 스스로 그들의 땅을 '동(東)'이니 '서(西)'라 할 수는 없고, '극(極)'이라고는 더더욱 하지 않았을 것이다. 이처럼 동아시아란 명칭은 동아시아인들에 의해 명명된 것이 아니라, 서양인들의 흥미 내지 상업 그리고 침략의 차원에서 인식되고 명명되었을 뿐 아니라, 진귀한 물건을 팔고 사는 무역과 착취 및 지배의 대상으로 인식된 그런 지역에 붙여진 이름이었다.[4)]

동양이란 개념은 동·서양에 있어 지리적인 지식의 발달에 따라 그 지칭하는 지역이 달랐다. 한자에서 동양이란 기록은 14세기 『동이지략東夷志略』에서 처음으로 사용되었다. 이 책은 원(元)나라의 왕대연(汪大淵)이 남해의 여러 나라의 지리·산물·풍속 등을 실지 견문하고 두 권의 책으로 엮은 것이다. 이 책에서 동양은 루손·몰라카·보르네오 등을, 서양으로는 안남·타이·수마트라·말래카 등을 들고, 대만·팽호도를 작은 동양(小東洋), 남인도를 작은 서양(小西洋), 유럽을 큰 서양(大西洋)이라 불렀다. 청대(淸代)에 들어와서는 동양과 서양을 합해서 남양(南洋)이라고 불렀고, 동양은 일본·충승·대만을 가리키는 명칭이었다. 그러나 본서에서 동아시아라고 함은 유교문화와 한자문화를 공유하고 있는 한·중·일 3국에 국한시킨 지역을 지칭한다. 정확히 말하면 동북아시아라고 해야 하겠으나 편의상 동아시아라고 하였다. 고대정치사상이라고 한 것은 춘추전국시대의 정치사상을 말한다. 그러나 본서에서는 사상적 중요성 때문에 한나라의 동중서(董仲舒)를 포함시켰다.

동아시아의 중심국인 중국은 대륙국이다. 그래서 그들은 자기의 영

---

4) Edward W. Said, *Orientalism,* New York : Patheon Books, 1978, p. 1.

토가 곧 세계라고 생각하였던 것이다. 한자에는 천하(天下)와 사해내(四海內)라는 두 표현이 있는데 양자는 다 현대어로는 세계라는 뜻이다. 그리스 같은 해양국 주민들은 천하와 사해내라는 말이 동의어로 쓰일 수 있으리라고는 상상하지 못했을 것이다. 그러나 한자에는 그러한 표현이 곧잘 사용되고 있으며, 또 그와 같이 쓰이는 경우도 적지 않다.

모르긴 해도 공자로부터 19세기말까지 바다를 경험한 동아시아의 사상가는 거의 없을 것이라는 사실과는 달리 해양국에 살며 이 섬 저 섬을 편력한 소크라테스·플라톤·아리스토텔레스는 그렇지 않았다.

해양국의 그리스인들은 상업을 통하여 부를 축적하였다. 그들의 대부분은 상인들로 도시인들이었다. 그들의 활동무대가 도시였기에 상인들은 가족들의 이익보다는 도시의 공공이익에 더 많은 기반을 둔 사회조직의 형태를 가지게 되었다. 때문에 그들 사회는 가족국가(family state)라 할 수 있는 동아시아의 사회조직과는 대조적인 도시국가(city state)를 형성시켰던 것이다.

그 같은 도시사회는 비독재적이다. 왜냐하면 동등한 도시인 가운데서 어느 한 개인이 다른 개인보다 더 중요하고 우월해야 할 아무런 사회적 내지 도의적 이유가 없기 때문이다. 그러나 가족 중심사회에서는 가부장의 권위는 다른 가족들보다 우월하기 때문에 독재적이며 계층적이다. 그러므로 비독재적인 도시중심의 사회였던 그리스에서 민주주의가 발전한 것은 어쩌면 자연스런 일인지도 모른다. 이에 반해 고대 동아시아에는 민주주의적 관념이나 제도가 없지 않았으면서도 그것이 민주주의적 이념이나 제도로 발전하지 못한 데는 산업으로서의 농업과 제도로서의 가족과 무관치 않을 것이다.

2) 정치사상의 연구와 대상

정치사상이란 모종의 정치 환경에서 살고 있던 개인 또는 집단의 의식반응이다. 본래 사상이란 의식작용의 결과로 나타난 사고의 내용을 뜻한다.[5)] 만일 그 내용에 체계와 통일이 주어지면 사상은 견해·관념·개념 등으로 표현된다. 이러한 사상은 환경이나 현상에 대한 회의(doubt) 또는 곤혹(perplexity)으로부터 성립된다고 일찍이 존 듀이(John Dewey)는 그의 『어떻게 사유할 것인가』(How We Think)라는 저서에서 밝힌 바 있다.

수많은 사람들은 능금나무에서 능금이 땅으로 떨어지는 것을 보아왔지만, 뉴우톤(Issac, Newton)만이 그러한 자연현상에 대해 회의에 회의를 거듭한 결과 만유인력을 발견하게 되었고, 봄날 아지랑이를 따라 하늘로 날아오르는 종달새를 보지 못한 사람 또한 없겠지만, 유독 어린시절 화담 서경덕만이 이상하게 여겨 식음을 전폐하고 골똘히 생각한 끝에 지기(地氣) 때문이라 결론지음으로써 한국 성리학상 최초의 기

5) 우리가 사상사를 공부할 때, 만나는 당혹스러움은 이론(theory), 주의(ism), 사상(thought)과 같은 용어들이 혼용되고 있는 경우이다. 이 같은 혼란을 피하기 위해 약간의 설명을 붙인다면, 이론이란 변하지 않는 이념으로서 순수한 이데올로기이며, 주의란 그 이론에 입각하여 계급사회, 시대 또는 집단의 특색을 나타내는 이념이라 하겠다. 그리고 사상은 이론을 토대로 하여 생겨난 실질적인 이데올로기로, 이론은 변할 수 없는데 반하여 사상은 변할 수 있다는 것이 이들 용어들의 차이라면 차이라 하겠다.

철학자가 될 수 있었다.

춘추 말기 백성들의 참상을 목도한 공자는 그 해결책으로 곤혹스러워 하다가 인(仁)을 중심으로 하는 사상체계를 세웠고, 전국 말기 전란으로 헐벗고 굶주리는 백성들의 고통을 해결하기 위하여 곤혹스러워한 맹자는 성선(性善)에 근거한 왕도정치의 가능성을 역설하기에 이르렀다.

그리고 플라톤(Platon)은 철학이란 경이(wonder)로부터 발생하는 것이라고 말하기도 했다. 다윈(Charles Robert, Darwin)이 비글(Beagle)호를 타고 남아메리카와 남태평양의 여러 섬을 주유하기 전, 많은 사람들도 다윈과 유사한 여행을 하면서 생물의 변이나 화석을 볼 수 있었을 것이다. 그러나 유독 다윈만이 그런 현상과 유물에 대해 경이로움을 느낀 결과 생물진화에 대한 자연도태설을 주창하는 최초의 인물이 될 수 있었던 것이다.

인류 역사의 상당 부분은 수많은 전란과 천재지변으로 인한 극심한 국난과 민생고로 점철되어 왔지만, 이러한 현상과 사건들에 대해 회의하고 곤혹스러워 하며 때로는 경이로움을 느끼면서 해결책을 모색하는 과정에서 사상은 성립되었다. 마찬가지로 정치사상도 정치현상에 대한 개인이나 집단이 불만, 우려, 분노를 느끼면서 그 해결책을 모색하는 과정에서 성립되었다.

그렇다면 그러한 정치사상을 어떻게 이해해야 하는가 하는 방법 문제가 등장하게 되는데, 간단히 말해서, 연구방법이란 이해하고자 하는 연구대상에 어떠한 도구를 사용하는 것이 가장 효과적인가에 관한 논의라고 할 수 있다. 그러므로 논의가 일치하지 않거나 도구의 선택이 일치하지 않는 데서 연구방법은 연구자에 따라 달리 선택될 것이다.

그러나 무엇보다 중요한 것은 도구의 정확한 선택이라 하겠다. 마치 땅을 팔 때는 삽을, 나무를 자를 때는 톱이 효율적인데, 이를 바꿔 선택한다면 효율은 반감되거나 전무할 수도 있는 것과 같이 연구방법의 적실성 문제는 언제나 중요하다.

지금까지 일반적인 사상사에 관한 연구방법으로는 교의사(history of doctrine)적인 연구방법과 관념사(history of ideas)적인 연구방법으로 대별할 수 있다. 전자의 경우는 교의의 역사적인 발전을 추적하는 사상사 연구로, 예를 들면, 기독교의 교의사, 유교의 유학사, 불교의 교의사 등을 들 수 있다. 이 경우는 사상사 연구가 결과적으로 이미 분화된 특정 학설의 발달사를 그 내용으로 하게 되어 특정 학설의 관념형태를 비교적 쉽게 파악할 수 있다.

그리고 후자의 경우는 여러 관념들을 그 시대의 정치적 사회적 기초와의 관련 속에서 파악함으로써 그들 관념들이 어떤 기능을 하고 있었는가를 역사적으로 고찰하게 된다. 그리하여 한 시대 또는 여러 시대를 지배한 관념들이 어떻게 작용했고, 그들 관념들이 시대와 사상가들에 의해 어떻게 변용되어 갔는가를 추적한다. 동시에 그 시대의 정치적 사회적 기초가 이들 관념들을 어떻게 특징지어 갔으며, 여러 관념들은 같은 시대의 정치적 사회적 기초를 어떻게 방향지어 갔는가 하는 상관성에도 주의하고 있다.

그러나 이 두 가지 연구방법은 한결같이 장・단점을 공유하고 있다고 하겠다. 관념사적인 연구방법은 사상과 사상 사이의 관계를 중시하여 관념의 분석에 중점을 두기 때문에 관념의 역사적인 문맥을 소홀히 하여 사상의 시대성과 사회성을 쉽게 관찰할 수 없다는 약점이 있다.

그리고 교의사적인 연구방법은 사상과 행위 또는 사건간의 관계를 중시함으로써 통계분석이나 수량화를 통하여 사상가들의 개별적인 발전을 분류할 수는 있으나, 사상의 내재적인 구조와 사상과 사상 간의 관계에 대해서는 충분히 해석할 수 없으므로 사상의 특성과 연계를 쉽게 이해할 수 없다는 약점이 있다.

특히 최근 사상사를 연구하는 사람들이 관심을 갖고 있는 연구방법으로는 스키너와 포칵(J. G. A. Pocok)에[6] 의해서 주창된 이른바 정치언어의 역사적 연구방법이란 것이 있다. 이들 양인의 연구 관심은 정치사상을 일종의 언어행위(speech-act)로 간주하는 인식 위에서 과거의 정치사상적 저술이나 발언에 숨겨진 저자의 의도를 '있었던 그대로' 찾아내는 것을 정치사상사 기술의 핵심적 요소로 보는 데 있다. 요컨대 여기서는 정치적 담론(political discourse)의 언어 세계를 분석하고 구명하는 것이 정치사상사 연구의 핵심적 과제가 된다.

사실상 한 사회의 정치언어는 어떤 점에서 사상가에 대해 억압적으로 작용하기도 하지만, 동시에 그에게 있어서 자기표현의 수단이기도 하다. 또한 한 사회의 정치언어는 그 안에 사는 사상가의 개인적 의도에 선행하는 것이 보통이다. 왜냐하면 "그가 무엇인가를 말하는 데 사용할 수 있는 수단이 무엇인지를 이해한 이후에야 비로소 우리는 그가

6) James Tully, ed., *Meaning and Context : Quentin Skinner and his Critics,* Princeton Univ. Press, 1988 및 J. G. A. Pocok, "The Origins of Study of the Past : A Comparative Approach," *Comparative Studies in Society and History,* Vol. Ⅳ, No. 2, 1962 참고.

무슨 말을 하는지, 그의 말이 성공적인지 아닌지, 그가 무슨 말을 한다고 사람들이 생각했는지"를[7] 알 수 있기 때문이다. 그러므로 사상사를 연구하는 사람들은 한 사상가의 '의도'를 알기 위해서는 그의 '언어세계'를 찾아내어 그것이 패러다임(paradigm)으로 어떻게 작용했는가와 발언의 종류와 양태를 어떻게 제한하고 있는지를 면밀히 고찰하지 않으면 안 된다.

고대 동아시아의 정치사상의 연구대상은 3개의 개념, 즉 고대라고 하는 시간적 개념과 동아시아라고 하는 공간적인 개념 그리고 정치사상이라고 하는 학술적 개념에 대한 이해가 필요하다. 고대는 사상사적으로 볼 때, 주나라 말기부터 진시황이 6국을 통일(기원전 221)하기까지의 기간으로 흔히 이 시기를 진나라 이전이라 하여 '선진(先秦)'이라 부른다. 그러나 본서에서는 진·한(秦·漢)의 교체기에 나타난 정치적 상황과 사상적 혼합으로서의 동중서(董仲舒)의 정치사상까지를 포함시켰다.

정치사상을 연구함에 있어 주나라 말기에 그 기원을 두는 까닭은 하·상·주(夏·商·周) 3대 이전에는 사회가 발전하지 못했을 뿐만 아니라, 상고할 만한 문헌이 부족하기 때문이다. 뿐만 아니라, 그 시대의 정치사상을 상고할 수 있는 사상사적 개념이 형성되지 못한 데도 이유가 있다. 공자도 문헌에 의한 연구에 대해 다음과 같이 말한 바 있다.

하나라의 예를 내 능히 말하나 기의 일을 증명할 수 없으며, 은나

7) J. G. A. Pocock, *Politics, Language & Time : Essays on Political Thought and History,* Chicago and London : The Univ. of Chicago Press, 1989, p. 25.

라의 예를 내 능히 말하나, 송의 일을 증명할 수 없는 것은 문헌이 부족한 까닭이니, 족하면 내 능히 증명할 것이다.[8)]

동아시아의 고대문화는 주대에 이르러 크게 융성했다. 특히 학술이 크게 발달한 것은 서주(西周)의 시기가 아니라, 동천(東遷)[9)] 이후인 춘추 말기와 전국시대였다.[10)] 이때의 모든 종교·의식·정치 및 문예는 상당 수준에 달한 것으로 알려져 있다. 공자도 이렇게 말했다.

---

8) 子曰 夏禮吾能言之 杞不足徵也 殷禮吾能言之 宋不足徵也 文獻不足故也 足則吾能徵之也(『論語』 八佾).

9) 주나라의 정치는 유왕(幽王)·여왕(厲王)대에 이르러 더욱 부패하여 민심은 이반되고, 여왕은 마침내 견융(犬戎)에게 살해되었다. 그러자 그 아들 평왕(平王)이 수도를 현재의 섬서성 서안 부근에 있던 서주의 수도 호경에서 동쪽에 있는 지금의 하남성 북부의 낙양으로 옮겼는데, 동쪽으로 옮겼다고 해서 동천이라 하고, 이후의 주나라를 서주와 구별하여 동주라 한다.

10) 흔히 사람들은 춘추전국시대라고 하여 춘추와 전국을 동일 시대로 이해하고 있으나, 이를 엄격히 구별하여 말하면, 춘추시대란 노은공(魯隱公) 원년인 기원전 722년으로부터 노애공(魯哀公) 14년인 기원전 481년에 이르는 242년간을 말하고, 전국시대란 춘추말인 기원전 481년부터 진시황이 6국을 통일한 기원전 221년에 이르는 약 240여 년 간을 지칭한다. 춘추시대에는 수십 개의 작은 나라들이 12제후국으로, 전국시대에는 다시 7국으로 통합되었다가 종국에는 진(秦)나라로 통일되는 역사의 격동기였다. 그러나 춘추전국시대는 철기의 발명으로 우경(牛耕)으로 황무지가 개간되고, 심경(深耕)으로 단위면적당 생산량이 급증되어 잉여농산물이 발생되고, 이것은 곧 시장경제를 발전시키는 계기가 되었다. 시장경제의 발전은 부유한 상인계층을 등장시켰는가 하면, 그들은 단순한 경제적 부에 만족하지 않고 정치권력까지 장악함으로써 봉건제도의 동요를 야기하기도 하였다.

> 주나라의 문물제도는 하·은 두 대를 본받았으니, 빛나고 빛나는지라 나는 주나라를 쫓을 것이다.[11]

공자가 지적한 것처럼 주나라의 문물은 상당 수준에 이르렀을 뿐만 아니라, 그 같은 사실을 상고할 수 있는 문헌 또한 그 이전에 비해 넉넉하기 때문에 동아시아에 있어 고대정치사상사의 기점을 주대에 두는 데는 무리가 없을 것이다.

아울러 동아시아의 정치사상을 논구함에 있어 공자로부터 하는 까닭도 위에서 이미 말한 바와 같이 공자가 처음으로 하·상·주에 대해여 학술적인 평가를 하였기 때문이다. 적어도 어떤 문화나 사상에 대한 평가가 있은 후에야 비로소 관념과 이론은 형성된다는 점에서 그렇다.

시·공간직 산물로서 동아시아의 고대정치사상은 동아시아 사회가 당면했던 문제들을 설명하고 해결하는 과정에서 고유의 특성을 지니게 되었다. 그 특성의 하나로 지적할 수 있는 것은 동아시아의 고대정치사상은 실제를 중시하고 있었다는 사실이나. 물론 고대 이후 동이시아의 정치사상도 실제를 중시했다는 점에 있어서는 그 이전과 다르지 않다. 그러므로 서구인들이 사변적인 문제에 더 큰 관심을 가지고 있었다면, 동아시아인들은 실천적인 문제를 더 중시하고 있었다.

그러면서도 많은 선진 제가들은 그들의 정치사상을 깊이 있게 논술하기 위해서 철학적인 인식에 주의하였다. 이러한 그들의 인식은 우리의 중요한 연구의 대상들이다. 예를 들면, 천인관계(天人關係)·천하사상(天下思想)·겸선천하(兼善天下)·인성론(人性論)·세불양립설(勢不兩

11) 子曰 周監於二代 郁郁乎文哉 吾從周(『論語』 八佾).

立說)·물극필반설(物極必反說) 등과 같은 것들이다.

적지 않은 사상가들은 이러한 철학적인 인식의 문제를 정치이론이나 정책과 결합시키려 하였다. 예를 들면, 맹자의 '인정(仁政)'사상은 인간의 성선설을 기초로 하였고, 순자의 '예치(禮治)'이론은 성악설에 기초한 것이고, 인간의 본성은 이익을 좋아한다고 한 법가는 본성은 고칠 수 없으며, 또한 고칠 필요도 없다고 했다.

그리고 그들 선진 제가들이 제시한 이상국가론-사회모델은 모든 사회적 구조와 상호 관련된 이론이나 설계로서 새롭고도 의미심장한 것들이다. 예를 들면, 공자의 '도(道)'가 실행되는 유도사회(有道社會)의 모델, 묵자(墨子)의 '겸애(兼愛)'에 근거한 지평세계(至平世界), 노자(老子)의 '소국과민(小國寡民)'에 관한 구상, 맹자의 왕도세계(王道世界) 그리고 『예기 禮記』의 대동세계(大同世界)는 모두 이상국가의 범위에 속하는 모델들이다. 물론 이들 모델들과 관련된 후대의 사상가들의 정치사상도 중요한 연구 대상들이다.

끝으로 나라를 다스리는 계획·책략·정책도 정치사상사의 중요한 연구대상들이다. 예를 들면, 학파에 따라 어떤 이는 농업의 중시와 상업의 억제를, 어떤 이는 오직 농업만 남기고 상업은 제거할 것을 주장하였다. 그리고 효(孝)를 명확하게 정치로 규정한 주공(周公)과 같은 인물도 있었다. 그는 말하기를 "죄악이 지나치게 큰 사람은 효도하지 않고 우애가 없는 사람들이다"고 하여 효도하지 않고 우애가 없는 사람들에게 "형벌을 가하는 것을 사면해 줄 수 없다"고 지적한 바 있다.[12)]

---

12) 無惡大憝 矧惟不孝不友 刑茲無赦(『尙書』 康誥).

공자도 효를 곧 정치로 간주하였다. 어떤 사람이 그에게 “당신은 무엇 때문에 정치에 종사하지 않는가” 라고 묻자 공자는 이렇게 대답하였다.

> 『서경 書經』에 효를 일컫기를 효도하며 형제에 우애하여 정치에 베푼다고 하였으니, 이 또한 정치를 하는 것이니, 어찌 그 정치를 하는 것만이 정치라 하겠느냐.[13]

유가는 수신·제가·치국·평천하를 하나로 관통하였는가 하면, 도덕과 정치를 하나로 결합시켰다. 그러나 법가는 정치와 도덕을 별개의 다른 영역으로 구분하고 있었다는 점에서 유가와는 매우 다르다. 그리고 선진 제가 중에는 정치의 실시와 통치술에 관한 이론 또한 매우 풍부하고 특유의 의미를 갖고 있어 연구할 만한 가치를 갖고 있는 것이 적지 않다.

끝으로 사상사에 대한 일반적인 이해를 위해서는 다음과 같은 몇 가지 점에 유의할 필요가 있다.

첫째, 사회의 영향 – 어떤 사상가도 그가 살고 있던 사회의 실제적인 상황으로부터 완전하게 벗어날 수는 없다. 예를 들면, 무도의 사회를 목도한 공자는 유도의 사회 건설을 위해 문물제도가 완비하였던 성주(盛周)로의 복고를 염원하면서 종주(從周)의 입장을 취하였던 것이다.

그리고 플라톤(Platon)이 공처(公妻)를 주장하게 된 것도 당시 희랍

13) 或謂孔子曰 奚不爲政 子曰 書云孝乎 惟孝 友于兄弟 施於有政 是亦爲政 奚其爲爲政(『論語』 爲政).

이 여자 노예를 재산으로 간주하던 사회 습관의 영향 때문이었다. 그러므로 어떠한 사상가의 사상도 정도의 차이는 있을지라도 그가 살던 사회의 영향을 받지 않을 수 없다는 점에서 특정 사상에 미친 사회의 영향을 이해하는 것은 중요하다.

둘째, 학파의 영향－사상가의 사상이 형성되는 과정에서 정도의 차이는 있겠지만, 기존의 학파로부터 영향을 받지 않을 수 없을 것이다. 왜냐하면 엄격한 의미에서 이 세상에는 완전한 창조는 없기 때문이다. 그래서 일찍이 한비자(韓非子)는 그의 「현학편 顯學篇」에서 자장의 유(子張의 儒), 자사의 유(子思의 儒), 상부의 유(相夫의 儒)를 말하였고, 홉스・로크・루소 등은 한결같이 사회계약설을 말하면서도 홉스는 절대군주제를, 로크는 입헌정체를, 그리고 루소는 직접민주정체를 각기 주장하였던 것도 그들 세 사람이 받은 학파의 영향이 달랐기 때문이었다.

셋째, 개성의 영향－사상가는 사회나 학파의 영향 이외에도 그들 특유의 개성상의 특성이나 자질의 영향을 받고 있는 것 또한 사실이다. 예를 들면, 퇴계와 율곡은 다 같이 주자학의 영향을 받았으면서도 퇴계가 정치적 이상주의적인 경향을 띠고 있는데 반하여 율곡은 정치적 현실주의적인 태도를 취하고 있는 것도 퇴계의 개성은 온유(精純溫粹)하여 덜 비판적이고 비진취적인데 반하여 율곡의 개성은 과단(坦易英果)하여 매우 비판적이고 진취적이었기 때문이다.

그리고 제임스 밀(J. Mill)이나 존 스튜어트 밀(J. S. Mill) 부자는 다같이 벤담의 공리주의의 영향을 받았으면서도 아버지 밀은 그 일생동안 공리주의의 범주를 벗어나지 못했지만, 아들 밀은 그 생애 후반에 이미 그것으로부터 벗어나서 철학적 급진주의의 지도자로 활약한 것은 곧 벤담주의의 수정을 뜻한다. 그가 벤담주의의 수정자가 될 수 있었던 것은 그의 개성이 비교적 활달했을 뿐 아니라, 즐겨 비판하는 그의 성격 때문이었다.

끝으로 사상가들의 사상을 이해하려 할 때, 위에서 언급한 세 가지 점에 유의하면서 그들 사상가들이 주장한 주요 내용과 핵심적인 개념(관념)이 무엇이냐 하는 점과 그들 사상을 역사적인 문맥에서 볼 때, 어떻게 변용되었는지의 여부를 파악하고, 그들이 문제시하여 주장한 그 자체에는 어떤 오류가 없었는지에 대해서도 주의한다면 그들 사상가들의 사상적 성격과 내용을 이해하는 데 도움이 될 것이다.

2. 제자백가의 등장과 4대 학파

주나라의 귀족들은 통치자인 동시에 지주였고, 교육을 받을 수 있는 계급이었다. 언제나 그렇듯이 교육 수준은 그들의 사회적 신분과 비례하는 것과 같이 주나라의 귀족들도 상류사회의 출신들로 그들의 대부분은 중앙에 거주하고 있었다. 그러므로 주나라 왕실이야말로 정치·경제의 중심이었을 뿐만 아니라, 다양한 지식의 집중지이기도 했다. 때문에 주나라 왕실에 소속되었던 관리들은 여러 분야의 지식을 가진 전문들이었다. 동시에 그들은 실제적인 정치가들이었다.

행정업무의 증가와 복잡화는 많은 교양 있는 인물들의 봉사를 요구하였고, 상황의 악화와 정세의 급변은 대담하면서도 투철한 정신을 가진 사람을 소중하게 여기게 하였다. 그리하여 위대한 사상가들은 발전하는 관료주의의 정화였고, 세습적인 지배자들의 훌륭한 교사들이었다.

그들은 주나라의 봉건제도를 유지하고 발전시키는 첨병과 같은 존재였다. 특히 서주시대의 그것은 당시 역사적인 조건하에서 형성된 것으로 천자의 본래 의도는 제후들의 나라들로 하여금 주나라를 보호하는 데에 있었던 것이다.[14]

그러나 역사의 발전은 오히려 그로 하여금 자신의 의도하는 바와는 반대 방향으로 전개되었다. 이를 구체적으로 말하면, 제후국들의 세력강화는 정치적 기초가 공고하지 못했던 주나라의 천자를 유명무실하게 만드는 결과를 초래하였던 것이다.

그리하여 춘추시대에 이르러서는 제후들은 각기 제후들 중심의 정치적 기반을 형성하게 되었고, 아울러 생산성의 발전과 상품경제의 활약으로 제후들 간의 경쟁은 날이 갈수록 격렬하게 나타났다. 그러나 주나라의 봉건제도의 붕괴는[15] 그들로 하여금 생존을 위해 민간 사이로

14) 封建親戚以藩屛周室(『左傳』 僖公 24年條).

15) 여기서 말하는 '봉건'은 주나라의 지방분권적인 지배체제, 특히 초기의 그것을 말할 때 사용하고 있지만, 그 같은 용어의 사용이 얼마나 정확한 것인가에 대해서는 의문을 가지지 않을 수 없다. 왜냐하면 근 800년간 지속되어 온 주나라의 정치체제와 서구 중세의 봉건제도는 그 형성 과정과 운용 방법에 있어 상당한 차이를 가지고 있음에도 불구하고 편의상 같이 사용하고 있기 때문이다. 우리들이 알고 있는 바와 같이 주대의 봉건에는 서구적인 의미의 계약적 또는 법적인 개념을 가진 영주와 농노의 관계는 존재하지 않았다. 주나라의 봉건사회에서는 천자와 제후 그리고 대부들은 거의 혈연적인 관계를 맺고 있었는가 하면, 제후는 천자와 주종관계를, 각국의 대부들도 제후와 주종관계를 맺고 있었다. 그러면서도 그들의 귀족은 세습적으로 특권을 물려받고 있었으므로 천자에 대한 제후들의 실제적인 특권은 반독립적인 상태에 있었다. 그리고 제후국 내에는 수많은 대

흩어지게 하였다.

그리하여 주나라 왕실은 그들의 생계는 물론, 안정을 유지하는 데도 한계를 드러냈다. 그 결과 그들은 주실(周室)을 떠나 사방으로 흩어지게 되었던 것이다.

이처럼 전직 관리 또는 귀족들이 전국으로 흩어졌을 때, 그들은 자신의 사상이나 지식을 다른 사람들에게 가르치는 직업적인 교사가 되었다. 그 결과 왕실이 지식의 중심지라는 사실은 과거사가 됐고, 지식은 지방으로 확산됨으로써 지식의 보편화와 일반화는 그 시대의 추세였다.

그런데 그들의 사상과 지식은 그들이 속했던 분야와 관심에 따라 같지 않았다. 그 결과 여러 분야의 사람들이 등장하게 되었던 것이다. 흔히 이런 사람들을 통칭하여 제자백가라 하는데 여기에는 두 개의 낱말이 포함되어 있다. 그 하나는 '자(子)'이고, 다른 하나는 '가(家)'이다. '제(諸)'는 여럿을, '백(百)'은 온이라는 말로 다수를 뜻하고 있다. 이렇듯 제자백가라는 말은 두 개의 낱말로 되어 있으나, 흔히 사람들은 제자가 백가요, 백가가 제자로 알고 있다.

어떤 이는 제자는 사상가에 대하여 말한 것으로 철학가를, 백가는

부들의 정치 영역인 가(家)들이 있었는데, 제후에 대한 그들의 특권도 반독립적인 상태에 있었다. 동시에 제후와 대부의 대부분은 서로 인척 관계를 맺고 있었으므로 그들의 관계는 서구의 계약적 관계가 아니라, 불문율에 따른 관습적 관계가 주종을 이루고 있었다. 이러한 사실들을 고려할 때 서구적 의미의 봉건과는 상당한 차이가 있다고 하겠다. 모택동 같은 인물은 과거의 중국사회를 '봉건'으로 말한 바 있지만, 그의 용어 선택은 정확한 것이라고 할 수는 없다.

『주례 周禮』 속의 전문지식을 가진 전문가를 가리킨다고 하기도 한다.[16] 또 어떤 학자는 '가'에 대하여 비교적 자세히 말하고 있는데, '가'라는 용어는 학파를 뜻하는 동시에 가족 또는 가문을 지칭할 때도 사용되며, 따라서 사적 내지 개인적이라는 뜻도 포함되어 있다고 했다. 사실상 개인적 자격으로 자신의 지식이나 사상을 가르친 인물이 나타나기 이전에는 사상가는 존재할 수 없었다.[17]

이들 제자백가를 사마천(司馬遷 : 기원전 145~86)은 그의 『사기 史記』 마지막 장에서 음양(陰陽)·유(儒)·묵(墨)·명(名)·법(法)·도덕(道德) 등 6가로 분류했고, 유흠(劉歆 : 기원전 46~서기 23)은 10가로 분류했는데 그중 6가는 천과 같고, 종횡(縱橫)·잡(雜)·농(農)·소설(小說) 등 4가 만이 다르다.

그러나 사상적 차원에서 볼 때, 체제와 내용에 있어 일가를 이루고, 그것을 상고할 수 있는 문헌을 지금까지 가지고 있는 학파는 유·묵·도덕·법 등 4가에 불과하다. 뿐만 아니라, 이들 학파가 2천여 년에 이르는 동아시아의 정치사상사에 끼친 영향에 있어, 그 우열과 침체는 있었어도 단절은 없었다는 점에서도 같다고 하겠다.

이들 선진[18] 학파는 전국시대에 접어들면서 서로 영향을 주고받았는데 청말 명초의 학자 양계초(梁啓超 : 1873~1929)는 그 같은 영향을 학파간의 분열을 내분(內分)으로, 한 학파의 세력이 점차 확대되어 외지

16) 鄭仁在·鄭炳碩 共譯, 『中國哲學特講』, 螢雪出版社, 1985, 62쪽.

17) 鄭仁在 譯, 『中國哲學史』, 螢雪出版社, 1977, 65-66쪽.

18) 여기서 선진(先秦)이라고 함은 진나라 시황이 6국을 통일한 기원전 221년 이전을 말한다. 정치사상사에서 선진정치사상이라고 하면 주로 제자백가 중 유(儒)·묵(墨)·도(道)·법(法) 등 4대 학파를 뜻한다.

에 이르는 것을 외포(外布)로, 여러 학파의 후학들이 그 호오에 따라 들고나는 것을 출입(出入)으로, 그리고 한 학파의 대표적인 인물이 다른 학파의 학설을 수용하여 더욱 발전시키는 것을 뜻하는 방라(旁羅) 등 4대 현상으로 설명한 바 있다.[19)]

이들 선진 4대 학파를 대표하는 공자(맹자·순자)와 묵자, 노자(장자)와 한비자는 지난 2천 5백여 년 동안 동아시아인의 영원한 정신적 지도자들이었다. 그들의 철학적인 주장은 곧 동아시아인들의 좌우명이 되었고, 그들은 삶에 지혜를 제공한 인생의 안내자들이었다. 과거는 현재와 긴밀히 얽혀져 있기 때문에 오늘의 동아시아를 이해하기 위해서는 과거에 대한 이해는 필수적이다. 이들 선진 4대 학파를 대표하는 그들의 사상은 얼마 전까지만 해도 동아시아의 한 농부의 품성을 형성하는 데에 식·간섭적으로 영향을 미치고 있었다. 그러므로 이들에 대한 이해는 현재의 우리들에게도 여전히 중요하다고 하겠다. 과거가 없는 현재는 있을 수 없다는 점에서 더욱 그렇다.

19) 梁啓超, 『中國學術思想變遷之大勢』, 臺北：臺灣中華書局, 民國 60年, 24-27쪽 참조.

제2장 공자의 시대적 배경과 정치사상

1. 주나라의 문화와 시대 상황

동아시아의 고대문화는 주대에 와서 크게 발전하였다. 문왕의 아들 무왕이 주(紂)를 벌하여 천하를 통일하였고, 그 동생 주공은 예악(禮樂)을 제정하여 봉건사회의 질서를 확립했는가 하면, 피정복자들을 노예로 사용하여 농업에 투입, 상당한 부를 이루었고,[1] 학교를 세워 덕행을 숭상함으로써 민심은 착하고 온후해져 형벌을 쓰지 않았다고 한다. 이렇듯 주나라의 문화는 크게 발달하여 공자(孔子 : 기원전 551~479)는[2] 주나라의 문화에 대해 이렇게 평가하였다.

1) 『史記』 卷 4, 周本紀 第4, 臺北 : 中華書局, 民國 66年, 120쪽.

2) 공자의 선조는 송의 혼공이다. 송은 원래 은나라 미자계에서 기원한 나라이니 공자는 은인이었다. 은나라는 자성(子姓)의 나라임으로 공자의 성은 '자(子)'라 해야 할 것이나 민공의 6세손 공부가에 이르러 따로 족성을 가지게 되어 이 때부터 공씨로 부르게 되었다. 그리고 공부가의 손자 방숙이 노나라로 이주하여 살았기 때문에 그때부터 노나라 사람이 되었다. 방숙이 백하를 낳고 백하는 숙량흘을 낳았다. 숙량흘이 안씨의 세 딸 중 막내딸 징재에게 장가들어 공자를 낳으니, 이 때가 기원전 551년 9월 28일(1952년 중화민국 교육부에서 전국의 저명 학자들을 총동원하여 검토한 결과 공

자의 출생은 기원전 551년 음력 8월 27일이고 양력으로는 9월 28일로 고증되어 그 후 중화민국에서 '스승의 날 : 老師節'을 9월 28일로 정하였음)이었다. 결혼 당시 징재의 나이는 20세 미만이었고, 숙량흘은 대략 66세 정도였다. 『사기』에 의하면 "숙량흘은 안씨의 딸과 들에서 결합해서 공자를 낳았다(紇與顔氏女 野合而生孔子)"고 했는데, 여기서 말하는 야합이란 확실치는 않으나 당시의 정상적인 혼례를 치르지 않았음을 가리키는 말일 것으로 여겨진다. 그러나 후세의 주석가들은 이를 미화하여 이르기를 흘이 친구 안씨의 딸을 맞이할 때, 흘은 이미 나이 들어 늙고, 징재는 아직도 한참 어리어 두 사람의 연령이 걸맞지 않았으므로 이를 야합이라 했다고 하였다. 공자의 출생이야 어찌됐건 공자는 불행하게도 태어나자 숙량흘이 죽으니(『사기』에 丘가 태어나니 숙량흘이 죽었다 '丘生而叔梁紇死'는 기록으로 보아 아버지 숙량흘의 죽음이 공자의 어린 시절에 있었던 것만은 의심의 여지가 없는 듯 하다) 징재는 노나라의 수도 곡부성내 관리로 옮겨 살았다. 이는 지금의 산동성 곡부의 공자묘 관리가의 동쪽 끝으로 여기가 곧 공자의 구거이다. 공자 나이 3세에 아버지를, 16세에 어머니를 각각 여의였다. 인간적으로 불우했던 공자는 어려서는 천한 일도 많이 했다고 자술하고 있는데, 공자는 독립적으로 생계를 모색하면서 배우기를 좋아한 까닭에 20세 때에는 당시 재상가인 계씨집에서 가축 관리인(乘田) 노릇을 했고, 창고 관리인(委吏) 노릇도 한 바 있다. 50세 이후에는 지방관리(中都宰)와 농공관리(小司空)를 거쳐 사법대신(大司寇)으로 승진했는가 하면, 2년 후 노정공은 재상의 일까지 섭행토록 했다. 이때 공자의 나이는 55세였는데, 노나라에서는 자신의 정치이상을 실현하기 어려움을 알고 노나라를 떠나 14년 간이나 천하를 주유하였지만, 뜻을 이루지 못한 공자가 다시 노나라에 돌아왔을 때, 그의 나이는 68세였다. 다시는 벼슬을 하지 않기로 작심한 공자는 늙는 것조차 모를 정도(不知老之將至)로 교학과 고대문헌(六藝·六經) 정리에 몰두하다가 73세를 일기로 그 일생을 마치니, 때는 기원전 479년 3월 4일(周敬王 41年, 魯哀公 16年)이었다. 공자에 관한 주요 참고자료로는 『史記』의「孔子世家」·『論語』·『孔子家語』·『禮記』·『春秋左傳』 등이 있으나, 여기서는 주로 中國 南京大學出版社가 간행한 中國思

주나라는 2대를 참고로 하여 문화가 찬란하도다! 나는 주나라를 따르겠다.[3]

주나라의 문화를 동경하고 있던 공자는 종주(從周)를 주창했고, 꿈에 주공(周公)을 볼 만큼(夢見周公) 주나라 문화를 동경하였는가 하면, 주공을 매우 경모하고 있었다.[4]

공자가 그토록 주나라의 문화와 제도를 동경한 까닭은 문왕과 주공이 이루어놓은 것이라고 생각한 정치적·사회적 질서와 물질적인 생활 정도가 앞의 하나라나 상나라보다 높다고 판단하고, 그가 곤혹스럽게 여기고 있던 당시의 무정부상태를 시정하기 위해서 훌륭한 주나라의

想家評傳叢書 중, 匡亞明(『孔子評傳』, 南京大學出版社, 1990, 第 二章 生平概略)을 참고하였다.

3) 周監於二代 郁郁乎文哉 吾從周(『論語』 八佾).

4) 공자가 꿈에 주공을 볼 만큼 주공에 대한 공자의 존경심은 대단했다. 주공은 공자보다 수세기나 앞선 인물이지만, 그는 중국에서 유교전통의 창시자로 인정되고 있는가 하면, 정치적으로는 그를 공자보다 더 높이 평가하고 있는데, 그 까닭은 주공이 공자보다 인격이나 사상이 높기 때문에 그런 것이 아니라, 주공이 참여했던 정치의 소용돌이 속에서도 후일 중국에서 매우 중요한 사상을 형성시키는 계기를 마련하였기 때문이다. 무왕은 동생인 주공을 노나라에 봉하려 했지만, 주공은 그들이 세운 나라가 아직 안정되지 않았기 때문에 아들 백금(伯禽)을 대신 임지로 보내고 무왕을 보좌하여 주나라의 기틀을 다지는 데 진력하였다. 주나라는 우리가 흔히 말하는 강태공인 여상(呂尙)과의 연합으로 이루어진 나라인데, 적지 않은 세력을 장악하고 있던 여상은 문왕을 만나기까지 곧은 낚시질을 하며 세월을 기다린 지략과 책략에 뛰어난 전략가로 『육도삼략 六韜三略』의 저자이자 무왕의 장인이기도 하다. 이 같은 인물인 여상을 변방인 산동지방으로 거세시킨 것도 주공의 정치적 안목과 수완에 의한 것이었다.

문화로 돌아가기만 하면 된다고 믿고 있었기 때문이었다. 특히 공자가 이 같은 혼돈에 가까운 상황을 근본적으로 해결하는 방법을 윤리에서 찾았다는 점이 위대하다.

그는 당시 권력을 정의로 여기고 있던 세습적인 통치자들에 대하여 윤리적인 차원에서 정부를 어떻게 관리하고 운영할 것인가를 알려줄 의무가 자신에게 있다고 자처했다. 이런 의미에서 공자는 분명한 개혁가였고 혁명가였다고 할 수 있다.[5]

이렇듯 찬란한 문화를 발전시켰던 주나라도 동천[6] 이후, 왕실은 쇠미하여 나라의 호령은 제후에게 미치지 못했다. 초기의 주나라 왕실은 영토를 확장한 제후들로부터 더 많은 공물을 받았기 때문에 제후들의 세력 확장에 반대하지 않았다. 더욱 적의 세력이나 혹은 반대 세력을 격퇴하고 제거하기 위해서 군비확장에 필요한 조치가 제후들에 의해 자의적으로 이루어졌다.[7] 그 결과 제후들은 봉건영주인 주나라 천자로부터

---

5) 공자의 이 같은 태도는 그를 극단적인 보수주의자인 것 같이 보이게도 하고 때로는 반동주의자로 보일 수도 있게 한다. 왜냐하면 주말의 정치·사회적인 추세-역사의 진행을 거꾸로 돌리려고 하는 사람같이 보이기 때문이다. 그러나 공자는 정치를 근본적으로 윤리상의 문제로 보고, 당시 통치자들의 일차적인 의무는 건전한 윤리의식에 근거한 모범을 보이는 것이라고 함으로써 권력을 정의로 간주하던 시대에 힘보다는 치자의 덕과 백성의 만족이 정치의 성공 여부를 가리는 진정한 척도라고 주장했다는 점에서 그는 진보주의자 내지 개혁주의자라고 보는 것이 옳을 것이다.

6) 주나라의 정치는 유왕(幽王)·여왕(厲王)대에 이르러 더욱 부패하여 민심은 이반되더니 여왕은 마침내 견융(犬戎)에게 살해되었다. 그러자 그 아들 평왕(平王)이 국도를 호경에서 동쪽에 있는 낙양으로 옮겼다고 해서 동천이라 한다.

7) 『史記』 卷32, 齊太公世家 第2, 1477쪽 이하 참고.

독립적인 지위를 강화시킴으로써 정치적인 독자성을 띠게 되었다.

이른바 춘추전국시대에 이르면 이처럼 천자의 권력이 몰락하자 정치적인 독자성을 확보한 제후들은 주나라 왕실의 명령을 무시하고, 자신들의 세력 신장을 위해 서로 자웅을 다투었는가 하면, 동맹과 정벌도 꺼리지 않았다. 공자는 이 같은 상황을 개탄하여 춘추대의를 후세에 전하기 위해 노나라의 역사를 정리한 『춘추 春秋』를 지었다. 『춘추』는 노 은공 원년(기원전 722)으로부터 노 애공 14년까지 242년간의 사실(史實)을 기록한 것인데, 흔히 이 시기를 춘추시대라 부른다.

이런 투쟁과정에서 성공을 거둔 대표적인 인물을 우리는 흔히 5패라고 한다.[8] 이들 5패란 다른 제후국에 대하여 지도적인 제후의 자리를 획득한 승자들을 말한다. 그리고 이들 패자들에 의하여 주나라 왕실보다도 경제적·군사적 힘이 우세하여 천자와 제후들의 관계, 즉 가부장적 종족 지배적 이데올로기의 도움으로 부자관계 내지 상하관계로 특징 지워졌던 지배 질서가 근본적으로 흔들리게 되었다. 이런 상황 아래에서는 낡은 경제 질서는 그 타당성을 상실하게 되었다.[9]

이처럼 당시의 패자들이 실제적인 세력으로 부상하면서 주나라 왕실의 권위는 상실됐고, 지위도 제후국과 다르지 않게 되었다. 이 때의 주요 국가로는 주(周)·노(魯)·위(衛)·진(晉)·정(鄭)·연(燕)·제(齊)·송(宋)·진(秦)·초(楚)·오(吳)·월(越) 등 이른바 12열국이 있었다.

8) 5패란 제환공·진문공·송양공·진목공·초장왕 등으로 당시 가장 강력한 세력을 가지고 천자를 위협하고 제후들에 대해서는 자의적인 명령을 꺼리지 않았던 5인의 최후 승자를 말한다.
9) 宋榮培, 『中國社會思想史』, 한길사, 1986, 31쪽.

이들 나라들은 부단히 쟁탈과 병합을 거듭한 결과 전국시대(기원전 480−진시황이 6국을 통일한 기원전 221)에 이르러서는 진(秦)·초(楚)·연(燕)·제(齊)·조(趙)·위(魏)·한(韓) 등만이 남아서 자웅을 겨루었는데, 이들을 일러 전국 7웅이라고도 한다.

공자는 이들 전국 7웅이 등장하기 전인 춘추 말기에 출생하였다. 맹자는 공자의 시대를 이렇게 진단하고 있었다.

> 사설(邪說)과 폭행이 일어나고, 신하가 그 임금을 죽이는 자 있고, 자식이 그 어버이를 죽이는 자 있다.[10)]

춘추 240년간에는 36차의 신하가 임금을 죽이는 시군(弑君)이 있었는가 하면, 자식이 부모를 죽이는 시부(弑父)는 비일비재하였다. 실로 그의 시대적 상황은 그야말로 무질서한 혼돈 그 자체였다. 공자도 그가 살고 있던 시대를 다음과 같이 평가하고, 이를 바로잡을 사람은 바로 그 자신임을 자임하고 있었다.

> 탁류가 천하에 넘쳐흐르는 것처럼 어지러운데 누가 이것을 바로 잡겠는가?[11)]

당시의 정치 사회적 혼란을 미루어 알 수 있다. 공자가 살았던 시대의 정치는 통일에서 분열로, 전통의 존중에서 전통의 파괴로, 질서에서

---

10) 邪說暴行有作 臣弑其君者有之 子弑其父者有之(『孟子』 滕文公下).
11) 滔滔者 天下皆是 而誰以易之(『論語』 微子).

혼란이라는 정치적·사회적·경제적 대변동이 일어난 그런 혼돈의 시대였다. 그리하여 공자는 그 시대를 천하무도(天下無道)의 사회라고 하였다. 그는 천하무도의 사회를 천하유도(天下有道)의 사회로 만드는 것이 그에게 부과된 사명으로 여기고 있었다.[12)]

이 같은 시대적인 사명 의식을 지니고 있던 공자는 14년간이나 여러 나라를 돌아다니며 자신의 포부를 펼치려 했다. 그는 매우 적극적이면서도 학구적인 인물이었다. 공자가 앉았던 자리는 더워질 겨를도 없이 그는 부지런히 자리를 옮겼고(孔席不暇暖), 모르는 것이 있으면 나이 어린 사람에게 묻는 것도 부끄럽게 여기지 않았다(不恥下問). 동시에 그는 다양한 취미의 소유자였다. 노담(老聃)에게는 예에 관해 물었고, 노의 문물제도가 주의 모방이라 하여 주나라에 일부러 가서 시찰도 했고, 제나라에서는 사양(師襄)을 만나 거문고도 배웠고, 갈홍(葛弘)을 찾아가서는 음악도 물었다. 제나라의 고대음악을 듣고 심취한 나머지 석 달 동안이나 고기 맛을 모를 만큼 열중했고, 늙고 있는 것도 알지 못할 만큼 몰두했다고 한다.[13)]

이처럼 공자는 다양한 취미의 소유자였고, 관심 있는 분야에 빠져드는 몰두형이었다. 아울러 공자는 상가에 가서는 음식도 배불리 못하였고, 상복을 입은 사람이나 앞 못 보는 사람이 지나가면 앉았다가도 반드시 일어서서 길을 비켜주리 만큼 정감이 풍부하고 예민한 사람이기

---

12) 文王旣沒 文不在茲乎 天之將喪斯文也 後死者 不得與於斯文也 天之未喪斯文也 匡人 其如予何(『論語』 子罕).

13) 子聞韶 學之三月 不知肉味 其爲人也 發憤忘食 樂而忘憂 不知老之將至(『論語』 述而).

도 했다. 뿐만 아니라, 섭생에도 세심한 주의를 기울이고 있었다.[14]

공자는 시대적 사명을 실천하는 방법으로서는 현실 정치에 의거하는 것이 가장 효과적이라고 생각했기 때문에 현실에 대한 그의 관심은 매우 컸다. 물론 생존 문제를 해결하기 위한 수단으로서의 현실 참여도 불가피했을지 모른다.

그는 당시 권세가였던 계씨의 집에서는 미곡 출납의 위리(委吏)와 가축 관리의 승전(乘田)이란 말직으로부터 노나라에서는 지방관리인 중도재(中都宰) 그리고 농공 담당의 사공(司空)을 거쳐 사법대신에 해당되는 대사구(大司寇)까지 승진하더니 나중에는 재상의 일까지 섭행(攝行)하여 노의 내치와 외치를 도맡기도 했다.[15]

---

14) 공자의 섭생 중 특이한 것은 음식에 대한 그의 태도이다. 그는 "쉰밥과 상한 고기를 잡수시지 않았다. 빛깔이 변해도 잡수시지 않았고, 냄새가 고약해도 잡수시지 않았다. 설든지 지나치게 익혀도 잡수시지 않았고, 때가 아니면 잡수시지 않았다. 자른 것이 바르지 않으면 잡수시지 않았고, 간이 맞지 아니하면 잡수시지 않았다. 고기는 아무리 많아도 밥보다 더 많이 잡수시지 않았다. 다만 술은 얼마든지 자시더라도 어지러운 지경에 이르지 않으셨다. 거리에서 파는 술과 안주는 잡수시지 않았다. 생강은 잡수시는 것을 끊지 아니하셨으며, 과식하는 일이 없었다. 나라에서 제사지낼 때 받은 고기는 밤을 재우지 않으셨다. 제사지낸 고기는 사흘을 넘기지 않으셨고 사흘이 지나면 잡수시지 않았다. 잡수시면서 말씀하지 않았고 주무시면서 말하지 않으셨다(食饐而餲 魚餒而肉敗不食 色惡不食 臭惡不食 失飪不食 不時不食 割不正不食 不得其醬不食 肉雖多 不使勝食氣 唯酒無量 不及亂 沽酒市脯不食 不撤薑食 不多食 祭於公 不宿肉 祭肉不出三日 出三日 不食之矣 食不語 寢不言. 『論語』 鄕黨)"고 적혀 있다.

15) 노나라 정공이 공자를 등용하여 내치와 외치에서 성과를 올리자, 대사구(사법대신)로 승진시키고 2년 후에는 재상의 일까지 대행케 할 때의 일이다. 노나라는 제나라와 이웃하고 있었는데, 제나라는 강하고 노나라는 약

공자에 있어 정치는 그의 이상을 실천하는 하나의 방법인 동시에 구현코자 하는 목표이기도 했다. 그는 현실 정치에 대한 관심 못지않게 비판적이고 저항적이었다. 그가 말직으로 있던 계씨라는 사람은 노나

해서 제의 침략으로 노는 땅을 잃었기 때문에 두 나라의 관계는 비우호적이었다. 그런데 공자의 치적으로 노나라의 위상은 향상되고 국력은 신장되었다. 제나라의 대신 여서는 상황의 변화를 고려한 나머지 제나라 경공에게 노나라와 우호관계를 맺는 것이 좋겠다고 하여 두 나라 정상이 협곡(夾谷)이란 곳에서 정상회담을 갖기로 했을 때, 공자는 노 정공에게 "문의 일로 모일 때는 무관이 따라야 하고 무의 일로 모일 때는 문관이 따라야 합니다. 이번 모임에 반드시 호위병을 대동하십시오"라고 진언하였다. 정공은 공자의 진언대로 무를 대동하고 회담 장소에 나갔다. 제 경공이 "오늘 두 임금의 모임을 축하하기 위하여 향토음악(민속음악)을 연주할까 하는데 어떠합니까?"하고 물었다. 노 정공이 좋다고 하여 연주를 하는데 등장한 악사들이 각종 깃발과 함께 장·방패·칼을 휘두르며 무력시위를 했다. 단하에서 이 광경을 보던 공자가 급히 단상으로 올라가서 정상회담의 장소에서 연주하기엔 적당치 않음을 지적하고 중지시키라고 요구하여 연주는 중지되었다. 제 경공은 조금 후 그러면 이번에는 "궁중악을 연주해 드릴까요" 했다. 노 정공이 좋다고 하여 연주는 시작되었다. 그런데 이번에는 울긋불긋 분장을 한 남녀 배우들이 저속한 몸짓과 재주로 노 정공을 웃기려 했다. 공자는 또 단상으로 올라가서 정중히 선언하기를 "군주를 유혹하고 모독하는 저 상놈들은 마땅히 목을 베어야 하오"하고 대동한 무사들로 하여금 목을 치게 하였다. 제 경공은 마음속으로 부끄러움을 느끼고 있었다. 회담을 마친 제 경공은 제나라로 돌아가서 자기를 제대로 보필하지 못한 신하들을 꾸짖고, 노나라로부터 빼앗은 문양 땅을 돌려주라고 하고, 회담 장소에서 있었던 무례를 노에 사죄하였다. 이 회담을 일러 '협곡지회(夾谷之會)'라 한다. 지난 2000년 6월 15일 남북정상회담 때, 평양을 방문한 한국 측 수행원들의 면면을 보면 이와 크게 대조되는 바 있어 설명이 길어졌다. 장공자·전락희, "孔子와 남북 정상회담"『길제세설』, 글벗사, 2004, 246-249쪽.

라의 대부로서 부와 권력 모두를 소유하고 있었다. 그렇다고 해서 일개 대부로서 천자만이 칠 수 있는 팔일무(八佾舞)를 그의 뜰에서 추었다고 해서, 이는 자기의 권세를 믿고 국법을 유린하는 것이라 하여 통렬히 비난하기도 했다.[16]

공자는 그의 제자 염구(冉求)가 이런 계씨에게 벼슬하면서 그의 온당치 않은 세금 징수를 도와줬다고 해서 다른 제자들에게 이렇게 말했다.

> 구는 우리의 무리가 아니니 제군들은 북을 울리어 이를 성토하라.[17]

또 공자는 당시 탐욕스런 정치가 중 한 사람인 계강자가 도적이 생기는 것을 근심하여 그 방지책을 묻자 그는 조금도 주저하지 않고 말하기를

> 그대 자신이 도적질을 하려 아니한다면 백성들은 상을 주면서 하라 해도 아니할 것이다.[18]

이처럼 공자는 직답으로 면박하는 것을 꺼리지 않았다. 자공이 공자에게 당시 정치에 종사하는 사람들이 어떠냐고 묻자 공자는 도량이 좁은 사람이 한 둘이 아니니 어찌 헤아릴 수 있겠느냐면서 무시해 버렸다.[19] 심지어 그는 노의 사구(司寇)가 된 지 7일 만에 대부 소정묘(少

16) 孔子謂季氏 八佾舞於庭 是可忍也 熟不可忍也(『論語』 八佾).
17) 子曰 非吾徒也 小子 鳴鼓而攻之 可也(『論語』 先進).
18) 季康子 患盜 問於孔子 孔子對曰 句子之不欲 雖賞之 不竊(『論語』 顔淵).

正卯)를 죽인 바 있는데, 이유인즉 사설을 꾸미고 백성을 미혹했다고 해서였다.

당시 공자가 서주시대 지배계층의 이해관계를 대변했다고 해서 그를 비민주적 인물로 폄하하는 사람이 없지 않은데, 과거의 담론을 현대적 관념이나 가치기준으로 평가하는 것은 옳지 않다. 특히 현재의 우리가 겪어보지 않았던 인물들의 삶과 살아보지 않았던 시대의 참 모습을 이해하고 평가한다는 것이 얼마나 어려운 일인가라는 사실에 우리는 유의하지 않으면 안 된다.

2. 가장 오래된 개념 – 천(天)

흔히 동아시아인들이 말하는 요순(堯舜) 이전의 일은 알 길이 없다. 앞에서도 언급한 바와 같이 동아시아사상을 말하려면, 요(堯)·순(舜)·하(夏)·상(商)·주(周)까지 소급해서 말해야 하겠지만, 이들 고대를 말할 만한 증빙자료가 없어 밝힐 수가 없다. 『서경 書經』의 「요전 堯典」과 「순전 舜典」도 있기는 하지만, 그것도 후세의 사람들이 전설에 따라 지난 일들을 미루어 말한 것에 불과할 뿐이다.[20)]

그러나 전설은 신화와는 달리 어떤 근거를 가지고 있다. 그러므로

19) 曰 今之從政者 何如 子曰 噫 斗筲之人 何足算也(『論語』 子路).

20) 중국 고대의 제왕의 계보는 황제(黃帝)–전욱(顓頊)–제곡(帝嚳)–요(堯)–순(舜)–우(禹)–탕(湯)–문(文)–무(武)–주공(周公)으로 이어진다. 그러나 황제 이하 요순까지는 가공의 인물로 보는 것이 통설이며 우 이하는 실제 인물로 보는 것이 일반적인 견해이다.

복희(伏羲)로부터 요에 이르는 관직의 소임은 주로 영농에 필요한 절기와 시기를 밝히는 데에 있었다는[21] 점을 감안할 때, 당시의 생활이 수렵이든 아니면, 농경이든 간에 일월성신의 운행을 중요시하였다는 사실은 쉽게 알 수 있다. 이는 당시의 정치적 관심사가 계절의 변화를 살피는 데 있었음을 뜻한다.

이처럼 계절의 변화를 중요시하던 상고인은 하늘을 하느님(上帝)의 거소로 알았고, 상제는 인간의 길흉화복을 주재하는 존재로 경외시하였다. 동시에 그들은 상제를 경외하는 의미에서 상제의 거소인 하늘도 숭배하였던 것이다.[22]

당시 문화의 기본 관념은 신권이었다. 특히 하·상대에 있어 신권사상은 매우 짙었던 것 같다. 일찍이 공자도 은나라 사람들이 신을 존중하는 것에 대하여 말한 바 있다.[23] 그런데 이러한 신권 관념은 최초 다신관념이던 것이 유사시대에 이르러 비로소 일신관념이 되었다. 이때의 신을 일러 천(天) 또는 상제(上帝)라고 한다. 여기서 종래의 신의정치(神意政治)는 천의정치(天意政治)로 발전하였으므로 이를 천치주의(天治主義)라고 한다.[24]

하늘(天)은 인간은 물론, 만물을 창조하고 총괄하는 창조주로서의 의미를 가지고 있다.[25] 그리고 이러한 천의 관념은 가족 관념과 결합함

---

21) 太古法制簡略 不可得而詳知 然以經典所載考之 則伏羲而至堯舜 其所命之官大率爲治曆明時而已(『文獻通考』 卷49, 管制 總論).
22) 皇矣上帝 臨下有赫 監觀西方 求民之莫(『詩經』 皇矣).
23) 殷人尊神 率民以事(『禮記注疏』 卷54, 表記).
24) 梁啓超, 『先秦政治思想史』, 北京 : 東方出版社, 1996, 23쪽.
25) 天生蒸民 有物有則 民之秉彝 好是懿德(『詩經』 蒸民).

으로써 정치상 천자(天子)라고 하는 새로운 개념을 낳았다. 천자는 하늘의 뜻을 대행하며 일체의 정치를 감독하는 최고의 통치자로 군림한다. 천은 만물의 근본이 동시에 만물의 영장인 인류에게 도덕적인 성질을 부여하는 것으로 상고인들은 이해하고 있었다.

인간의 도덕은 경험적인 것이거나 사변적인 것도 아니며, 사람이 생겨나던 처음에 천으로부터 도덕성을 부여받는다고 믿고 있었다. 그러므로 천은 윤리 도덕의 원천이라는 것이다.[26] 동시에 천은 천자가 누리는 정치권력의 원천이라고 믿었다. 인간은 천으로부터 도덕성을 부여받는다고 하더라도 사람 사이에는 현명과 우둔의 구별이 없을 수 없다.

하늘은 인간을 낳을 뿐, 스스로 가르치고 기르지는 않는다. 그러므로 천은 백성들 가운데서 총명과 예지가 빼어난 사람을 뽑아 백성을 가르치고 기르는 일을 맡긴다. 이것이 곧 치자로서의 천자인 것이다. 천으로부터 위임받은 천자의 권력은 절대적이지만, 천에 대한 책임 또한 대단하다. 천자는 백성을 통치할 뿐 아니라, 백성을 교화하여 천부의 도덕성을 다하게 하지 않으면 아니 되므로 동아시아에서는 고대로부터 정치와 교화는 하나로 합쳐진다는 이른바 정교합일론(政敎合一論)이 성립되게 되었던 것이다.

통상 동아시아인들은 정치의 좋고 나쁨을 천에 의거하여 평가하였다. 치자와 피치자의 관계에 있어서도 천은 제 3자로 그 사이에 개입

26) 하늘이 인간의 윤리 도덕의 원천이라는 인식은 "천이 뭇 백성을 낳았으니, 사물이 있으면 법칙이 있도다. 백성이 떳떳한 도리를 잡았으니, 아름다운 덕을 좋아하는 도다(天生烝民 有物有則 民之秉彝 好是懿德. 『書經』 洪範)"라는 기록으로 미루어 알 수 있다.

되었다. 치자는 한편으로 백성을 통치하고, 다른 한편으로는 천의 지시를 받는 것으로 알았다. 피치자인 백성은 치자에 의해 통치되지만, 다른 한편 그들의 의사(民意)는 곧 천의(天意)로 인식되었다. 이는 치자란 천명을 대표하는 인물임을 뜻하는 것이다. 그러므로 이러한 정치관계는 교호적인 삼각 순환관계로 인식되었고, 그것은 다음과 같은 삼각관계로 표현할 수 있을 것이다.

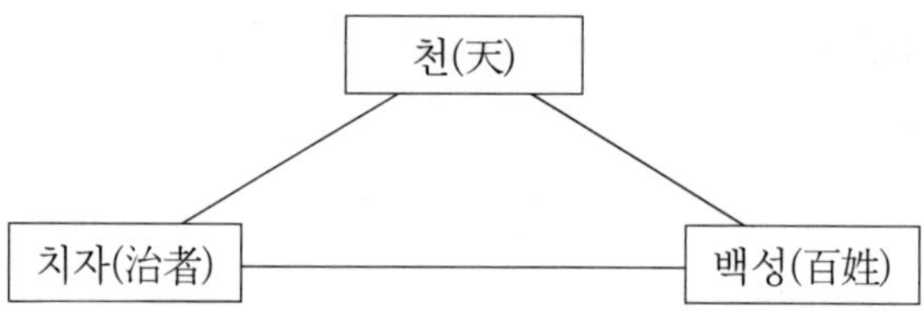

이 같은 인식은 선진 제가들에 있어서도 크게 다르지 않았다. 그들은 한결같이 천에 근거하여 사고하고 행위했으므로 천이야말로 일체의 사고와 행위의 준거였다.

> 하늘은 우리 백성이 소리를 듣는 것으로부터 듣고, 하늘은 우리 백성이 보는 것으로부터 본다.[27]

이것은 곧 치자는 초월적인 지위에서 내려와서 백성을 보라는 것이다. 때문에 백성이 보고(民視), 백성이 듣는 것(民聽)이 옳지 못하다고 느끼면, 백성은 곧 반역하고, 그를 타도하려 할 것이라고 하였다. 그러

27) 天聽自我民聽 天視自我民視(『書經』 泰誓).

므로 통치자는 항상 경계하고 조심하라고 했던 것이다.[28)]

이 같은 천은 본래 서구의 자연(Nature)과 신(God)의 복합적인 의미를 지니고 있었다. 이런 의미를 지니고 있는 천은 시대와 사람들의 지적인 발달에 따라 다음과 같은 다양한 천으로 이해되었다. ① 물질의 천 ② 주제의 천 ③ 운명의 천 ④ 자연의 천 ⑤ 의리의 천 등과 같이 적어도 다섯 가지로 이해되었다.[29)]

앞에서 이미 지적한 바와 같이 인지의 발달은 의지적이고 인격적인 천의 관념을 동요시켰다. 그리하여 종래의 종교적인 천은 철학적인 의미로 변했고, 그것은 후일 모든 사상이 형성·발전하는 데 있어서 핵심적인 근거가 되었다. 왜냐하면 종교적인 천의 철학적인 인식은 인격신과 자연법이 일치하는 관념의 확립을 가능케 하였기 때문이다.

이 같은 관념의 변화는 천에 대한 회의와 실망으로 표시되었는가 하면, 심지어는 천에 대한 원망으로 변하기도 했다. 예를 들면 "하늘은 믿을 만한 것이 못 된다"든지 "넓고 큰 하늘(昊天)이 편치 못하여 우리 왕이 편치 않으시다"는 등과 같은 표현이 그런 것들이다. 이러한 천은 이제 경외의 대상으로 보기보다는 오히려 인간의 성실과 근면 그리고 노력을 더 중시하는 인간 중심으로 사고하기에 이르렀다. 이 같은 종래의 천에 대한 원시적인 인식은 공자 이전에 이미 동요·변화하고 있었다.

28) 이는 통치자의 눈은 하늘로 향하지만 말고, 백성이 보고 듣고 하는 것이 무엇인가를 관찰하고 두려워해야 한다는 것을 뜻한다. 동시에 이는 천명을 얻으려면 하늘만 쳐다보는 것으로는 완전치 못함을 시사하고 있다.
29) 馮友蘭, 『中國哲學史』, 香港 : 文蘭圖書, 1967, 54-55쪽.

그러나 천에 대해 공자는 여전히 주제의 천, 운명의 천 내지 자연의 천이라고 하는 3개의 복합적인 의미로 이해하고 있었다. 예를 들면, 주제의 천으로는

> 하늘이 싫어할 것이다. 하늘이 싫어할 것이다.[30)]
> 하늘이 나를 망쳤구나! 하늘이 나를 망쳤구나.[31)],

운명의 천으로는

> 내가 기도한 지는 오래다.[32)],
> 백성의 뜻에 힘쓰고.,[33)]

그리고 자연의 천으로는

> 낮과 밤이 쉬지 않는구나.[34)]
> 하늘이 무슨 말을 하느냐.[35)]

이상과 같은 천의 의미가 바로 그것들이다. 다만 공자는 천의 입장에서 천을 보기보다는 인간의 입장에서 천을 보려는 경향을 띠었을 뿐

30) 天厭之 天厭之(『論語』 雍也).
31) 天喪予 天喪予(『論語』 先進).
32) 丘之禱久矣(『論語』 述而).
33) 務民之義(『論語』 雍也).
34) 不舍晝夜(『論語』 子罕).
35) 天何言哉(『論語』 陽貨).

이다.

이런 이유로 공자는 비록 천을 포용하고 있었지만, 그것을 별로 말하지는 않았다. 때문에 그는 즐겨 괴력난신(怪力亂神)을 말하지도 않았고, 오히려 이를 경이원지하였다.[36] 그리하여 공자는

> 하늘을 원망하지 않으며, 사람을 허물하지 않으며, 아래로부터 배워 위로 달하니 나를 아는 자는 그 하늘일 뿐이다.[37]

여기서 우리는 하늘을 원망하지도 않고, 남을 허물하지도 않으며, 오직 자기를 반성하고 인간사에 충실한 것만이 하늘을 아는 방법이라는 공자의 인간 중심 내지 자아 중심의 사고와 정신을 엿볼 수 있다.

이러한 공자의 사고와 정신은 "백성이 하고자 하는 것을 하늘도 반드시 따른다"고[38] 하는 백성 중심의 관념적 변화를 배경으로 하는 것이었다. 또한 이 같은 변화는 하늘의 아들인 천자는 동시에 백성의 부모가 된다고[39] 한 것처럼 국가와 가정, 정치와 윤리가 결합하는 계기가 되었던 것이다.

그러나 이러한 관념의 변화는 천의 지위를 약화시킨 반면, 상대적으로 인간의 지위를 향상시켰다. 그 결과 종래의 하늘이 다스린다고 하는 천의 권위에 대치될 수 있는 인간 중심의 권위가 시대적으로 필요하게 되었다. 이 같은 시대적 요청에 따라 등장한 인물이 공자였다. 그

---

36) 夫子之言性與天道 不可得而聞也(『論語』 公冶長).
37) 子曰 不怨天 不尤人 下學而上達 知我者 其天乎(『論語』 憲問).
38) 民之所欲 天必從之(『論語』 泰誓).
39) 天子作民父母 以爲天下王(『書經』 洪範).

는 뛰어난 지혜와 숭고한 이상을 소유하고 있었지만, 어떠한 타협도 원치 않았기 때문에 당시의 통치자들은 그로 하여금 그 자신의 이상을 실현할 수 있는 기회를 주지 않았다.

그 결과 개인적으로 볼 때, 그의 생애는 실패한 것인지는 몰라도 그의 사상은 동아시아 정치의 이론과 실제에 지대한 영향을 끼칠 수가 있었다. 이런 이유로 2,500년이 지난 오늘날에도 공자의 이름은 다른 어떤 사람보다도 더 잘 알려져 있다.

3. 공자사상의 핵심개념 - 인(仁)

앞에서 언급한 바와 같이 공자가 살았던 시대는 사설과 폭행이 난무했던 무도의 사회였다. 공자는 이러한 무도한 사회상황을 인간 본성의 보편적 동정심인 인(仁)에 근거하여 해결하려 하였다. 인간에 대한 천의 통제적 관념이 약화되고, 인간 중심적인 사고와 의식이 강화되던 당시 공자의 이러한 발상은 시대적인 요청에 따른 것이었다. 『논어 論語』에서[40] 인이란 사람을 사랑하는 것이라 했고,[41] 『중용 中庸』에서는

40) 『논어』는 공자가 그 제자들과 당시 사람들과 문답한 말과 제자들 상호간에 주고받은 말 그리고 공자의 일상생활과 행동에 대한 기록으로 공자가 졸한 후에 문인들이 그것들을 모아서 편찬한 것으로 수편인 「학이 學而」로 시작하여 종편인 「요왈 堯曰」로 끝나는데 모두 20편으로 구성되어 있다. 동아시아에서는 책 중의 책으로 여겨왔으며 북송(北宋)의 정이(程頤)는 사람이 논어를 읽으면 사람이 달라진다고 했다.

41) 공자가 타고 다니는 수레를 몰고 다니던 번지(樊遲)란 제자가 공자에게

인이란 사람이라고 했는가 하면, 맹자는 인이란 사람의 마음이라고 한 것을 보면, 인이란 인간 누구나 가지고 있는 동정의 마음이라고 할 수 있다.42)

『논어』 이전의 전적(典籍) 중에는 인자는 별로 나오지 않는다. 『시경 詩經』에 단 2번, 『서경 書經』에는 단 1번 나오지만, 『논어』에는 인을 말한 곳만도 58장 105자에 달한다. 그러므로 『논어』란 책은 인자를 중심으로 한 사상서라 하여도 무방할 것이다. 그가 인을 이처럼 강조하였던 것은 본질적으로 인간을 사회적 존재로 보았기 때문이다. 비록 인간이 전적으로 그런 것은 아니라고 하더라도 다분히 사회에 의해서 인간이 되는 것이 사실이다. 인자의 구성이 그렇고, 인간이란 표현 또한 사람과 사람 사이에 존재한다는 점에서 그렇다. 인간의 삶이란 인간관계 그 이상도 이하도 아니다. 그러므로 인생이란 곧 인간관계라 하여도 무방하다.

그러나 공자는 이처럼 인을 중시했으면서도 그것을 체계적으로 설명하지는 않았다. 이는 동아시아사상의 특색인 동시에 공자적인 방법이기도 하다. 때문에 인을 알기란 쉽지가 않다. 공자 자신도 인에 대해서

인에 대해 묻자 공자는 사람을 사랑하는 것이라고 했다(樊遲問仁 子曰 愛人.『論語』顔淵).

42) 인(仁)이란 글자가 그렇듯이 사람(人)과 사람(人) 즉 두 사람(二人) 사이의 가장 아름답고 바람직스런 모습이나 관계를 뜻하는 것으로 이해할 수 있다. 공자는 본질적으로 인간을 사회적 존재로 이해하고 있었기 때문에 사람과 사람들과의 사회적 관계를 어떻게 설정하고 그것을 어떻게 유지·발전할 것이냐 하는 문제에 비상한 관심을 가지고 있었다. 그러므로 공자는 개인의 양심을 그 자신이 살고 있는 사회로부터 유리해서 언급하는 것이나 자신의 도덕적 판단을 사회에 맡겨버리는 것 또한 허락지 않았다.

는 묻는 사람에 따라 달리 대답하였다.[43] 하기야 인간관계란 그 관계 여하에 따라 여러 형태로 나타나므로 그럴 수밖에 없을 것이다. 인에 대한 공자의 여러 가지 해답을 종합해 보면, 그것은 모든 덕목을 총괄한 인격의 표징임을 알 수 있다.

공자가 말하는 인은 인간 최상의 미덕이라고 할 수 있기 때문에 인간이 추구하는 궁극적인 목적은 이 인을 구현하는 데 있다고 할 수 있다. 그러므로 인을 구현하여 편안한 경지－안인(安仁)의 지위에 이르면 인간은 더 할 수 없는 즐거움을 향유하게 된다. 이로 인해 "어진 사람은 근심하지 않는다"고 하였고,[44] 또 "… 어진 사람은 산을 좋아하고, … 어진 사람은 고요하며, … 어진 사람은 오래 산다"고 한 것을 보면,[45] 공자가 말하는 인에는 스스로 자족하고 희열하는 요소와 정신이

43) 『논어』에 보면 공자는 인에 대해 묻는 사람에 따라 각기 달리 말하고 있다. 안연(顔淵)에게는 인이란 자신을 극복하고 예로 돌아가는 것(顔淵問仁 子曰 克己復禮爲仁. 『論語』 顔淵)라 했고, 중궁(仲弓)에게는 자기가 원치 않는 것을 남에게 시키지 않는 것(仲弓問仁 子曰 己所不欲 勿施於人. 『論語』 顔淵)이라고 했고, 사마우(司馬牛)에게는 인이란 말을 더듬는 것(司馬牛問仁 子曰 仁者其言也訒)이라고 했으며, 번지(樊遲)에게는 사람을 사랑하는 것 樊遲問仁 子曰 愛人. 『論語』 顔淵)이라고 하였는가 하면 다른 곳에서는 거처하는 것을 공손하게 하며, 일을 잡으면 공경하고 사람과는 더불어 성실히 하는 것(樊遲問仁 子曰 居處恭 執事敬 與人忠. 『論語』 顔淵)이라 하였다. 이처럼 공자는 인에 대해 물을 때, 각기 달리 말했고 같은 사람이 물어도 때에 따라 달리 말한 것은 묻는 사람의 특성이나 처한 상황이 같지 않았기 때문이다.

44) 지혜로운 사람은 미혹되지 않으며, 어진 사람은 근심하지 않으며, 용감한 사람은 두려워하지 않는다(知者不惑 仁者不憂 勇者不懼. 『論語』 子罕).

45) 子曰 知者樂水 仁者樂山 知者動 仁者靜 知者樂 仁者壽(『論語』 雍也). 앞

있음을 알 수 있다.

그러므로 인의 정치적 의미는 그 당시 정치의 주체인 군주가 먼저 인간다운 인간이 되어 정치의 객체인 백성을 교화하여 인류 전체의 생활을 가장 원만한 이상에 도달케 하려는 지도 이념이라 하겠다. 때문에 유가를 일러 먼저 자신을 가다듬은 다음에 다른 사람들을 지도하고 교화한다고 해서 수기치인지학(修己治人之學) 또는 안으로는 성인의 덕성과 밖으로는 천하를 다스릴 수 있는 정치적 경륜을 지녀야 한다고 해서 내성외왕지학(內聖外王之學)이라고 하는 까닭이 여기에 있다고 하겠다. 적어도 사람이라면 인간다운 인간이 되기 위해서는 개별적인 성장이나 성숙에 머물지 말고 사회적인 책무를 동시에 져야 한다는 것이 유가의 특징이자 정신이다. 유파에 관계없이 유가는 이 점을 일관되게 강조하였고, 특히 훗날 성리학이 그러하였다.

에서 공자의 지적한 안인(安仁)의 경지란 마치 불가에서 구체적인 사물이나 사긴에 대한 집착으로부터 벗어나서 이르게 되는 열반(涅槃 : Nirvana)과 같아서 인간의 모든 욕망을 정복함으로써 비로소 도달하게 되는 해탈(解脫 : Vimukti)의 경지, 즉 안녕 최상의 경지와도 같은 것으로 여겨진다. 단 유가와 불가가 다르다면 불가에서는 열반의 경지에 도달하기 위해서는 인간의 모든 욕망을 정복해야 한다고 주장하고 있지만, 유가에서는 욕망이란 자연적인 것이어서 완전히 정복할 수도 없거니와 그렇게 해서도 아니 된다고 하면서 욕망의 절제와 조절의 필요성만을 강조하고 있다는 점에서 다르다고 하겠다. 그리고 어진 사람이 오래 산다고 한 것도 해탈의 경지에 이르면 죽고 사는 경지를 초극하여 낳지도 않고 죽지도 않는다(不生不滅)는 것과 다르지 않으며, 정신적 내지 사상적으로 설명한다면 인을 강조한 공자나 해탈을 주창한 석가가 오늘날까지도 사람들에 의해 회자되는 것은 그들의 정신과 사상이 지금도 살아 숨쉬고 있기 때문이라면 억지춘향일까?

그런데 공자는 인을 매우 중시하였으면서도 동시에 효제(孝悌)와 충서(忠恕)를 강조하고 있었다. 예를 들면, 『논어』 둘째 줄에 효제가 인의 근본이 된다고 한[46] 것이나, 공자의 도는 충서뿐이라는 기록이 이를 잘 말해주고 있다.[47] 적어도 이론적으로는 가장이 한 가정을 다스리는 것이나 군주가 한 나라를 다스리는 것은 본질적으로 다르지 않다. 다만 다스리는 범위가 크고 작은 차이가 있을 뿐이다.

『논어』에 "누가 공자에게 묻기를 '선생님은 왜 정치를 하시지 않습니까?' 라고 하였다. 선생님이 말씀하시기를 『서경』에 효를 일컫기를 효도하며 형제에게 우애하여 정치에 베푼다고 하였으니 이 또한 정치를 하는 것이니 어찌 정치를 하는 것만 정치라고 하겠느냐"고[48] 하였다고 한다.

노나라 정공 초년에 어떤 사람이 공자가 집에 있으면서 정치를 하지 않는 것을 보고 이상하게 여겨 그 이유를 묻자 공자는 사람이 집에 있으면서 효제로써 집안을 다스린다면 이것도 정치이다. 어찌 출사하여 지위를 얻어야만 정치를 한다고 보아야 할 리가 있겠는가라고 대답하였다. 당시 공자가 정치에 참여하지 않은 이유야 달리 있었겠지만, 직답을 피하고 집안 다스리는 일과 나라 다스리는 것을 같은 선상에 놓고 정치라 했던 것이다.

공자가 효제와 충서를 강조한 것은 그가 살았던 시대의 정치적 상황

---

46) 其爲人也孝悌 而好犯上者 鮮矣 不好犯上 而好作亂者 未之有也 君子務本 本立而道生 孝悌也者 其爲仁之本與(『論語』 學而).

47) 夫子之道 忠恕而已矣(『論語』 里仁).

48) 或謂孔子曰 子奚不爲政 子曰 孝乎惟孝 友于兄弟 施於有政 是亦爲政(『論語』 爲政).

과 무관하지 않을 것이다. 왜냐하면 이미 언급한 바와 같이 춘추시대란 시군(弑君)과 시부(弑父)가 자행되던 시대였기 때문이다. 특히 당시의 정치적 상황은 천자와 제후는 상징적인 존재일 뿐, 실질적인 정치 권력은 가(家)라고 하는 정치 조직을 대부들이 장악하고 있었다.

본래 가란 주나라 왕실로부터 받은 채지(采地)를 말한다. 그런데 그들 대부들은 그 본래의 채지에 만족하지 않고, 보다 많은 백성과 넓은 토지를 소유하려는 채지의 확대를 꾀하고 있었다. 그 결과 가와 가의 충돌은 불가피했고, 정치적인 혼란과 불안은 갈수록 심각하여 졌다. 그러므로 그들 간의 평화스런 관계는 물론, 그들 내부의 안정과 질서 유지는 당면한 정치적 과제가 될 수밖에 없었다.

공자는 이러한 과제를 해결하기 위한 방법으로써 가의 내부 문제는 효제에, 외부 문제는 충서라고 하는 윤리와 정치를 연결시키는 이중적 방법을 강구하였다. 다만 효제는 가정에 국한되어 사회 일반에 통용되지 못하는 경우가 있으므로 남과 나 그리고 가정과 사회를 완전히 관통할 수 있는 동정심(仁)의 무한한 확대인 충서를 강조하였던 것이다. 그러므로 공자가 중시한 인은 윤리의 근거인 동시에 정치의 원칙으로서 춘추라고 하는 사회 및 시대의 지도 이념으로서의 성격을 띠고 등장하게 되었던 것이다.

그러나 인은 인간의 내재적인 심성에 호소함으로써 근본적인 문제를 해결하려 했다는 점에서는 장점이지만, 현실 문제를 효과적으로 처리하기에는 거리가 멀다는 약점을 지니고 있는 것 또한 사실이다. 그러므로 공자는 그가 목격한 현실로서의 정치적 상황을 타개하기 위해 또 다른 해결책을 제시하지 않을 수 없었다. 그가 제시한 해결책이란 인간의 외재적인 관계, 즉 인간관계를 어떻게 설정하고 정상화하느냐 하는 문제였다.

4. 올바른 인간관계 - 정명(正名)

공자가 주나라의 문물제도에 대해 동경하면 할수록 그가 목격하고 있는 현실로서의 정치·사회적인 상황을 불만스럽게 여겼을 뿐만 아니라, 그는 기존의 사회질서의 붕괴를 사회적 위기로 간주하고, 이러한 위기의 극복을 위해 그가 진실로 믿고 좋아했던 주나라의 문물제도를 그리워했다. 그리하여 그는 일면 복고적인 입장을 취하고 있었다.[49]

공자는 사회적 위기가 도래하게 된 것은 군주가 군주로서의 직분을 다하지 못하고, 신하는 신하로서의 직분을 제대로 하지 못하면서도 서로가 서로를 업신여기면서 월권을 꺼리지 않았기 때문에 무도하게 되었다고 다음과 같이 말한 바 있다.

> 천하가 유도하면 예악과 정벌이 천자로부터 나오고, 천하가 무도하면 예악과 정벌이 제후로부터 나오나니, 제후로부터 나오게 되면, 대개 10대에 망하지 않는 것이 드물고, 대부로부터 나오면 5대에 망하지 않음이 드물며, 배신이 나라의 명령을 집행하게 되면, 3대에 망하지 않음이 드물다. 천하가 유도하면 정치가 대부에게 있지 아니하고, 천하가 유도하면 서인이 논의하지 아니한다.[50]

49) 子曰 述而不作 信而好古 竊比於老彭(『論語』 述而).
50) 孔子曰 天下有道則禮樂征伐 自天子出 天下無道則禮樂征伐 自諸侯出 自諸

공자가 이렇게 말할 수밖에 없었던 것은 상하와 존비의 관계, 즉 정치적인 위계질서가 무너졌을 때, 오는 상황과 그 결과를 예단한 것이다.

이와 같은 무도한 상황을 방지하기 위해서는 천자는 천자로서, 제후는 제후로서, 대부는 대부로서, 배신(陪臣)은 배신으로서 그리고 서인은 서인으로서 각기 그 본분에 충실하지 않으면 안 된다. 사회적 존재로서 모든 사람은 각기 여러 개의 이름과 그 이름에 상응하는 직분이 있다. 한 개인으로도 가장으로서 남편으로서 그리고 조직에서는 간부 또는 직원으로서의 명과 실을 가지는데 그 명과 실을 상부시키는 것이 중요하다. 이렇게 명과 실을 상부하게 하는 것을 정명(正名)이라 한다.

어느 날 공자의 제자 자로(子路)가 공자에게 위나라 임금이 선생님을 초청하여 정치를 하려 하는데 선생님께서는 무엇부터 하시겠느냐고 물었을 때, 공자의 이렇게 말했다.

> 반드시 이름을 바르게 할 것이다.[51]

어째서 공자는 반드시 정명부터 하겠다고 했을까? 정명부터 하지 않으면 안 되는 까닭에 대해 공자는

> 이름이 바르지 아니하면 말이 순하지 않고, 말이 순하지 아니하면 일이 이루어지지 않는다.[52]

侯出 蓋十世希不失矣 自大夫出 五世希不失矣 陪臣執國命 三世希不失矣 天下有道則政不在大夫 天下有道則庶人不議(『論語』 季氏).

51) 子路曰 衛君待子而爲政 子將奚先 子曰 必也正名乎(『論語』 子路).

52) 名不正則言不順 言不順則事不成(『論語』 子路).

사회를 이루고 있는 구성원들이 그들이 가지는 인간관계 속에서의 지위와 직분에 상응하는 책무를 다할 때, 사회는 질서와 조화를 이루고 발전하게 된다. 만일 그렇지 않을 때에는 사회적 혼란과 갈등은 더욱 증폭될 수밖에 없을 것이다. 그러므로 제나라 경공이 공자에게 정치를 묻자 공자는 정명을 부연 설명하는 것으로 대답을 대신하였다.

> 임금은 임금다워야 하며 신하는 신하다워야 하며 아버지는 아버지다워야 하고 자식은 자식다워야 한다.[53)]

언제나 그렇듯이 사회적인 혼란과 갈등의 원인은 임금이 임금답지 못하고, 신하가 신하답지 못하고, 어버이가 어버이답지 못하며, 자식이 자식답지 못한 데 있기 때문에 공자는 정치를 함에 있어서 정명이 무엇보다 중요하다고 했던 것이다.

공자는 그가 살고 있던 시대의 정치적인 혼란을 크게 두 가지 방법에 의해 해결하려 하였다. 그 중 하나는 인간의 윤리 도덕적인 근거가 되는 심성의 실천－행인(行仁)에 호소하는 것이고, 다른 하나는 사회적 존재로서의 다양한 인간관계의 정상화－정명(正名)을 통해서 해결하려 하였다.

공자의 정치사상의 출발점이 "주나라를 따르는 것(從周)"이라면, 그것을 실행하기 위한 구체적인 주장은 곧 행인과 정명이라 할 수 있다.[54)] 그리고 그것은 주나라가 가장 융성했던 시기의 물물제도에 근거

---

53) 齊景公問政於孔子 孔子對曰 君君 臣臣 父父 子子(『論語』 顏淵).
54) 蕭公權, 『中國政治思想史』 上, 臺北 : 聯經出版事業公司, 民國 71年, 61쪽.

한 사회적인 질서와 조화를 회복하려는 것이었다.

5. 실천 주체인 군자와 이상세계

공자의 정치사상은 두 개의 축으로 이루어졌다. 그 하나는 인을 실천하는 행인(行仁)이고, 다른 하나는 정명(正名)이다. 전자는 내재적인 심성에 호소함으로써 인간으로서의 도리를 다하는 데 있고, 후자는 사회적 존재로서 인간관계에 있어 명과 실을 상부시켜 그 책무를 다하는 데 있다. 물론 행인과 정명만으로는 우리가 바라는 그런 이상사회의 실현은 쉽게 이루어지지 않는다.

그리하여 이의 보조적인 개념으로서 덕(德)·예(禮)·형(刑)·정(政)과 같은 개념을 제시하기도 했다.[55] 덕과 예가 인간의 윤리 도덕적인 심성에 근거한 수기(修己)의 자율적 수단이라면, 형과 정은 사회적 제재를 통한 치인(治人)의 타율적 수단이라 할 수 있을 것이다.

만일 치자가 정치를 함에 있어 법으로 백성을 다스리고 그 제재적인 수단으로써 형벌을 사용하여 백성들로 하여금 모두 선에 돌아가게 한다면, 그들은 두려워 감히 악을 저지르지는 않겠지만, 악을 저지르려는 마음은 그대로 남아 형벌을 받지 않으면 부끄러워하는 마음도 일어나

55) 정령으로 인도하고 형벌로써 바로잡으면, 백성들이 형벌을 면하기만 하면 부끄러워하는 일이 없다. 덕으로서 인도하고 예로써 바로잡으면 부끄러워함이 있기는 해도 선에 이르게 된다(道之以政 齊之以刑 民免而無恥 道之以德 齊之以禮 有恥且格. 『論語』 爲政).

지 않을 것이다.

그러나 덕과 예로써 군주 스스로 실행하여 백성들을 유도한다면, 그들은 참으로 악을 부끄러워해야 할 것으로 생각하여 모두 선에 이르게 된다. 이처럼 치자가 스스로 덕과 예를 실행하여 백성들로 하여금 선에 스스로 이르게 한다는 점에서 유가를 덕치주의·교화주의·궁행주의라고 하는 것이다. 그래서 공자는 일찍이 계강자(季康子)가 공자에게 정치에 대해 물었을 때, 정치에 대한 자신의 견해를 다음과 같이 피력하였다.

> 정치란 바로 잡는 것이다. 당신께서 바름으로써 모범을 보이신다면, 누가 감히 바로잡지 않겠습니까.[56]

그리고 계강자가 또 도둑이 창궐하는 것을 걱정하자

> 진실로 당신께서 욕심을 내지 않으신다면, 상을 준다고 할지라도 도둑질을 하지 않을 것입니다.[57]

공자는 면박성의 대답도 주저하지 않았다. 그렇다면 누가 사람들로

---

56) 중국 고전에 의하면, 정(政)자는 여러 가지 뜻을 포함하고 있다. 政자은 正자과 같은 의미로 통용되어 곧음, 바름, 바르게 함, 올바름으로 정직이요, 가르침이요, 본받음을 뜻한다. 그러므로 정치는 도덕적인 교화와 인도를 통하여 올바르지 못한 것을 바로잡는 것이라 하겠다. 政者正也 子率以正 孰敢不正(『論語』 顔淵).

57) 苟子之不欲 雖賞之不竊(『論語』 顔淵).

하여금 이들 개념을 포함해서 행인과 정명을 실행토록 할 것인가? 그 실천 주체는 바로 군자(君子)이다. 공자가 말하고 있는 군자는 사회 내지 정치적인 지위를 지칭하는 경우도 있고, 품격을 지칭하는 경우가 있는가 하면, 지위와 품격을 동시에 지칭하는 경우도 있다. 공자는 근본적으로 통치자인 군자는 인격을 도야함으로써 모든 백성들에게 안락을 가져다주어야 하는 중요한 사람으로 이해하고 있었다.

제자 자로가 군자에 대해 묻자, 공자는 "자기 수양을 하고 경건해야 한다"고 하자 자로는 또 물었다. "그렇게만 하면 됩니까?" 공자는 "자기 수양을 함으로써 사람을 평안하게 하여 주어야 한다"고 했다. 자로가 또 "그렇게만 하면 됩니까?" 묻자, 공자는 "자기 수양을 함으로써 백성을 평안하게 하여 주어야 한다"고[58] 했다.

여기서 우리는 공자가 말하는 군자는 도덕적인 존재임을 쉽게 알 수 있다. 이를 보다 구체적으로 말하면, 도덕적인 수양을 정치적인 권력을 행사하기 위한 기본 전제로 인식한 공자는 통치자란 도덕적 실천을 통해서 백성에 대한 그의 지배권을 행사해야 한다고 생각했다. 이런 점에서 볼 때, 공자는 덕에 의한 통치를 주장하고 있었음이 분명하다.

도덕적인 존재인 군자란 어떤 존재인가? 이에 대한 공자의 견해는 다음과 같이 간단명료하다.

> 군자는 그릇이 아니다.[59]

58) 子路問君子 子曰 修己以敬 曰 如斯而已乎 曰 修己以安人 曰 如斯而已乎 曰 修己以安百姓(『論語』 憲問).

59) 君子不器(『論語』 爲政).

그릇이 아니라는 말은 군자란 인물은 그때그때의 상황에 따라서 대응함으로써 그릇처럼 일정한 용량의 것만 받아들이는 것이 아니라, 필요에 따라 거절하고 포용하는 인물임을 뜻한다. 달리 말하면, 필요에 따라 거절하고 포용하는 인물은 능력이 있는 사람으로서 지도력－리더십의 소유자를 뜻하기도 한다.

본래 그릇이란 각기 그 소용이 다르기 때문에 두루 사용할 수 없다. 혹자는 밥그릇을 국그릇으로도 쓸 수 있다고 할 수 있을지 모르나 국그릇의 용량을 밥그릇에는 담을 수 없는 것처럼 공자가 말하는 그릇이란 특정 기능만의 소유자를 뜻한다.

그러나 공자 당시의 치자들이란 어떤 분야의 전문가가 아니라 문·사·철(文·史·哲)과 시·서·화(詩·書·畵)을 두루 익혀야 하는 그런 인물들이었다. 그들은 냉철한 이성뿐만 아니라 다감한 감성까지도 갖추어야 하는 그런 인물들이었다. 그래서 공자는 지적 성장이 정서와 균형을 이루지 않으면 무가치한 것으로 여겼다.

그러므로 공자는 그의 제자들이 지향해야 할 이상적인 인간형을 '군자'란 말로 표현하였다. 그들은 다름 아닌 '행인'과 '정명'의 실천주체였던 것이다. 그렇다면 군자를 통해 도달하려고 했던 이상세계는 어떤 세계였는가? 그것은 말할 것도 없이 '천하유도' 또는 '평천하'의 세계였다.

그러나 공자가 살았던 시대는 이상과는 거리가 너무 멀었기 때문에 그 시대가 현저하게 결여한 것을 갖춘 국가, 즉 모든 백성이 평화와 안전 그리고 풍요를 향유할 수 있는 국가를 최선의 국가로 여기고 있었다. 이러한 사실은 그의 제자 자공(子貢)이 정치에 관하여 묻자, 공자는 이렇게 말했다.

> 훌륭한 정부란 충분한 식량(足食)과 군사력을 갖추어야 하고(足兵) 백성의 신뢰를 받아야 한다(民信).
>
> 자공이 '만약 부득이 이 3가지 중 하나를 빼야 한다면 무엇부터 빼야 합니까?'라고 묻자 그는 '무기를 빼라'고 했고 '또 부득이 남은 두 개 중 하나를 빼야 한다면 무엇을 먼저 빼야 합니까?'라고 거듭 묻자 '식량을 빼라. 예로부터 사람은 죽기 마련이지만, 백성이 신뢰하지 않는 정부는 지탱하지 못 한다'.60)

여기서는 마지막 말이 대단히 중요하다. 왜냐하면 이 말은 정부의 존립을 위해서는 백성을 굶겨 죽여도 좋다는 의미가 아니라, 나라라는 것은 지배자와 피지배자가 다같이 그 목적에 대해 이해를 같이 하고 그 이익을 함께 향유하는 협동체라는 것을 신뢰하지 않으면 안 된다는 것을 강조하고 있기 때문이다. 공자가 이 같이 신뢰를 강조한 것은 그가 살았던 시대에 있어 가장 심각한 문제는 신뢰성의 부재였다.

이처럼 공자가 신뢰를 중시한 것은 그가 살았던 시대의 성격이나 구조가 그것을 중요하게 여기지 않으면 안 되었다는 사실이다. 공자가 여러 나라를 주유했을 당시에는 국경이란 개념은 존재하지 않았다. 때문에 백성들의 이동이나 이주는 별다른 제약 없이 가능했고, 농업을 생업으로 하고 있는 사회에서는 인력은 중요한 생산수단이었다. 뿐만 아니라, 계속되는 국가 간의 투쟁은 적지 않은 병력을 필요로 하고 있었다. 그러므로 백성은 경제·군사적으로 매우 중요한 존재였고, 나라

60) 子貢問政 子曰 足食足兵民信之矣 子貢曰 必不得已而去 於斯三者何先 曰去兵 子貢曰 必不得已而去 於斯二者何先 曰去食 自古皆有死 民無信不立(『論語』顔淵).

에 대한 그들의 신뢰는 곧 부국강병의 요체가 되기도 했다.

6. 유교무류(有教無類)와 두 학파

동아시아에서 교육의 일반화 내지 보편화를 실천한 최초의 직업적 교사며 사상가는 공자로 알려져 있다. 뿐만 아니라, 교사와 사상가 중에서 가장 위대한 인물로 인정받아 온 인물 또한 공자였다. 그는 교육에는 계급이나 계층이 없다고[61] 하여 교육은 누구나 받을 수 있고, 받으면 받은 것만큼 교육적인 효과가 있다는 믿음을 가지고 교육의 중요성을 강조하고 있었다.[62] 그는 개인의 지적 자질과 업적에 의하여 인류 역사에 지대한 영향을 준 극소수의 인물들 가운데 한 사람이었다.

공자는 정치란 다른 게 아니라, 백성들을 덕화하고 교화하기 위한 치자의 실천적 행위로 보았기 때문에 예악을 강조하지 않을 수 없었으므로 교양(教養)의 문제를 중요하게 여기지 않을 수 없었다. 그러므로 교(교육)와 양(양호)은 정치의 2대 요소로 서로를 필요로 하므로 그 중 하나라도 빠뜨려서는 안 된다.

---

61) 有教無類(『論語』 衛靈公).

62) 공자의 인간적인 면모뿐 아니라 제자들의 면모들도 잘 나타나고 있는 『논어』의 첫 구절은 학습(學而時習)으로 시작하여 마지막은 명(命), 예(禮), 언(言)을 아는 것으로 끝을 맺고 있는데 이는 학습의 목적이 명과 예와 언을 터득하는 데 있음을 뜻한다. 아울러 그 같은 학습을 통해 인간의 질적인 향상은 물론 사회적 신분 상승이 가능하다는 당시의 사회적 분위기도 읽을 수 있다.

그러나 백성을 도덕적으로 교화하고 물질적으로 풍요롭게 하는 것이 정치의 양대 축이라고 하더라도 그 가치로 말하면, 교육이 양호보다 중요하다고 하겠지만, 그 실천의 전후 문제에 있어서는 양호가 선행되어야 한다는 것이 공자의 생각인 듯 하다. 공자는 교양 문제에 관해 『논어』에서 이렇게 말하고 있다.

> 선생님이 위나라에 가셨는데, 염유가 수레를 몰았다. 선생님께서는 '참 많구나!'하고 말씀하셨다. 염유가 '이미 많으면 또 무엇을 보태야 합니까?' 했더니, '부유하게 해야 한다'고 하셨다. '이미 부유하면 또 무엇을 보태야 합니까?' 했더니, '가르쳐야 한다'고 하셨다.[63)]

이처럼 공자가 정치를 함에 있어 의식(衣食)의 문제를 중요시했으면서도 교육을 강조하였기 때문에 동아시아의 문화전통 속에는 교육문제는 자고이래 중요하게 다루어졌고, 그 같은 전통은 동아시아인들의 심성을 함양하는 데 있어 지대한 영향을 끼쳐 왔다.

그러므로 오늘의 동아시아를 포함한 한자문화권을 이해하려면 공자까지 소급해 올라가지 않으면 안 된다. 실로 공자만큼 동아시아인들의 품성을 형성하는 데 영향을 미친 인물은 없을 것이다. 지금도 이 지역의 한 농부의 심성에 직·간접적으로 영향을 미치고 있는 것이 사실이다.

비록 그들이 공자에 대해 논리적 내지 체계적으로 이해하고 말하지는 못한다고 해도 그들 품성의 근저에는 이미 공자는 자리하고 있기

---

63) 子適衛冉有僕 子曰 庶矣哉 冉有曰 旣庶矣 又何加焉 曰 富之 曰 旣富矣 又何加焉 曰 敎之(『論語』 子路).

때문이다. 그는 가난한 가정에서 불우하게 자랐지만,[64] 여러 가지 면에 재능을 가지고 있었으므로 학문을 할 수 있었으나, 그 대부분은 홀로 배우고 홀로 익힌 것들이었다.

공자는 독학으로 이룬 자신의 학문에 대해 "나는 나면서 안 것이 아니라(生而知之) 옛 것을 좋아해서 부지런히 공부한 것"이라고 하면서 "진실하고 정직한 성격은 남도 나와 같을 수 있지만, 학문을 좋아하는 데에 있어서는 나를 따를 사람이 없을 것"이라고 할 만큼 그는 배움에는 남에게 지지 않으려고 하였고 배운 것을 잊을까 걱정하였다고 말한 바 있다.

아버지를 일찍 여읜 공자는 경제적으로는 여러 가지 천한 일을 하지 않을 수 없을 만큼 가난하였다. 그러나 그런 일을 하면서 그는 백성들의 고통을 가까이에서 볼 수 있었기 때문에 정치적인 문제에 지대한 관심을 가지게 되었다.

당시로 봐서 공자는 좌파적인 인물로 저항적인 성향을 띠고 있었다. 그러면서도 그의 사상적 경향은 종주(從周)라 하리만큼 주나라의 문물을 좋아했고, 그것이 비록 옛 것이기는 해도 그것을 높이 평가하면서 동경하고 있었다. 그리하여 그의 태도는 복고적이었고, 과거 지향적이었다. 그 까닭은 그의 눈에 비친 주나라의 문물제도, 특히 문왕과 주공이 이루어 놓은 것이라고 믿고 있던 주나라의 정치·사회적 질서를 매우 훌륭한 것으로 인식하고 있었다. 때문에 그것을 회복만 한다면, 무도의 사회를 유도의 사회로 만들 수 있다고 확신하고 있었다.

지금의 산동성에 있었던 노나라는 주나라의 전통을 비교적 많이 보

64) 吾少也 賤故多能鄙事 君子多乎哉 不多也(『論語』 子罕).

유하고 있었던 보수적 국가였다. 그리고 그 지배자들은 주로 주공의 후예였다는 사실을 감안할 때, 노의 곡부(曲阜)에서 출생한 공자가 그 같은 사상적 경향을 띠게 된 것은 어쩌면 당연한지 모른다. 비록 그가 보수적·저항적 성향을 띠고 있었다고 하더라도 그의 관심은 현실 정치에 대한 혁신에 있었다는 점에서는 진보적이었다.

공자는 그 일생을 통해 지배자들에게 그들 자신이 어떻게 행동하며, 그들의 정부를 어떻게 통치해야 하는가를 알려주는 것이 그의 권리이자 책무로 자인하고 있었다. 특히 공자는 수다스런 사람을 싫어했을 뿐만 아니라, 말을 교묘하게 하며 얼굴빛을 보기 좋게 하는 사람을 경멸하면서[65] 타협과 중도를 중시했다는[66] 점을 고려할 때, 그를 중용주의자 내지 상대주의자였다고 하는 것이 더 적절할지 모른다.

이 같은 공자의 사상과 가르침을 받은 사람들을 일러 '유(儒)'라 했다. 유란 용어의 기원에 대해 여러 가지 설이 있지만, '약하다'는 의미라는 데 있어서는 거의 일치하고 있다. 『예기 禮記』 유행편에는 공자가 유를 경멸적인 말로 잘못 사용되었다고 말한 것이 있고, 또 노나라 애공이 공자에게 "내가 살아 있는 한 유를 경멸적인 의미로 사용하지 않겠다"고 말했다는 기사도 있다. 비록 이 기사가 사실인지의 여부에는 의문이 없지 않지만, 『예기』와 같은 유가서에 그 같은 기록이 있다는 사실만으로도 유가 한 때 경멸적인 의미로 사용되었다는 데는 의심의 여지가 없다고 하겠다.

그러나 그들 일군의 사람들을 다른 학파와 구별하여 유가의 유자는

65) 巧言令色 鮮矣仁(『論語』 學而).
66) 孔子豈不欲中道哉(『孟子』 盡心下).

문자 그대로 학자 또는 문사를 뜻한다. 이 유들은 무엇보다도 옛 경전에 밝은 교사들이었고, 또 고대 문화유산의 상속자들이었다. 공자는 이 학파의 지도적인 인물이었으므로 그들 학파의 창시자로 간주되는 것은 당연하다.[67)]

그러나 이들 유가는 널리 탐구는 하지만 요점을 파악하지 못하고, 수고롭기는 하지만 공은 적다. 그러므로 그들이 하는 일을 따르기는 어렵지만, 군신 부자의 예를 정한 것이나 부부 장유의 구별을 나눠놓은 것은 바꿀 수 없다고 사마천은 그의 『사기』 마지막 장에 적고 있다.[68)]

공자는 출생이나 신분에 관계없이 군자가 될 수 있다는 신념에 따라 제자들을 군자가 되도록 지도하였으며, 상류사회로부터 하류사회의 자제들이 그에게 배우고자 하면 누구나 받아들였다. 교육을 함에 있어 차별을 두지 않았던[69)] 공자는 학생들을 받아들임에 있어 상당히 너그러웠다.

> 사제의 예로서 스승에게 이미 건포를 드린 이상 어떻게 가르치지 않을 수 있겠는가.[70)]

공자에게 배우려는 사람이 예의를 갖추어 청하기만 하면, 그는 신분

---

67) 鄭仁在 譯, 『中國哲學史』, 57-58쪽.
68) 儒者博而寡要 勞而少功 是以其事難盡從 然其序君臣父子之禮 列夫婦長幼之別 不可易也(前揭 『史記』 卷130, 太史公自序).
69) 有敎無類(『論語』 衛靈公).
70) 自行束脩以上 吾未嘗無誨焉(『論語』 述而).

에 관계없이 사람들을 제자로 받아들였지만, 그들의 지적 능력에 대해서는 매우 엄격하였다. 그러나 기준이 없지도 않았다.

> 선생님이 말씀하시기를, 알고 싶어 하지 않으면 깨우쳐 주지 않으며, 말하고 싶어 하지 않으면 열어주지 않으며, 한 모서리를 들어 주어 세 모서리를 알아차리지 않으면 다시 일러주지 않는다.[71]

공자가 제자로 받아들이는 데 있어서 중시했던 점은 학생 스스로 논구하려는 태도, 즉 계발적인 학습태도를 중요시하고 있었음을 알 수 있다. 빈천을 가리지 않고 학생들을 받아들인 결과, 그의 문하에는 이

---

71) 子曰 不憤不啓 不悱不發 擧一隅不以三隅反 則不復也(『論語』 述而). 여기서 분(憤)이란 마음으로는 통하려고 하지만 아직 통하지 못했다는 뜻(心求通而未得之意)이다. 이는 곧 어떤 문제에 대해 생각해도 알 수가 없어, 이를 분하게 여겨서 꿰뚫고자 하는 성의가 충만한 모양을 이르는 것이다. 그러니 이러한 상태에 있기를 기다려서 깨우쳐 주면, 아무 일도 아닌 듯이 문제는 통하게 된다. 그리고 불비불발(不悱不發)이란 입으로는 말하고자 하나 할 수 없는 모습(口欲言而未能之貌)을 말한다. 문제는 어느 정도 알듯해졌지만 아직 말로 확실하게 설명하기까지에는 이르지 않은 것을 비(悱)라고 하는데, 이미 이 상태에 이르렀으면, 한 마디 약간 거들어 주기만 하면 술술 설명할 수 있게 된다. 그리고 한 모서리를 들어 세 모서리(擧一隅不以三隅反)를 운운한 것은 사물의 네 모서리 중 한 모서리를 보여 주면 다른 세 모서리는 미루어 알 수 있는 법인데, 그 한 모서리의 이해가 불충분하여 다른 비슷한 예를 들어서 증명할 수 없는 정도의 사람에게는 무리하게 반복해서 가르치지 않는다는 것이다. 이는 공자가 아무리 많은 학생을 신분고하나 귀천을 가리지 않고 받아들였다고 해도 자신의 지적 개발에 게을리 하는 사람에 대해서는 필요 이상의 교육적 노력이나 시도를 하지 않았음을 뜻한다.

미 3천이나 되는 제자들이 모여들었다. 뿐만 아니라, 공자가 교육한 여섯 분야의 교과 내용을 이해한 제자만도 72명(身通六藝者七十二人)이나 됐고, 공문 4과10철(孔門四科十哲)이라 하여 덕행(德行)에 안연(顔淵)・민자건(閔子騫)・백우(伯牛)・중궁(仲弓)이오, 언어(言語)에 재아(宰我)・자공(子貢)이오, 정사(政事)에 염유(冉由)・계로(季路)요, 문학(文學)에 자유(子游)・자하(子夏) 등 열 명의 고 제자들도 있었다.[72]

그러나 이들 10철 중에 포함되어야 할 제자로 공자의 일관된 가르침을 전했다고 하는 증자(曾子)와 성인과 같다고 한 유약(有若)[73] 그리고 성인의 부분적인 장점을 배웠다고 한 자장(子張)이[74] 없는 것은 주목할 만한 일이라 하겠다.

공자가 작고한 뒤 그의 제자들은 여러 나라로 흩어졌다. 그중 어떤 사람은 제후의 스승이나 재상이 됐고, 또 다른 일부의 사람들은 관료의 친구나 스승이 되거나 은거하여 피차간 재회의 기회마저 없었으나, 그들의 성격・직업・처신에 따라 점차 사상적 내용과 성격을 달리하면서 분파가 형성되었다.

한비자는 일찍이 이들을 8파로 분류한 바 있다.[75] 그러나 이 8파의 분류는 이름만 열거했을 뿐, 그 학설을 구체적으로 언급하지 않았을 뿐만 아니라, 자하・자유・증자가 빠졌으므로 이 같은 분류는 전국 말

---

72) 德行顔淵閔子騫伯牛仲弓 言語宰我子貢 政事冉由季路 文學子游子夏(『論語』先進).

73) 有若似聖人(『孟子』 滕文公下).

74) 子夏子游子張皆有聖人之一體(『孟子』 公孫丑上).

75) 自孔子之死也 有子張之儒 有子思之儒 有顔氏之儒 有孟氏之儒 有仲良氏之儒 有孫氏之儒 有樂正之儒(『韓非子』 顯學).

기의 분파를 말한 것이라고 하는 학자가 있는가 하면,[76] 자하의 유(子夏之儒)를 한비자가 언급하지 않은 것은 법가가 자하에서 나왔기 때문에 자기의 종사임을 인정하기 위해 유가에서 삭제했다는 학자도 있다.[77]

그러나 이들 십철 중 안연과 자로는 공자보다 앞서 사망했고, 증자와 자하는 노년까지 생존했기 때문에 그들의 문인들이 대단히 많았다. 공자가 세상을 떠난 후에는 자공을 장로로 추대하는 자유・자하의 일파와 증자를 중심으로 하는 또 다른 일파가 있었는데, 증자→자사→맹자로 이어지는 학파는 공자의 인의 주관적인 면인 효제와 충서의 사상을 발전시켰고, 자유・자하→순자로 이어지는 학파는 인의 객관적인 면인 예 사상을 발전시킴으로써 쌍벽을 이루었다.

이들 두 학파가 언제부터 학설을 달리했는지는 말하기 쉽지 않지만, 그들이 유가의 발전에 공헌한 점에 있어서 다르다는 것을 밝히는 일은 그렇게 어렵지 않다. 예를 들면, 증자학파는 주로 유가의 원리(정신)를 전달하는 전도(傳道) 방면에 공헌했는가 하면, 자하학파는 주로 유가의 경전을 전수하는 전경(傳經) 방면에 이바지하였다는 점에서 다르다고 하겠다. 그러나 도(道)는 경(經)에 의해 전수될 수 있으므로 두 학파가 무관하게 존속하였다고는 할 수 없다. 어찌 보면 두 학파는 상의상존(相依相存)하는 가운데 상보상충(相補相充)하면서 후대의 유가에 영향을 끼쳤다고 보는 것이 옳을 것이다.

---

76) 韓國思想硏究會 編著, 『韓國思想史』, 法文社, 1978, 360쪽.
77) 조성을 옮김, 『中國古代思想史』, 까치, 1991, 145쪽.

제3장 맹자의 성선설과 왕도정치

1. 맹자의 시대 인식과 성선설

맹자는 자신의 교리를 후세에 전하는 데 있어 성공한 몇 안 되는 사상가 중 한 사람으로서 풍부한 문학적인 소양과 심오한 심리학적인 이해력을 지닌 공자에 버금가는 인물이다. 공자는 지극한 성인이자 인류 최초의 스승(至聖先師)이라고 부르는 반면 맹자(기원전 371?~289?)는 그에 버금간다고 해서 아성(亞聖)이라 부르고 있다. 맹자의 출생년도와 출생지 그 어느 것도 정확하지 않다. 다만 추정에 불과할 뿐이다.[1)]

---

1) 맹자에 관한 전기는 『사기』 맹자순경열전(孟子荀卿列傳)에 간단하게 실려 있다. 「맹자보 孟子譜」에 따르면 맹자는 주나라 정왕 37년 을유에 태어나 난왕 26년 임신에 84세로 졸했다고 하지만, 정왕 대에는 을유가 없었고, 난왕 26년까지는 154년이나 되므로 이 설도 믿을 게 못 된다. 그러나 맹자 스스로 공자가 졸한 후부터 그의 시대까지를 헤아려서 "공자로부터 지금에 이르기까지 백여 년(由孔子而來 百有餘歲. 『孟子』 盡心下)이라 하였다. 그러나 맹자가 이 말을 언제(몇 살 때) 한 것인지에 따라 크게 달라지므로 정확히 알 수가 없기는 마찬가지이다. 그러니 지금까지도 맹자의 출생년대는 미상이다. 출생지 또한 정확치 않다. 『사기』에는 추인(鄒人)이라고 적혀 있지만, 추(鄒) 땅에 대해서는 종래 두 설이 있는데 추를 노나라의 추읍(郰

공자가 주공을 존숭한 것처럼 맹자는 공자를 매우 흠모한 나머지 "내게 소원이 있다면 공자를 배우는 것"이라 했는가 하면,[2] 그는 그의 저술에서 29회에 걸쳐 공자를 인용함으로써 기본적으로 공자의 사상을 계승하고 있음을 밝히고 있다.

맹자는 자기가 살고 있는 시대를 일러 제후들은 방자하고 처사들은 멋대로 논의하는가 하면, 양주와 묵적의 말이 천하에 가득한 반면,[3] 공자의 도는 드러나지 않고 사설이 백성들을 현혹시키는 난세라고 했다.[4]

이러한 시대에 유가의 대표적 인물로는 공자보다 약 백년 후에 맹자는 태어났다. 그는 주나라의 안왕(安王) 13년인 기원전 389년에 출생해서 사왕(赦王) 5년인 기원전 310년에 졸했다고 하나 분명치 않다. 공자의 손자인 자사(子思)의 문하에서 수학한 맹자는 그가 처했던 시대를 일러 제후는 방자하고, 처사(處士)는 횡의(橫議)하며, 사설과 폭행이 자행되던 난세라고 하였다. 그는 이러한 난세를 바로잡을 수 있는 요체는 제후들의 마음을 바로잡는 데 있다고 믿고 있었다. 이처럼 제후들의 마

邑)으로 보는 설로 이 설에 따르면 맹자는 노나라 사람으로 공자와 동향인이 된다. 다른 하나는 추(鄒)를 춘추의 주국(邾國), 즉 후일의 추국(鄒國)으로 보는 설이다. 그러므로 출생지의 문제도 미상으로 남을 수밖에 없다. 그리고 맹자의 자를 자거(子車)라고 하는 데도 있고, 자여(子輿)라 하기도 하며, 자거(子居)라 하기도 하는데, 그 중에서 가장 많이 통용되는 자는 역시 자여이다. 공자의 출생년도와 출생지가 분명한데 반하여 상차 백여 년 밖에 되지 않는 맹자의 경우가 그렇지 못한 것은 부정확한 기록 때문이다.

2) 乃所願則學孔子也(『孟子』 公孫丑上).

3) 諸侯放恣 處士橫議 楊朱墨翟之言盈天下(『孟子』 滕文公下).

4) 孔子之道不著 是邪說誣民 『孟子』 滕文公下).

음을 바로잡는 일이야 말로 자신에게 부과된 사명으로 알고 있었다.

> 대저 하늘은 아직 천하가 평화롭게 다스려지기를 바라지 않으신다. 천하가 평화롭게 다스려지기를 바라신다면, 지금 세상에 나를 버리고 그 누가 있겠는가? 그러니 내 어찌 기뻐할 수 있겠는가.[5)]

이처럼 시대적인 사명에 대한 맹자의 믿음은 확고하였다. 그는 이러한 난세를 치유하는 방법은 방자한 제후들의 마음을 바로잡는 데 있다고 보았다. 그런데 문제는 백성들을 현혹하는 사설은 사람들의 마음을 어지럽히고 일을 망치는가 하면 정치까지 해치고 있다고[6)] 본 맹자는 정치를 바로잡기 위해서는 사설을 물리치지 않을 수 없고, 사설을 물리치려면 정설(正說)이라고 주장하는 그의 인의(仁義)의 설을 이론화하지 않을 수 없었고, 인의의 설을 이론화하려면 사람의 심성문제를 논의하지 않을 수 없었다.

이처럼 인간의 심성문제에 관심을 가질 수밖에 없었던 맹자는 인의예지는 생래적인 것으로 사람마다 가지고 있지만 생각하지 아니한다. 그러므로 구하면 얻고 놓아두면 잃어버린다고 했다.[7)] 그는 이런 인식하에 인성의 선함을 다음과 같이 논증하였다.

---

5) 夫天未欲平治天下也 如欲平治天下 當今之世 舍我其誰也 吾何爲不豫哉(『孟子』 公孫丑下).
6) 作於其心 害於其事 作於機事 害於機政(『孟子』 滕文公下).
7) 仁義禮智 非由外我也 我固有之也 弗思耳矣 故曰 求則得之 舍則失之(『孟子』 告子上).

> 사람은 모두 남에게 차마하지 못하는 마음이 있다. … 지금 사람들이 갑자기 어린아이가 우물에 들어가려는 것을 보고는 깜짝 놀라 측은하게 여기는 마음을 가지니, 그렇게 함으로써 어린아이의 부모와 교분을 맺으려는 것이 아니며, 그렇게 함으로써 고향 사람들과 친구들에게 명예롭게 되기를 구하려는 것도 아니며, 비난하는 소리를 듣기 싫어서 그렇게 하는 것도 아니다. 이로써 살펴보면, 측은하게 여기는 마음이 없으면 사람이 아니며, 부끄러워하고 미워하는 마음이 없으면 사람이 아니며, 사양하는 마음이 없으면 사람이 아니며, 시비를 가리는 마음이 없으면 사람이 아니다. 측은하게 여기는 마음은 인의 단서이고, 부끄러워하고 미워하는 마음은 의의 단서이고, 사양하는 마음은 예의 단서이고, 시비를 가리는 마음은 지의 단서이다. 사람이 이 사단을 가지고 있는 것은 그가 사지를 가지고 있는 것과 같다.[8)]

맹자에 따르면 사람은 누구나 다른 사람에게 외면하고 싶어도 외면할 수 없는 마음이 있다고 했다. 그래서 어린아이가 우물로 들어가는 것을 보고 모든 사람은 측은한 마음을 가지게 되는데, 그것은 어린아이의 부모와 친분을 갖기 위해서도 아니고, 이해나 득실을 고려해서도 아니며, 착하다는 사회적인 인정을 받기 위해서도 아니다. 다만 사람의 마음 가운데 본래부터 있던 착한 인성이 표출됐을 뿐이라는 것이 맹자

8) 人皆有不忍人之心 … 今人乍見孺子將入於井 皆有惻隱之心 非所以內交於孺子之父母也 非所以要譽於鄉黨朋友也 非惡其聲而然也 由是觀之 無惻隱之心 非人也 無羞惡之心 非人也 無辭讓之心 非人也 無是非之心 非人也 惻隱之心 仁之端也 羞惡之心 義之端也 辭讓之心 禮之端也 是非之心 智之端也 人之有是四端也 猶其有四體也(『孟子』 公孫丑上).

의 주장이다.

본래부터 있던 착한 인성이 어린아이가 우물로 들어가는 상황을 만나 나타난 것이 불쌍하고 가엽게 여기게 된다는 것이다. 그렇기 때문에 측은하게 여기는 마음은 착함의 실마리라고 했던 것이다. 단(端)은 단서와 같은 것으로, 단서가 곧 착한 실마리임을 미루어 인성이 착하다는 것을 경험적인 사실을 들어 맹자는 논증하였다. 때문에 맹자는 묵가인 이자(夷子)와의 대화에서 우물로 들어가는 어린아이를 보고 측은하게 여기는 인간 누구나가 가지고 있는 같은 마음-동정심을 인간의 생래적인 도덕본성임을 다음과 같이 확증하려 하였다.

> 이자가 말하기를 유자의 도에 예전 사람이 어린이를 보호함과 같이 한다고 하니 이 말은 어떤 뜻입니까? 제가 생각하건대 사랑에는 차이가 없고 베푸는 것은 어버이로부터 비롯한 것이라고 생각합니다. 서자가 이 말을 맹자에게 고하니 맹자께서 말씀하시기를 이자는 사람이 그 형의 아들을 사랑하는 것이 그 이웃의 어린아이를 사랑하는 것과 같다고 생각하느냐? 옛 사람들의 그 말은 이자의 해석과 다른 뜻을 취한 것이다. 그것은 어린아이가 기어서 우물로 들어가려 하는 것은 어린아이의 죄가 아니라는 것이다. 더구나 하늘이 만물을 낼 적에 근본을 하나로 하였는데 이자는 근본을 둘로 여겼기 때문에 그처럼 잘못 이해한 것이다.[9)]

9) 夷子曰 儒者之道 古之人若保赤子 此言何謂也 之則以爲愛無差等 施由親始 徐子以告孟子 孟子曰 夫夷子 信以爲人之親其兄之子 爲若親其隣之赤子乎 彼有取爾也 赤子匍匐將入井 非赤子之罪也 且天之生物也 使之一本 而夷子二本故也(『孟子』 滕文公上).

이처럼 맹자는 우물로 기어들어가려는 어린아이를 보고 황급히 달려가 구하는 행위를 도덕본성에 의한 자연스런 행위로 규정하고 있다. 왜냐하면 만일 도덕본성이 아니라면 어린아이가 우물에 빠지는 것은 그 어린아이의 잘못이기 때문에 어린아이를 구하지 않는다고 해서 도덕적인 비난을 받을 아무런 이유는 없을 뿐만 아니라, 도의적인 책임 또한 없다는 것이다.

그렇다면 어린아이 스스로 우물에 빠지는 잘못을 저질렀는데도 그 상황을 보고 차마 가만히 있을 수 없는 것은 인간에게는 생래적인 인간 본유의 도덕본성이 있기 때문이라는 것이 맹자의 주장이다. 이것이 그가 성선설을 주장하게 된 논리적 근거며 이론이다. 그런데 어째서 성선의 인간이 부도덕한 사고와 행위를 마다하지 않을까? 이에 대한 맹자의 설명은 다음과 같다.

> 맹자가 말하기를 풍년이 든 해에는 자제들이 의뢰함이 많고, 흉년이 든 해에는 자제들이 포악한 것이 많은데, 이것은 하늘이 재주와 기질을 내리는 것이 아니라, 그 마음을 물욕에 빠뜨려 그렇게 된 것이다. 이제 보리와 밀을 뿌리고 덮는데, 그 땅이 같으며 심은 시기도 같으면 무럭무럭 자라나서 하지가 되면 다 익으나 비록 같지 않은 것이 있으니, 곧 땅이 기름지고 메마름이 있으며, 비와 이슬이 기르는 것과 사람의 일이 고르지 못하기 때문이다. 그러므로 종류가 같은 것은 다 비슷하니 어찌 사람만을 그렇지 않다고 의심하겠는가? 성인도 나와 같은 종류의 사람이다.[10)]

10) 孟子曰 富歲子弟多賴 凶歲子弟多暴 非天之降才爾殊也 其所以陷溺其心者然也 今夫麰麥 播種而耰之 其地同 樹之時又同 浡然而生 至於日至之時 皆熟

풍년이나 흉년이나 1년 365일은 같다. 그런데 어째서 풍년에는 자제들이 게을러지고 흉년에는 포악해지는 것일까? 풍년에는 의식이 넉넉해서 여유가 생겨서 느긋해지지만, 흉년에는 의식에 여유가 없으므로 난폭해지는 것과 같이 모든 인간은 같은 도덕본성을 지니고 출생하지만, 출생 후 그들이 생활하는 환경에 따라 선해질 수도 있고, 악해질 수도 있다는 것이 맹자의 주장이다.

이는 공자가 생래적인 인성은 서로 비슷하지만, 환경에 따라 형성된 습성은 다르다고[11] 한 말과 다르지 않다. 다만 맹자는 인성이 착하다고 단정적으로 말함으로써 논쟁의 여지를 남겼다는 점에서 맹자는 공자 다음의 반열에 속하는 아성이라 해야 할 것이다.

그러나 맹자는 정치란 근본적으로 윤리적 실천이라고 강조한 점에 있어서는 공자보다도 더 철저하다. 인간이란 도덕적으로 동등하게 만들어진 사회적 존재라고 믿은 맹자의 인성에 대한 사상은 동아시아사회에 평등 관념을 심어주는 데 기여하였다.

동시에 맹자는 정치란 백성을 위한 것이어야만 하고, 백성으로부터 무언의 동의를 받아야 한다고 주장하였는데, 이 같은 그의 주장은 동아시아 정치사의 전반을 통해 유지되어 온 전형적인 이상정치를 설명하는 데 있어 이론과 사상을 제공하기도 했다. 특히 맹자는 선험적인 인간의 도덕본성을 정치에 그대로 실천할 때, 그가 이상으로 여긴 왕도정치는 실현 가능하다고 하였으므로 그를 이상주의자라고 하여 크게

矣 雖有不同 則地有肥磽 雨露之養 人事之不齊也 故凡同類者 擧相似也 何獨至於人而疑之 聖人與我同類者(『孟子』 告子上).

11) 性相近也 習相遠也(『論語』 陽貨)

잘못되지 않을 것이다.[12)]

2. 맹자사상의 핵심개념 - 인의(仁義)

공자는 무려 14년간이나 공석불가난(孔席不暇暖)이라는 말을 들으리 만큼 열심히 여러 나라를 두루 돌아다녔다. 그러나 그 시대의 정치적 추세는 평화나 통일보다는 투쟁과 분열의 힘이 압도하는 시대였다. 그러므로 공자의 주장은 빠른 길이 아니라 멀리 돌아가는 길(迂闊)이라 하여 쉽게 받아들여지지 않았다.

아울러 당시의 정치 사회의 기반이었던 가(家)는 점차 몰락하고, 종래의 가보다 큰 정치 조직인 국(國)이라고 하는 새로운 정치 단위가 하나 둘 등장하였다. 이러한 추세는 전국시대에 이르러 더욱 두드러지게 나타났다. 그리하여 신흥왕조는 그들이 투쟁 과정에서 획득한 권력의 유지·확대를 위해서 이른바 부국강병책을 금과옥조로 여겼다. 그 결과 가 본위의 정치는 이제 국 본위라는 정치 주체상의 변화를 가져다 주었다.

---

12) 맹자는 정치를 하는 것은 어렵지 않다고 단정적으로 다음과 같이 말하고 있다. "맹자가 말하기를 정사를 하는 것은 어렵지 아니하니 권문대가에게 죄를 얻지 아니하는 것이니, 권문대가가 열복하게 되면 한 나라가 열복하고, 한 나라가 열복하게 되면 천하가 열복하나니, 고로 성대한 덕이 사해에 가득하게 될 것이다(孟子曰 爲政不難 不得罪於巨室 巨室之所慕 一國慕之 一國之所慕 天下慕之 故沛然德敎 溢乎四海. 『孟子』 離婁上)." 정치에 대한 맹자의 생각이 이렇다면 그는 분명 정치적 이상주의자라 할만 하다.

부국강병은 언제나 타국의 희생을 전제로 하고 있는데, 당시가 더욱 그랬다. 그러므로 국가간의 투쟁은 그칠 날이 없었다. 사회는 문자 그대로 상하는 이익을 다투었고, 빼앗기를 싫어하지 않는 혼란의 악순환이 계속되었다. 이제 정치는 혈연 중심의 가로부터 권력 중심의 국으로 옮겨갔고, 그들은 철저한 국가 이익 위주의 권력만을 강화・행사하고 있었다.

이 같은 국가 간의 투쟁 아래서는 하늘(天)의 관념은 더욱 약화되어 맹자는 주로 의리 내지 운명의 천만을 말하였을 뿐, 주제의 천은 말하지 않았다. 뿐만 아니라, 혈연 중심 사회의 지도 이념으로 제시했던 공자의 인도 그 한계성을 들어낼 수밖에 없었다.

맹자도 공자와 마찬가지로 만일 평천하하려 한다면 이 시대에 나 말고 누가 있겠느냐고 하리만치 내난한 자부심과 사명감을 가지고 있었다.[13] 하기야 내게 소원이 있다면 공자를 배우는 것이라고 한 것을 보면, 공자에 대한 그의 믿음이 어떤 정도인가를 쉽게 알 수 있을 것이다.

맹자는 『맹자』 머리 장에서[14] 인의밖에 없다고 강조하고 있다.[15] 그

13) 如欲平天下 當今之世 舍我其誰也(『孟子』 公孫丑下).

14) 책으로서의 『맹자』는 모두 7편 261장 3만 4,685자로 되어 있는 방대한 책이다. 논어가 그렇듯이 맹자가 졸한 후에 문인들이 기록한 부분들이 대부분이다. 맹자의 정연한 논리와 뛰어난 언변으로 많은 사람들에 의해 지금도 애독되고 있는 명저 중의 명저이다. 『논어』가 함축적인 글인데 반하여 『맹자』는 고도의 설득력을 담고 있는 글이라는 데서 두 책은 차이를 가진다. 오늘날 일상적으로 사용되고 있는 많은 고사와 숙어의 출처는 『맹자』에 두고 있다. 예를 들면, 연목구어(緣木求魚), 오십보소백보(五十步笑百步), 호연지기(浩然之氣), 인자무적(仁者無敵), 유항산유항심(有恒產有恒

는 정치를 시행함에 있어서 공자의 인을 인심으로 발전시켰지만, 당시 양주(楊朱)의 극단적인 개인주의나 묵자(墨子)의 절대적인 박애주의를 배격하는 데는 인만으로는 부족하다고 보았다.

그리하여 그는 의라는 새로운 개념을 가지고 양자와 묵자를 배격하는 이론적 근거로 삼았다. 동시에 공리주의와 강권주의를 신봉하고 있던 당시 제후들의 마음을 바로잡는 데는 인은 이미 한계가 있다고 보고, 그들이 한결같이 추구하는 이익의 상대적인 개념으로서의 의를 제시하였던 것이다. 그러므로 인과 의의 차이가 곧 공자와 맹자의 차이라고 할 수 있을 것이다. 비록 맹자가 인의를 동시에 거론하고는 있었지만, 의에 무게를 더 두고 있었다.

그렇다면 의의 근거는 무엇인가? 그것은 사람의 마음(人心)으로 인간의 도덕적인 행위라 할 수 있다. 그래서 맹자는 인이란 사람의 마음이요, 의란 사람이 마땅히 가야 하는 길이라고 하였다.[16] 그가 인과 의를 같이 논한 까닭도 인은 의의 내용이며, 의는 인의 외적인 표현으로 이해하고 있었기 때문이다. 이 때의 의는 이미 백성을 이롭게 하고(利民) 세상을 이롭게 하는(利世)의 의미를 지닌다.

맹자는 이 같은 논리에 따라 정치도 인심의 외적인 표현으로 이해했으므로 표현 내용에 준하여 그것을 왕(王)・패(覇) 두 가지로 구분하였고, 이상으로서의 정치를 인정(仁政), 즉 왕도(王道)라 하였다. 그러므로 왕도의 실현은 논리적인 면에서나 방법적인 면에서 볼 때, 인심을

心) 등 이루 열거할 수 없으리 만큼 많다.

15) 何必曰利 亦有仁義而已矣(『孟子』 梁惠王上).

16) 仁人心也 義人路也(『孟子』 告子上).

바로 잡는 문제로부터 출발하지 않을 수 없다.

그러나 당시의 정치적인 상황이란 국내적으로는 상하가 이익을 다투고, 국제적으로는 약한 나라는 겸병하고 어리석은 나라는 공략하면서 빼앗기를 싫어하지 않는 악순환이 계속되는 그런 상황이었다. 때문에 맹자는 사사로운 이익의 상대적인 개념으로서의 공공의 이익(公利), 즉 이익의 공정한 처리만이 국내 안정은 물론, 국가 간의 평화도 유지될 수 있다고 믿고 있었다.

특히 의를 보편적 가치로 이해한 맹자이고 보면, 이익이라는 특수성을 가지고 가치 규범의 기초로 삼을 수는 없었을 것이다. 왜냐하면 이익만을 위한 결과는 갈등과 전쟁만을 촉발하는 것으로 그는 인식하고 있었기 때문이다.

공자의 인은 내부적 규범으로 가 시대의 경・대부들에게 제시된 지도 이념이었다면 맹자의 의는 외부적 규범으로서 전국시대의 제후들에게 제시된 지도 이념이었다. 그러므로 공자는 천하를 주유하면서 주로 경・대부들을 만났지만, 맹자는 국왕들을 만났다. 당시의 국왕들을 만난 맹자는 그 특유의 뛰어난 논리를 가지고 그가 주창한 이상으로서의 왕도를 권유했지만, 부국강병을 금과옥조로 여기고 있던 제후들은 쉽게 받아들이려 하지 않았다.

3. 정치의 두 형태 – 왕도(王道)와 패도(覇道)

맹자가 말하는 정치란 그의 성선설의 실천을 뜻한다. 그가 말하는 성선설은 윤리적인 개념이기도 하지만, 이상정치의 가능성을 전제로 한 정치적인 개념이기도 하다. 맹자는 공자의 인 사상을 충서 방면으로 발전시켜 그것을 정치 사회에까지 확대 실시하려 하였다.[17)]

특히 맹자의 정치적 사유가 그의 인성론에 연유하고 있다는 점에서 그렇다. 인심은 생래적인 인간의 본심이므로 치자가 정치를 함에 있어 인심을 발휘하여 그것을 구체화하는 것이 곧 정치라고 다음과 같이 말하였다.

> 사람에게는 남에게 차마 하지 못하는 마음이 있다. 선왕에게는 남에게 차마 하지 못하는 마음이 있어서 곧 남에게 차마하지 못하는 정치가 있다.[18)]

이 같은 인식이 맹자가 말하는 정치의 시발인 것이다. 이른바 차마 하지 못하는 사람의 마음(不忍人之心)이란 착한 마음(仁心)이요, 차마 하지 못하는 착한 정치(不忍人之政)란 착한 정치(仁政)이니, 이 인정을 그는 왕도라 하여, 그가 만나는 군주들에게 언제나 왕도정치를 권유하고 있었다.

맹자가 주창한 왕도정치란 그의 성선설에서 연역된 것이기는 하지만, 그가 왕도정치를 주창하게 된 이면에는 그가 살았던 시대적인 상황과 무관하지 않다. 왜냐하면 당시 백성들은 흉년이 들어 굶주린 나머지 늙고 약한 사람들은 진 구렁에 들어가 죽고 장정들은 사방으로

17) 老吾老 以及人之老 幼吾幼 以及人之幼 治天下 可運於掌上(『孟子』 梁惠王上).
18) 人皆有不忍人之心 先王有不忍人之心 斯有不忍人之政(『孟子』 公孫丑上).

흩어진 자가 몇 천 사람인지도 모르지만, 임금의 양곡 창고는 꽉 차 있고, 재물 창고 또한 가득한데도 관리들은 이러한 사실조차 고하지 않고 있다고 맹자는 개탄하였다.[19]

이처럼 백성들은 극도의 민생고에 허덕이고 있는데도 제후들은 부국강병만을 추구하면서 침략만을 일삼았는가 하면,[20] 부한 자는 더욱 부하게 되고 가난한 자는 더욱 가난하게 되어 생존이 불가능하였다. 그리하여 백성들은 부모를 섬길 수도 없었고, 처자식을 양육할 수도 없어서 풍년이 들어도 일년 내내 고통스러웠고, 흉년이 들면 죽음을 면하기가 어려웠다.[21]

이 같은 당시의 정치적 상황을 맹자는 패도정치라 하여 비난·반대하고 있었다. 맹자가 말하는 패도란 인(仁)의 힘을 빌려 힘으로써 행하는 정치라고 했다.

> 힘으로써 인을 비는 것이 패인데, 패는 반드시 큰 나라를 가진다. 덕으로써 인을 행하는 것이 왕인데, 왕은 클 필요가 없으니 탕(湯)은 70리였고 문왕은 100리였다. 힘으로써 남을 복종케 하는 것은 마음으로부터 복종하는 것이 아니요 힘이 부족해서이다. 덕으로 남을 복

---

19) 老弱者轉乎溝壑 壯者散之四方者 幾千人矣 而君之倉廩實 府庫充 有司莫以告(『孟子』 梁惠王下).

20) 맹자가 생존했던 당시 진(秦)나라에서는 상앙(商鞅)을 기용하여 부국강병을 추구하였고, 초(楚)와 위(魏) 나라는 오기(吳起)를 등용하여 전쟁을 통해 자국의 영토를 확대했는가 하면, 제(齊)의 위왕(威王)과 선왕(宣王)은 손자(孫子)와 전기(田忌)를 등용하는 등 당시야말로 공방과 침탈을 일삼고 있던 전국시대였다.

21) 仰不足以事父母 俯不足以育妻子 樂歲終身苦 凶年不免於死(『孟子』 梁惠王上).

종케 하는 것은 마음속으로부터 기뻐하여 참으로 복종하는 것이니 70자(공자의 제자들)가 공자에게 복종한 것과 같은 것이다.[22]

왕도정치나 패도정치는 백성을 다스린다는 점에서는 크게 다르지 않다. 그러나 왕도정치는 백성을 위하여 다스리는 것이고, 패도정치는 치자의 이욕과 명예를 위하여 다스린다는 데서 크게 다르다.

패도정치는 치자의 이욕과 명예에 따른 정치이기 때문에 맹자는 노약자들을 진 구렁에 굴러다니게 하고, 젊은이들을 사방으로 흩어지게 하는 것이야말로 토지를 가지고 사람의 고기를 먹는 것으로,[23] 이는 백성을 도적질하는 행위로 패도정치의 전형으로 이해하고 있었다. 왜냐하면 패도란 군주 본위의 정치로서 군주의 의사를 백성들에게 강요하는 물리적인 강요의 정치를 말하기 때문이다.

패도는 힘에 의한 정치로 타국의 희생 위에 자국의 부강을 추구하는 오늘날의 패권정치와 같은 것이다. 이처럼 맹자는 정치권력을 행사하는 군주의 도덕성에 따라 구별하였는데 이는 서양과 다르다.[24] 이는

---

22) 以力假仁者覇 覇必有大國 以德行仁者王 王不待大 湯以七十里 文王以百里 以力服人者 非心服也 力不贍也 以德服人者 中心悅而誠服也 如七十者服孔子也(『孟子』 公孫丑下).

23) 率土地而食人肉(『孟子』 離婁上).

24) 일찍이 아리스토텔레스(Aristoteles : BC. 384-322)는 정치권력이 일인·소수·다수 중 어디에 있느냐에 따라 다음과 같이 정치형태를 구별한 바 있다. 한 사람에 의한 정치를 군주정치(Royalty Monarchy)·전제정치(Tranny), 소수에 의한 정치를 귀족정치(Aristocracy)·과두정치(Oligarchy), 다수에 의한 정치를 입헌정치(Polity)·빈민정치(Democracy)라고 하였다. 그러나 맹자는 권력의 행사가 소수냐 다수냐 아니면 한 사람이냐에 따라

동아시아사상 특히 유가의 정치사상이 도덕적인 행위 그 이상도 이하도 아니라는 정치적 사유와 일맥상통하고 있음을 뜻한다.

그러나 맹자의 관심은 앞에서 밝힌 바와 같이 정치적인 혼란 속에서 허덕이고 있는 백성들을 구제하는 데 있었다. 그 구제 방법이 인정인 왕도정치인 것이다. 이처럼 왕도정치는 백성들을 구제하는 데 있었기 때문에 그가 백성의 입장에서 정치를 설명하고 해결하려 했으므로 자연히 백성을 소중하게 여기지 않을 수 없었다.

> 백성이 가장 귀하고, 사직은 그 다음이고, 임금은 가볍다.[25)]

백성을 귀하게 여긴 결과 맹자는 귀민론자(貴民論者)가 되었다. 때문에 그는 제후에게는 토지·백성·정사 등 세 가지 보배가 있지만, 주옥을 보배로 여기는 자는 재앙이 반드시 몸에 미칠 것이라고 했는가 하면[26)] 제후가 사직을 위태롭게 하면 바꾸어 앉히게 된다고도 했고,[27)] 심지어는 치자로서의 자질과 덕성을 상실했을 경우, 그를 내쫓고 죽이는 방벌(放伐)을 당연시하기도 했다.[28)]

이러한 맹자의 정치적 태도는 공자의 정명론에 따라 치자로서의 자

정치형태를 구별하지 않고, 치자의 도덕성 여부에 따라 구별하였다.

25) 民爲貴 社稷次之 君爲輕(『孟子』 盡心下).

26) 孟子曰 諸侯之寶三 土地人民政事 寶珠玉者 殃必及身(『孟子』 盡心下).

27) 諸侯危社稷 則變置(『孟子』 盡心下).

28) 齊宣王問曰 湯放桀 武王伐紂 有諸 孟子對曰 於傳有之 曰 臣弑其君 可乎 曰 賊仁者 謂之賊 賊義者 謂之殘 殘賊之人 謂之一夫 聞誅一夫矣 未聞弑君也(『孟子』 梁惠王下).

격을 상실한 군주는 일개 범부에 지나지 않는다고 믿은 나머지, 치자로서의 덕성을 상실한 군주를 죽인 바 있는 역사적인 사실을 묵인함으로써 이른바 방벌(放伐)을 합리화 내지 정당화시켰다.

맹자의 이 같은 정치적 인식은 동아시아의 긴 정치사에서 수많은 군주들에게 말할 수 없는 심리적인 압력으로 작용했고, 피치자들에게는 정치적인 반항을 합리화하고 정당화할 수 있는 역성혁명의 이론적인 근거를 제공하여 주기도 했다.

이상과 같은 맹자의 주장에서 공자 못지않은 현실 정치에 대한 강한 저항의식을 볼 수 있다.[29] 그는 당시 제후들이 영토를 넓이고 창고를 채우기 위해 백성들을 전쟁터로 몰아넣는 패도정치를 다음과 같이 맹렬히 비난한 바 있다.

> 임금이 어진 정치를 하지 아니하고도 부하게 되면 염구 같은 제자도 공자에게 버림을 받았거늘 하물며 임금을 위하여 억지로 전쟁을 일으킴이랴? 땅을 빼앗기 위해 싸우다가 사람을 죽여서 들에 가득 차게 하고, 성을 뺏기 위해 싸우다가 사람을 성에 가득 차게 하니,

29) 맹자의 저항정신은 당시로 보아 대단한 정도였다. 어느 군주가 맹자를 무례하게 불러 보려고 했을 때, 그는 병을 핑계하고 드러누워 응하지 않았다. 어떤 친구가 임금이 부르시는데 그렇게 하는 것이 실례가 아니냐고 물으니, 맹자는 "임금이 부로써 뻗대니 나는 인으로 뻗대고 제가 그 작(벼슬)으로서 뻗대니 나는 나의 의로서 뻗댔다. 내가 잘못한 것이 무엇이냐?"고 했는데 여기서 우리는 권세에 대한 맹자의 반항의식과 인간적인 자존심을 지키려는 정신이 어떠했는가를 쉽게 짐작케 하고 있다. 저항정신이나 비판정신 그리고 인간의 존엄성에 대한 인식과 태도가 공·맹으로부터 비롯되었다는 사실은 중요하다고 하겠다.

이것을 일러 토지를 가지고 사람의 고기를 먹는 것이라 한다. 그러므로 잘 싸우는 자는 극형으로 다스리고, 제후를 연결하여 전쟁을 꾸미는 자는 그 다음의 벌을 받아야 하고, 황무지를 개간하여 제후의 전쟁비용을 꾀하는 자는 그 다음으로 벌을 받아야 한다.[30)]

전쟁을 일삼고 있는 제후들에 대한 맹자의 단죄는 용감하기 짝이 없다. 심지어 그는 당시 양나라 혜왕에게 이렇게 말하기까지 했다. 사람을 막대기로 처서 죽이는 것과 칼로 찔러 죽이는 것과는 다른 것이 있습니까? 왕은 '없지요'하고 대답했다. 칼로 죽이는 것과 정치로 죽이는 것과는 다른 점이 있습니까? '없지요' 왕은 말했다. 그렇다면 왕의 정치는 그의 일부 백성들을 굶어 죽게 하고 있으므로 왕은 사실상 살인자라고 맹자는 말했다.[31)] 맹자의 질책은 이에 그치지 않고 계속되었다.

부엌에는 살찐 고기가 있으며 마구간에는 살찐 말이 있으면서도 백성들의 얼굴에는 굶주린 빛이 있고, 들에는 굶주려 죽은 송장이 있으면 이것은 짐승을 몰고 와서 사람을 먹게 한 것이나 같은 것이라고 했는가 하면, 짐승끼리 서로 잡아먹는 것조차 사람들은 미워하는데, 백성의 부모(왕)가 되어 정치하기를 짐승을 몰고 와서 사람을 잡아먹는 것과 같이 한다면 어찌 그 백성의 부모가 될 수 있겠는가.[32)]

---

30) 君不行仁政而富之 皆棄於孔子者也 況於爲之强戰 爭地以戰 殺人盈野 爭城以戰 殺人盈城 此所謂率土地而食人肉 罪不容於死 故善戰者 服上刑 連諸侯者 次之 辟草萊任土地者 次之(『孟子』 離婁上).

31) 孟子 對曰 殺人以梃與刃 有以異乎 曰 無以異也 以刃與政 有以異乎 曰 無以異也(『孟子』 梁惠王上).

그런데도 양나라 혜왕은 자신에 대한 면박인줄도 모르고, 진(晋)나라가 천하에서 제일 강한 것은 선생(맹자)께서도 잘 아시지 않습니까? 지금 나에 이르러서는 동쪽으로는 제(齊)나라에 패하여 큰아들이 죽고, 서쪽으로는 진(秦)나라에 땅을 칠백여 리나 빼앗겼고, 남으로는 초(楚)나라에게 욕본 것을 나는 부끄럽게 여기고 있다면서 죽은 사람을 위하여 한번 설욕을 하려 하는데 어찌하면 좋겠느냐고 물었다.[33)]

이 물음에 대해 맹자는 이렇게 말했다. 그는 영토가 사방 백 리만 되어도 왕천하를 할 수 있다고 했다.[34)] 맹자의 정치에 관한 기본공리는 덕만 있으면 성공은 이루어진다는 것이다. 양나라 혜왕에 의하면, 양나라는 본래 강국이었는데 자기의 대에 이르러 주변국들의 침략으로 영토는 빼앗기고 아들은 전사까지 했으니 설욕할 방법을 물었던 것이다. 그래서 맹자는 사방 백리밖에 안 되는 작은 나라만 가지고도 왕천하를 할 수 있다면서 그 구체적인 방법에 대해 다음과 같이 말했다.

> 왕께서 백성에게 어진 정치를 베푸시어 형벌을 가벼이 하시고 세금을 줄이시고, 밭을 깊게 갈게 하시고 철저히 김매게 하시면 건장한 사람은 틈을 내 효도와 공경과 충성과 믿음을 닦아 집에 들어가서는 그 부형을 잘 받들고 집을 나가서는 어른을 잘 받들 것이니, 그때에 백성들은 그들이 만든 몽둥이로서도 진(秦)나라와 초(楚)나라

---

32) 庖有肥肉 廏有肥馬 民有飢色 野有餓莩 此率獸而食人. 獸相食 且人惡之 爲民父母 行政 不免於率獸而食人 惡在其爲民父母也(『孟子』 梁惠王上).

33) 梁惠王曰 晋國 天下莫强焉 叟之所知也 及寡人之身 東敗於齊 長子死焉 西喪地於秦七百里 南辱於楚 寡人恥之 願比死者一洒之 如之何則可(『孟子』 梁惠王上).

34) 孟子對曰 地方百里而可以王(『孟子』 梁惠王上).

의 두꺼운 갑옷과 날카로운 무기를 두드려 부술 수 있습니다.[35)]

맹자는 당시 부국강병만을 꾀하고 있는 제후들을 비난하면서 무엇보다도 군대의 사기가 무장보다 더 중요하다고 했다. 그는 백성의 호감을 완전히 상실한 임금을 위해서는 백성들은 싸워주지 않지만, 백성을 잘 다스린 사람은 백성들이 충성스럽게 돕기 때문에 비록 그들이 가진 것이라고는 몽둥이밖에 없어도 두꺼운 갑옷과 날카로운 무기를 가진 적도 두려워하지 않고 잘 싸워 이긴다고 했다.

그렇다면 맹자가 주장하고 있는 왕도정치-인정은 과연 어떤 것인가? 치자와 피치자가 하나가 되는 정치, 다시 말해서, 군주의 도덕적 완성이 정치에 그대로 나타나서 백성들의 도덕적 완성까지 이루어짐으로써 백성과 더불어 이해득실을 같이 하는 여민동락(與民同樂)의[36)] 정

---

35) 王如施仁政於民 省刑罰 薄稅斂 深耕易耨 壯者以暇日 脩其孝悌忠信 入而事其父兄 出而事其長上 可使制梃 以撻秦楚之堅甲利兵矣(『孟子』 梁惠王上).

36) 맹사는 역사상 치자가 백성과 더불어 즐긴 예와 홀로 즐긴 예를 들어 여민동락의 중요성을 말하고 있다. 주나라의 문왕은 백성들을 동원하여 대(臺)를 세우고 못을 팠지만, 백성들은 원망하기는커녕 크게 기뻐하면서 대를 영대(靈臺)라 하고, 못을 영소(靈沼)라고 부르면서 그곳에서 자라와 물고기가 자라고 사슴이 뛰노는 것을 즐거워함으로써 문왕은 백성들과 함께 즐길 수 있었으나, 하나라의 걸왕은 백성들과 즐기지 않고 홀로 즐겼기(獨樂) 때문에 백성들은 차라리 임금과 함께 죽어버렸으면 좋겠다고 한 사실(『서경 書經』 탕서에 백성들이 걸왕을 저주하여 "저놈의 해가 언제나 없어지려나, 내 차라리 저놈의 해와 함께 죽어버렸으면 좋겠다")을 장황하게 늘어놓고 있다. 이는 과거나 현재를 막론하고 치자와 피치자간의 정서적인 합의(consensus)는 매우 중요하다는 점에서 눈여겨 볼만 하다고 하겠다.

치라 하겠다. 맹자는 제나라 선왕(宣王)이 음악을 좋아한다는 이야기를 듣고 음악을 좋아하는 마음을 통해 여민동락의 정치를 할 수 있다고 다음과 같이 말한 바 있다.

> 신이 왕을 위하여 음악에 관하여 말씀드리겠습니다. 이제 왕께서 음악을 이곳에서 연주하시는데 백성들이 종과 북, 피리소리를 듣고 모두들 머리를 아파하고 이마를 찡그리며 서로 말하기를 '우리 임금만이 음악을 좋아하면서 어찌하여 우리들까지도 이런 곤경에 이르게 하는가? 부자는 서로 만나지 못하고 형제와 처자는 흩어졌는데'라고 비난하며, 또한 왕께서 사냥하시면 백성들이 왕의 수레와 말방울소리를 들으며, 깃발의 아름다움을 보고 모두들 골치를 앓고 이맛살을 찌푸리며, 서로 말하기를 '우리 임금만이 사냥을 좋아하면서 어찌하여 우리들을 이토록 곤경에 이르게 하는가? 부자는 서로 보지 못하며 형제와 처자는 흩어졌는데'하고 원망할 것이니, 이것은 다름이 아니라 백성과 함께 즐기시지 않기 때문입니다.
>
> 이제 왕께서 악기를 연주하시는데 백성들이 종과 북 그리고 피리소리를 듣고 모두들 몹시 기뻐하는 빛을 띠고 서로 고하여 말하기를 '아마도 우리 임금이 질병이 없으신가 보다. 어이하여 저토록 북을 잘 치실 수 있으실까?'하며, 또한 왕이 여기서 사냥을 하신다면 백성들이 임금의 수레와 말방울소리를 들으며 깃발의 아름다움을 보고 모두들 기뻐하는 빛을 나타내며 서로 말하기를 '우리 왕께서 아마도 질병이 없으신 모양이다. 어이하여 저토록 사냥을 잘 하실까?'하면, 이것이 다름이 아니라, 백성들과 함께 즐거움을 같이 하시기 때문이다. 이제 왕께서 백성들과 함께 즐겨하신다면 왕천하하실 것입니다.[37)]

---

37) 臣請爲王言樂 今王鼓樂於此 百姓聞王鐘鼓之聲 管籥之音 擧疾首蹙頞而相告

맹자가 백성과 함께 즐거워하는 정치를 권유한 까닭은 치자가 만일 백성과 더불어 즐거워하지 않는다면 이는 곧 폭정으로 그 결과는 부자는 서로 볼 수가 없게 되고, 형제와 처자는 이산가족의 신세가 되어서 가정의 파괴는 물론, 사회질서도 붕괴될 수밖에 없게 된다는 폭정의 개연성 때문이었다.

이처럼 맹자는 피치자의 입장에서 치자의 정치를 논하였다. 그러므로 공자가 치자의 입장에서 정치를 논한 사실을 고려할 때, 맹자는 공자보다는 진일보했다고 할 수 있을 것이다. 때문에 그를 민본주의자라 하여 잘못되지 않을 것이다. 다만 그의 민본사상이 서구와 같은 민주주의로 발전할 수 없었던 것은 ① 후세 군주들에게 등용된 유학자들이 임금을 존귀하게(尊君) 여긴 반면 맹자의 백성이 귀하다는 민귀(民貴)를 소홀히 했다는 점, ② 후세의 군주들이 겉으로는 왕도정치를 내세우면서도 실제로는 패도정치를 추구했다는 점, ③ 맹자의 민본사상에 근거하여 후세의 유학자들이 위민·애민·보민 등을 지나치게 강조함으로써 백성들의 정치적인 주체성을 약화시키는 결과를 초래하였다는 점 등을 들 수 있을 것이다.[38)]

曰 吾王之好鼓樂 夫何使我至於此極也 父子不相見 兄弟妻子離散 今王田獵於此 百姓聞王車馬之音 見羽旄之美 擧疾首蹙頞而相告曰 吾王之好田獵 夫何使我至於此極也 父子不相見 兄弟妻子離散 此無他 夫與民同樂也

今王鼓樂於此 百姓聞王鐘鼓之聲 管籥之音 擧欣欣然有喜色而相告曰 吾王庶幾無疾病與 何以能鼓樂也 今王田獵於此 百姓聞王車馬之音 見羽旄之美 擧欣欣然有喜色而相告曰 吾王庶幾無疾病與 何以能田獵也 此無他 與民同樂也 今王與百姓同樂 則王矣(『孟子』 梁惠王下).

38) 韓國思想硏究會 編著, 『韓國思想史』, 398쪽.

4. 이상세계의 구체적 실천

1) 정우일(定于一)

양나라 혜왕이 천하가 어떻게 결정될 것인가 하고 묻자, 맹자는 이렇게 말했다.

> 하나(一)로 통일될 것입니다.[39]

여기서 일(一)이란 '하나의 세계'를 의미한다. 맹자 시대에 이르면 주나라는 멸망 직전에 있었다. 때문에 맹자는 공자처럼 종주(從周)를 말할 입장이 아니었다. 더욱 당시 제후들의 분립주의·대립항쟁주의·세력신장주의에 따른 세력 다툼을 목도한 맹자로서는 시대적인 추세를 눈여겨보지 않을 수 없었다. 그의 관심은 주나라를 부흥시키는 데 있는 것이 아니라, 곧 출현할지도 모를 새로운 군왕에 있었다. 그래서 그는 하나의 세계로 통일하지 않으면 안 된다는 의미에서 정우일(定于一)이라 했던 것이다.

사상적으로도 맹자가 살았던 시대는 양주 부류의 극단적인 개인주의와 묵자 부류의 절대적인 박애주의가 횡행하고 있어 사람들은 쉽게 혼란에 빠졌다. 맹자는 전자를 절대화시키면, 임금이 없는 무군(無君)이 되고, 후자를 절대화시키면 부모가 없는 무부(無父)가 된다고 하여 이들 사상을 반대·공격하고 있었다.[40] 그러므로 그에게는 사상적 통일-

39) 卒然問曰 天下惡乎定 吾對曰 定于一(『孟子』 梁惠王上).

유가 중심의 사상 통일이라는 사명감이 있었던 것 같다.[41] 그러므로 '정우일'은 그의 이 같은 사상적 염원이자 희망을 피력한 것으로도 이해할 수 있다.

맹자가 그처럼 주창한 왕도정치는 다름 아닌 인간성의 보편원리인 인심에 의거하기 때문에 백성들은 마음으로부터 공명하여 따르게 된다. 그렇게 되면 천하는 하나의 가치체계 내지 신념체계 속에 통일되게 되어, 백성들의 화합(정우일)은 자연히 이루어지게 된다고 믿고 있던 맹자에게 양 혜왕은 이렇게 물었다.

> 누가 통일할 수 있을까요?

양혜왕이 다시 묻자, 맹자의 대답은 간단했다.

> 사람 죽이기를 좋아하지 않는 자가 통일할 수 있을 것입니다.[42]

그러나 후일 천하를 통일한 것은 사람 죽이기를 즐기지 않는 사람이 아니라, 오히려 죽이기를 즐긴 진나라 시황이었다. 중국 역사상 최초의 통일 군주는 시황이었다. 그는 분서갱유(焚書坑儒)를 자행한 폭군으로 알려져 있지만, 당시 중국의 여러 가지 상황은 하나의 통일국가와 강력한 정치를 필요로 하고 있었기 때문에 누구보다도 천하 평정을 열망

---

40) 天下之言 不歸楊則歸墨 楊氏爲我 是無君也 墨氏兼愛 是無父也 無君無父 是禽獸也(『孟子』滕文公下).
41) 楊墨之道 不息 孔子之道 不著(『孟子』滕文公下).
42) 孰能一之 對曰 不嗜殺人者 能一之(『孟子』梁惠王上).

하고 있던 시황에 의해 통일은 될 수밖에 없었는가 하면, 그리하여 맹자의 예상도 빗나가고 말았다.

2) 군자(君子)와 야인(野人)

맹자는 사회조직을 군자와 야인, 치자와 피치자로 구분하고 "군자가 없으면 야인을 다스릴 수가 없고, 야인이 없으면 군주를 먹여 살릴 수가 없다"고[43] 했다. 이처럼 맹자는 야인(농민)으로 하여금 정전의 토지를 경작하여 군자(관리), 즉 치자를 먹여 살리게 하라고 등 문공(滕文公)에게 권유하였다.

당시 노력 본위의 평등주의를 주창하고 있던 허행일파(許行一派)는 임금이나 백성은 똑같이 밭을 갈아야 한다는 이른바 군민병경(君民幷耕)을 제창하고 있었기 때문에 맹자는 사회적 역할 분담이란 차원에서 그들 일파와 논쟁을 벌이기도 하였다.

사실상 당시 허행과 진상(陳相一派)의 '군민병경'설은 통치계급과 이들에게 봉사하는 지식인 계층은 농민을 착취(厲民而自養)하는 계급으로 인식하고, 빈부격차를 이 같은 대립 구도의 산물로 보았기 때문에 평등주의를 주창하는 그들의 입장에서 볼 때는 가진 자나 지배자는 마땅히 제거해야 하는 존재들이었다.[44]

---

43) 無君子莫治野人 無野人莫養君子(『孟子』 滕文公下).

44) 자고이래로 사회적 갈등이나 빈부격차의 문제를 어떻게 보느냐에 따라 그 해법도 달라진다. 최근 청와대(2006. 2. 15)는 인터넷 홈페이지를 통해 '양극화의 시한폭탄 이렇게 둘 것인가?' 라는 10회짜리 시리즈를 시작한 첫 글에서 양극화의 문제를 "소수의 승자만 존재하고 다수의 패자는 살

그러나 맹자의 입장에서 보면 '여민이자양'하는 비인도적인 학정은 반대하지만, 정치관계-통치와 피통치의 관계는 반대하지 않았을 뿐 아니라, 현존하는 사회를 유지·발전시키기 위해서는 오히려 역할 분담이야말로 불가피한 사회관계로 인식하고 있었다.

그러므로 생산에 종사하는 노력자(勞力者)와 정치에 종사하는 노심자(勞心者)는 분업과 동시에 합작하지 않으면 안 된다고 하였다. 이유는 이렇듯 간단하다.

> 사람에게 다스림을 받는 자는 사람을 먹이고, 사람을 다스리는 자는 사람에게 얻어먹는 것은 천하에 통한 뜻이다.[45]

이 같은 맹자의 주장은 분업과 합작의 원리에 입각한 말일 뿐, 통치계급을 옹호하려는 것은 아니었으나, 후대의 유자들은 이 말을 노동은 하지 않으면서 먹기만 하는 지식인 계층을 변호하는 구실로 삼기도 했다.

수 없는 카지노 경제"의 탓으로 보고 이런 현상을 그대로 방치할 경우 머지않아 "빈곤층의 저항과 계급투쟁이 불가피하다"고 전망하였다. 이처럼 가난한 게 부자 탓이라는 식으로 빈곤 문제를 접근하면 가진 사람에게서 뜯어서 못 가진 사람에게 나눠줌으로써 격차를 줄여야 한다는 전국 말기 허행과 진상일파의 평등주의와 다르지 않은 듯 하다고 하겠다.

45) 故曰 或勞心 或勞力 勞心者治人 勞力者治於人 治於人者食人 治人者食於人 天下之通義也(『孟子』 滕文公上).

3) 정전(井田)과 항산(恒産)

맹자는 물질적인 생활의 충족을 도덕 실천의 필요조건으로 이해하고 있었다. 그러므로 그가 주창한 왕도정치는 민생 문제의 해결을 선결조건으로 하고 있었다. 물론 맹자만 그런 것은 아니다. 공자도 정치는 백성으로 하여금 넉넉하게 하는 것이라고 했고, 관자(管子)도 창고가 가득해야 예절을 알고 의식이 넉넉해야 영욕을 안다고 했다. 그러나 선진 사상가 중 맹자만큼 민생 문제를 다음과 같이 구체적으로 언급한 사상가는 없다.

> 인정은 반드시 경계를 정하는 것으로부터 시작할 것이니, 경계가 바르지 않으면 정치가 고르지 아니하고, 관리들에게 주는 보수가 고르지 않을 것이니, 이런 까닭에 포악한 임금과 탐관오리들은 반드시 경계(經界)를 정하는 것을 소홀히 하니, 경계를 정하는 것이 이미 바르면, 밭을 나누고 녹을 제정하는 것은 앉아서 정할 것이다.[46)]

농업을 주업으로 했던 동아시아 사회에서 토지 문제는 언제나 중요했다. 그리하여 동아시아의 정치사상이나 경제사상의 핵심은 토지문제였다. 주나라의 정전제도는 왕실이나 귀족들에게 분봉하여 준 토지를 농민들이 경작했기 때문에 그들은 농노와 다르지 않았다.

그러나 맹자가 주장한 정전제도는 민생 문제를 해결하기 위한 것이었기 때문에 토지의 균등한 배분을 원칙으로 하는 것이어서 농지를 나

---

46) 夫仁政 必自經界始 經界不正 井地不均 穀祿不平 是故 暴君汚吏 必慢其經界 經界旣正 分田制祿 可坐而定也(『孟子』 滕文公上).

누는 경계 문제를 인정의 시발로 보지 않을 수 없었다. 이렇듯 맹자는 농민들에게 농토의 경계 문제가 바르게 이루어지면 생업으로서의 영농은 가능하게 될 것으로 알았다.

그러나 맹자는 경계를 바르게 하고 토지를 균등히 하는 것만으로는 항상(恒産)을 가지게 할 수는 없다고 하여 농사철을 잃지 않도록 하는 것을 중시하기도 했다.[47] 사람이 낳고 죽는 데 특별한 슬픔이 없으면 백성들의 생활 문제는 어느 정도 해결되는 것이다. 물론 정치의 최종 목표는 모든 사람들로 하여금 그들이 가지고 있는 재능을 충분히 발휘케 함으로써 성취감과 만족감을 느끼게 하는 데 있다고 하더라도 사람이 된 까닭을 모른다면 금수와 다르지 않다고 해서, 맹자는 교육의 중요성을 강조하기도 했다.[48] 그가 교육의 중요성을 강조한 까닭은 그가 이상으로 상정하고 있던 이상정치는 평화를 정착시키고 문화를 창달함으로써 이룰 수 있는 것이었기 때문이었다.

47) 不失農時 穀不可勝食也 數罟不入洿池 魚鼈不可勝食也 斧斤以時入山林 木材不可勝用也 穀與魚鼈不可勝食 木材不可勝用 是使民養生喪死無憾也 養生喪死無憾 王道之始也(『孟子』 梁惠王上).

48) 飽食暖衣 逸居而無教 則近於禽獸(『孟子』 滕文公上).

제4장 순자의 성악설과 현실주의

1. 순자의 시대 인식과 성악설

순자(荀子 : 기원전 314~228)는[1] 공자의 두 학파 중, 자하·자유 계통의 인물로 선진 유학을 한대에 전수한 선진유가(先秦儒家)의 마지막 사상가이다. 맹자와 쌍벽을 이루었던 그의 학설은 정통 유가의 성선설과 완전히 상반되는 성악설을 주창하고 있었기 때문에 배척되었다. 특히 유가의 형식주의적인 학자들에 의해 비정통적인 인물로 비난받았다.

그의 저술인 『순자 荀子』는[2] 『논어』와 『맹자』가 대화체로 구성된 데

1) 이름은 황(況), 자를 경(卿) 또는 손경(孫卿)이라 했던 순자는 조나라 사람으로 나이 50에 처음으로 제나라에 유학하였다. 추행(騶衍)…전병(田駢)의 무리는 제나라 양왕 때에 이미 다 죽고 순경이 가장 늙은 스승이 되었다. … 제나라 사람이 순경을 참소하는 자 있으므로 그가 초나라로 가니 춘신군(春申君)이 그를 난릉령으로 삼았다. 춘신군이 죽으니 순경은 벼슬을 그만두고 난릉에 머물러 살다가 졸하였다. 이사(李斯)가 일찍 그의 제자로 있다가 진나라의 재상이 되었다.

2) 책으로서의 『순자』는 20권 32편으로 되어있는데 그 중에서 「천론 天論」, 「예론 禮論」, 「해폐 解蔽」, 「정명 正名」, 「성악 性惡」 등 다섯 편이 핵심이다. 특히 순자의 문장은 논리가 정연하고 주장이 분명한 것이 특징이다. 책

비하여 상당히 높은 수준의 논리적 서술로 이루어졌다.[3] 이런 점으로 보아 순자는 논리적인 문제에 관심을 가지고 있었던 것 같은데, 인간의 본성은 비인격적이고 초 도덕적인 하늘(天)에[4] 연유하고 있다고 보는 데서 그의 사상은 출발하고 있다. 그러나 그는 맹자 이후를 대표하는 유가로서 중국은 물론 동아시아 사상계에 지대한 영향을 미친 인물임에는 틀림이 없다. 순자가 살았던 시대에 대해 사마천은 그의 『사기』에 이렇게 적고 있다.

> 순경은 혼탁한 세상의 정치로 망하는 나라와 난폭한 임금이 꼬리를 물고 일어나 대도는 수행되지 않고, 미신에 미혹하여 속이는 말을 믿으며, 비속한 선비들은 작은 일에 구애되고, 장자와 같은 무리들은 우수개소리로 풍속을 혼란케 함을 미워하여, … 수만 어의 저서를 내고 졸했다.[5]

첫머리의 「권학 勸學」편은 학문하는 사람으로서는 읽어볼 만한 명문이다.

3) 순자의 사상 전개가 공자와 맹자에 비해 상당히 높은 수준의 논리성을 지닌 것은 사실이다. 특히 공자는 말 잘 하는 것을 혐오하여 말은 더듬더라도 행동은 민첩하게 하라고 가르치고 있어 그의 말은 지극히 함축적인데 비하여 맹자의 경우는 순자 못지않게 논리적이다. 그래서 『맹자』라는 책을 천 번 읽으면 의 아닌 송사까지 좋아하게 된다는 말이 있으리만큼 그의 주장과 논리는 매우 정연하다.

4) 순자가 말하는 천은 공자나 맹자가 말하는 인격적이고 의지적인 천과는 달리 물리적인 천일뿐이다. 그는 인간사와 천은 아무런 상관성이 없음을 선언함으로써 천에 대한 유가의 정통적인 천의 의미와는 근본적으로 다르다. 그러므로 순자가 말하는 천은 천명, 천성, 천리와 같은 의미를 지니지 않고 자연이며 음양일 뿐이다. 그래서 그는 하늘과 인간은 서로 감응하지 않는다고 해서 천인지분(天人之分)이라 했다.

5) 荀卿嫉濁世之政 亡國亂君相續 不遂大道而營於巫祝 信禨祥 鄙儒小拘 如莊周

순자는 당시의 많은 사상가들의 주의와 주장을 강력히 비난하고 있는 데, 그 중에서 유가와 관련된 부분을 소개하면 다음과 같다.

> 대강 선왕을 본받았으나 그 전체를 모르고, 보기에는 유연한 듯하나 재질이 격렬하고, 뜻은 크나 듣고 본 것은 조잡하고, 옛일을 생각하고 스스로 말을 들으며 오행이라 하나 편벽되어 따를 것이 못되고, 깊고 어두운데 은폐되어 명석한 해석이 못된다. 그러면서 언사를 수식하여 공경하며 받들어 이것이 옛 군자이신 공자의 말씀이라 한다. 자사가 제창하고 맹자가 호응하여 세속의 어리석고 정견없고 맹목적인 선비들이 떠들어대며 그 잘못을 알지 못하고 드디어 이것을 전수해서 공자와 자유가 그로 하여 후세에 존중하게 된 듯이 생각하게 되니, 이것은 자사와 맹자의 죄이다 … 관을 꾹 눌러쓰고, 말은 무슨 깊은 뜻이나 있는 듯 신중하게 하면서 우임금 걸음으로 순임금처럼 걷고 있는 것은 자장 씨의 천유들이다.[6]

위에서 말한 바와 같이 순자의 유가 비판은 후세의 유가들로 하여금 그를 이단 내지 유가의 좌파적인 인물로 간주하게 하였다. 사실상 그의 저술에 나타난 유가들에 대한 비판적인 언설과 제가들에 대한 태도로 보아 그는 유가로서 선진 유가의 순수한 입장을 유지하지 않았을

等又滑稽亂俗　於是推儒墨道德之行事興壞　序列著數萬言而卒(『史記』 孟子荀卿列傳).

6) 略法先王　而不知其統　猶然而材劇志大　聞見雜博　案往舊造說　謂之五行　甚僻違而無類　幽隱而無說　閉約而無解　案飾其辭　而祗敬之曰　此眞先君子之言也　子思唱之　孟軻和之　世俗之溝猶　瞀儒　然不知其所非也　遂受而傳之　以爲仲尼子游　爲兹厚於後世　是則子思孟軻之罪也　…　弟佗其冠　神禫其辭　禹行而舜趨　是子張氏之賤儒也(『荀子』 非十二子).

뿐만 아니라, 제가들의 정화까지 흡수했다는 것을 부인할 수 없게 함으로써 그를 잡가에 상당히 가까웠다고 보고, 순자를 유가와 제가를 집대성한 인물로 보는 사람도 있다.[7)]

순자를 이렇게 평가하는 것은 어디까지나 개인적인 견해에 불과하지만, 그의 저서를 주의 깊게 살펴보면, 그 속에 유가 사상은 물론, 여러 사상가들의 사상적 편린이 혼재되어 있는 것을 발견할 수 있다. 때문에 호적(胡適 : 1891~1962)은 일찍이 그의 학문은 매우 넓어 그가 살았던 시대의 학설을 두루 섭렵했다고 했다.[8)]

이미 지적한 바와 같이 순자는 그의 저서에서 유가의 대표적인 인물까지 서슴없이 비판하고 있는가 하면, 제가들의 사상마저 적지 않게 수용하고 있기 때문에 정통 유가임을 자처하는 사람들로부터 이단시될 수밖에 없었다. 그러나 무엇보다 중요한 사실은 유가의 정통적인 인성론인 성선설을 정면으로 부정한 데서 더욱 그렇다고 하겠다. 그렇다면 순자는 인성에 대해 어떻게 말했는가?

> 사람의 본성은 나면서부터 이익을 좋아하는 성질이 있어, 이것을 그대로 따르면 다투어 빼앗게 되어 사양하는 마음이 없어지게 되고, 나면서부터 질투하고 미워하는 성질이 있어, 이것을 그대로 따르면 남을 해롭게 하여 성실한 마음이 없어지게 되고, 나면서부터 아름다운 소리와 빛깔을 좋아하는 이목(耳目)의 욕망이 있어, 이것을 그대로 따르면 행실은 음란하게 되어 예의와 조리가 없어지게 된다. 그러니 사람이 타고난 본래의 성이나 감정에 그대로 따른다면 반드시

---

7) 조성을 역, 『中國古代思想史』, 까치, 1991, 3249쪽.
8) 胡適, 『中國古代哲學史』, 臺北 : 商務印書館, 1958, 331쪽.

> 서로 다투고 빼앗게 되어 사람의 분계를 범하고 이치에 어긋나게 되어 난폭하게 된다. 때문에 반드시 스승과 법(師法)의 교화와 예와의(禮義)의 인도가 있은 후에야 사양에 나가게 되고, 문리에 부합하게 되어 다스림으로 돌아가게 되나니, 이것으로 보아 사람의 본성은 악하다고 하는 것이 분명하고 선하다고 하는 것은 인위적인 것이다.[9)]

순자는 성(性)과 위(僞)에 대해 "배울 수도 없고, 익힐 수도 없는 자연 그대로 있는 것을 일러 성이라 하고, 배울 수도 있고 익혀 이룰 수도 있어 사람에게 있는 것을 일러 위(僞)라 하니 이것이 성과 위의 구별"이라고 했는가 하면,[10)] "성이 없으면 위를 더할 수 없고 위가 없으면 성은 저절로 선하여 지지 아니한다"면서[11)] 인위적인 노력이 부가된 후에야 사람은 선하게 된다고 했다.

앞에서 살펴본 바와 같이 순자는 '화성기위(化性起僞)', 즉 사람의 본성을 변화시키는 인위적인 노력을 선의 기원으로 보고 있었다. 그렇다고 해서 그는 도가와 같이 인간을 문화·도덕 상태로부터 자연 상태로 돌아가게 하려는 것이 아니라, 인간을 자연 상태로부터 문화·도덕 상태로 끌어올릴 것을 역설하고 있었다. 이처럼 순자는 인간의 선이란

---

9) 人之性 生而有好利焉 順是 故爭奪生而辭讓亡焉 生而有疾惡 順是 故殘賊生而忠信亡焉 生而有耳目之欲 有好聲色焉 順是 故淫亂生而禮義文理亡焉 然則從人之性 順人之情 必出於爭奪 合於犯分亂理 而歸於暴 故必將有師法之化 禮義之導 然後出於辭讓 合於文理 而歸於治 用此觀之 然則人之性惡明矣 其善者僞也(『荀子』 性惡).

10) 不可學 不可事 而在天者 謂之性 可學而能 可事而成之在人者 謂之僞 是性僞之分也(『荀子』 性惡).

11) 無性則僞之無所加 無僞則性不能自美(『荀子』 禮論).

후천적인 인위의 결과로 본 데 반해 맹자는 사단(四端)의 고유한 사실을 가지고 성선을 말했다는 점에서 두 사람의 인성관은 다르다.

그러나 순자는 성정을 그대로 좇으면 악한 결과가 생긴다는 경험적인 사실에 근거하여 성이 악하다는 결론을 내렸지만, 성은 자연이요 선악은 인위라고 하면서, 인위 그 자체를 자연인 성과 동일시하여 악이라고 하는 모순을 범하고 말았다. 특히 천명·천성·천리를 부정한 순자의 사상 체계에서 볼 때, 성(性)이란 선악 이전의 개념이므로 그의 성악설은 인성론이라고 하기보다는 사회학적 개념이라고 보는 것이 옳을 것이다.

그러면서도 맹자가 사람은 누구나 요순이 될 수 있다(人皆可以爲堯舜)고 하였고, 순자도 길을 걷고 있는 사람은 누구나 우 임금이 될 수 있다(塗之人皆可以爲禹)고 하여, 전자는 사람마다 양지(良知)·양능(良能)을 가졌다고 했고, 후자는 인의와 귀범을 알 수 있는 바탕(質)과 그것을 할 수 있는 능력(具)을 가지고 있다고 함으로써 학습의 위를 쌓으면 길을 걷고 있는 보통 사람(塗之人)도 우 임금과 같은 성인이 될 수 있다고 했다. 단, 맹자의 '양지'·'양능'이란 도덕성을 가진 것인데 반해 순자의 '질'·'구'는 단순한 분별의 능력과 순치의 가능성만을 의미한다는 데서 다르다고 하겠다.

2. 순자사상의 핵심개념 - 예(禮)

전국 말 진나라의 세력이 강화되어 6국을 통합하려는 기운이 표면화

됨으로써 통일천하의 전야가 임박했음을 알리고 있었다. 이 시대를 대표하는 유가의 인물로 선진 유가의 3대 인물 중 한 사람이 순자이다. 앞에서도 언급한 바와 같이 그의 시대는 '세정이 혼탁하고 망하는 나라와 난폭한 임금이 꼬리를 물고 일어났다(亡國亂君)'는 것을 보면, 맹자의 시대와 별 차이가 없었던 것 같다.

다만 맹자는 그런 시대에 처하여 도덕적인 가치를 소중히 여긴 데 반하여 인간의 사회적 존재성을[12] 인정한 순자는 사회적 통제인 행위규범을 강조했다는 점에서 다르다. 순자는 '망국난군'이 줄지어 일어나는 까닭, 즉 정치·사회적인 혼란의 원인을 가치의 희소성에 있다고 하였다.[13]

그러므로 그는 욕망 그 자체를 죄악시하지는 않았다. 다만 욕망을 조절할 수 있는 능력과 구별(度量分界)이 필요하다고 했다. 이러한 필요가 예의 기원이며, 이의 사회적 통제가 순자 정치사상의 핵심인 예(禮)이다.

대체로 사회적 안정기에는 예가 개인의 수양과 도덕적 규범으로 해석되고, 변혁기에는 사회적 질서와 제도의 의미로 해석되기도 하였다. 예는 기능적으로 너와 나 그리고 소유의 한계를 정하는 데 있다고 다음과 같이 말하고 있다.

예는 어찌하여 생겼는가? 사람은 나면서부터 욕망이 있다. 바라는

12) 力不若牛 走不若馬 而牛馬爲用 何也 曰人能爲群 彼不能群也 … 和則一 一則多力 多力則强 强則勝物(『荀子』 王制).

13) 欲惡同物 欲多而物寡 寡則必爭矣(『荀子』 富國).

> 데도 얻지 못하면 그것을 구하려 하지 않을 수 없다. 구하려고 하는 데 그 기준과 한계가 없으면 다투지 않을 수 없게 된다. 다투면 혼란해지고, 혼란해지면 곤궁하여 진다. 옛 임금들은 그 혼란을 싫어하였기 때문에 예의를 제정하여 분수를 정하고, 사람들의 욕망을 올바르게 기르고, 사람들이 구하는 것을 넉넉하게 하였다.[14)]

그렇다면 예란 어떤 것인가? 예란 이(異)와 분(分)을 그 속성으로 하고 있다. 『예기』에 예는 이(異)를 판별하는 것이라 하였고, 순자는 예란 이를 구별하는 것이며 분은 예보다 큰 것이 없다고 했다. 예는 악한 사람의 본성을 고치기 위한 것으로 이는 마치 병을 고치기 위해서는 입에 쓴 약이라도 먹지 않으면 안 되는 것과 같다는 것이 순자의 주장이다.

그는 또 구별이 없는 것(無分)은 사람에게 큰 해가 되고 구별이 있는 것(有分)은 천하의 근본적인 이익이 된다고 하였다. 순자가 그 시대에 유분으로서의 예를 강조한 까닭은 무엇일까? 그것은 무엇보다도 정치사회의 질서 회복 내지 확립이라는 시대적 요청 때문이었다. 더욱 혼탁한 정치는 하늘(天)과는 무관한 인간의 일로만 인식한 그는 이미 의리의 천은 물론, 운명의 천도 부인하고 있었다.[15)] 그러므로 그는 철저하게 인간 중심의 입장에서 당면한 문제를 해결하려 하였다.

---

14) 禮起於何也 曰人生以有欲 欲而不得 則不能無求 求而無度量分界 則不能不爭 爭則亂 亂則窮 先王惡其亂也 故制禮義而分之 以養人之欲 給人之求 使欲必不窮乎物(『荀子』 禮論).

15) 疆本而節用則天不能貧　養備而動時則天不能病　修道而不貳天不能禍(『荀子』 天論).

성악설을 주장한 순자는 인간을 아주 멸시한 것 같으나, 사실 훌륭하고 가치 있는 것은 모두 인간이 노력한 결과라는 것이 그의 일관된 논조이므로 순자의 사상은 인간 본위의 사상이라고 하여도 무방하다고 하겠다. 앞에서 말한 바와 같이 인간은 도량하고 분계할 수 있는 질(質)과 그것을 실천할 수 있는 구(具)를 갖추고 있다고 하리만큼 그의 인간관은 긍정적이면서도 낙관적이었다. 그에 따르면 모든 가치는 인간문화의 소산이며, 문화는 인간이 이룩해 놓은 치적이라는 것이 순자의 주장이다.

이런 생각을 갖고 있던 순자는 천명과 재이(災異)를 정치와 무관한 것으로 이해하고 있었기 때문에 우 임금이 다스리고 걸왕이 어지럽게 한 것은 인사일 뿐 하늘(天)과는 무관한 것이라고 하였다.[16] 이를 더 구체적으로 말하면, 하늘은 천명(天命), 천성(天性), 천리(天理)가 될 수 없다는 것이 순자의 주장이었다.

이 같이 그가 하늘과 인간은 무관한 것(天人之分)으로 본 것은 지금에서 보면 별스런 것 같지 않으나, 당시로는 매우 과학적인 사상이라 하지 않을 수 없다. 이러한 그의 사상은 당시의 미신적인 사상과 노·장자의 자유방임적인 사상을 모두 배격하기 위해서 취해진 사상이며 태도란 점에서 큰 의미를 갖는다고 하겠다.

'인'이나 '의'는 객관적인 형식을 갖고 있지 않은 데 약점이 있다. 때문에 순자는 모종의 표준 형식을 갖춤으로써 객관적인 평가가 가능한 '예'를 강조하게 되었던 것이다. 아울러 예는 정치 사회적인 구속력에 있어서 인이나 의보다는 훨씬 강하다. 여기에 사회적 혼란이 극도에

16) 禹以治 桀以亂 非天也(『荀子』 天論).

달했던 전국 말년이라는 시대적 요청에 따라 순자는 예라고 하는 지도 이념을 제시하게 되었던 것이다.[17] 예는 언제나 그렇듯이 일정한 내용과 그것에 상응하는 형식을 지니고 있기 때문에 그것에 대한 실천여부를 가름하기가 훨씬 수월하다. 이는 예가 인이나 의에 비해 사회적인 구속력이 크다는 것을 뜻하기도 한다.

그러나 예는 앞으로 그렇게 될 것(將然)을 구속할 수는 있다.[18] 이것이 예가 법에 접근하는 이유이기도 하다. 그러므로 순자를 유가의 좌파라고 하는 것은 순자의 예가 이미 법가의 '법'에 상당히 접근하고 있기 때문이다. 이러한 사실은 순자의 문하에서 법가의 대표적인 인물인 한비자(韓非子 : 기원전 281~234)와 이사(李斯)와 같은 인물이 배출되었다는 사실만으로도 쉽게 알 수 있다.

시대적 지도 이념으로 제시된 순자의 예는 정치 사회의 질서를 유지하고 확립하려는 예에 의한 통치, 이른바 예치(禮治)를 통하여 이루려 한 사회는 유덕하고 유능한 사람이 대우받는 그런 사회였다.

> 덕 있는 자가 귀하게 되지 않는 일이 없고, 능력 있는 자가 벼슬하지 않는 일이 없고, 공이 있는 자가 상을 못 받는 일이 없고, 죄 지은 자가 벌을 받지 않는 일이 없으며, 조정에는 요행으로 벼슬하는 자가 없고, 백성 중에는 요행으로 살아가는 자가 없다. …비록 왕공이나 사대부의 자손이라 하더라도 예의에 합당하지 못하면 서민으로 돌려보내고, 비록 서민의 자손이라 하더라도 예의와 학문을 쌓고 몸을 바르게 행동하여 예의에 합치된다면 경상이나 사대부에 귀속시

---

17) 人無禮則不生 事無禮則不成 國家無禮則不寧(『荀子』 修身).
18) 禮者禁於將然之前 而法者禁於已然之後(『大戴禮記』 禮察).

킨다.[19]

이 같은 순자의 주장은 이른바 귀속적인 요인이 아닌 획득적인 요인에 의한 계층 분류라는 데서 그 의미는 크다고 하겠다. 그가 예 또는 지위에 따르는 능력과 업적을 강조한 것은 그의 사상이 후대에 미친 영향만큼이나 권위주의가 되는데 기여했을 것이라는 데는 의심의 여지가 없다. 순자가 '예치'를 통해 이루려 했던 이상세계는 과연 어떤 사회였을까?

> 어진 사람이 위에 있으면 농부는 밭가는 일에 힘을 다할 것이고, 상인은 분명히 살피는 것으로 재화를 다할 것이고, 백공은 기술로써 기구와 기계를 다할 것이고, 사대부 이상 공후에 이르기까지는 인후와 지능으로써 관직을 다할 것이다. 무릇 이것을 지평(至平)이라 한다.[20]

이처럼 사회가 지극히 공평하여 상하가 맡은 바 직분에 충실한 '지평'세계를 이상으로 했다. 이 같은 순자의 지평 세계는 객관적 규범으로서의 예치를 통해 이루려 했다는 점에서는 공자의 '정명'과 사상적인 연계성을 갖고 있다고 하겠지만, 형식적인 규범이 더 강조됐다는 점에

19) 無德不貴 無能不官 武功不賞 無罪不罰 朝無幸位 民無幸生 … 雖王公士大夫之子孫 不能屬於禮義 則歸之庶人 雖庶人之子孫也 積文學正身行 能屬於禮義 則歸之卿相士大夫(『荀子』 王制).

20) 故仁人在上 則農以力盡田 賈以察盡財 百工以巧盡械器 士大夫以上至於公侯 莫不以仁厚知能 盡官職 夫是之謂至平(『荀子』 榮辱).

서는 다르다고 하겠다.

형식적인 규범으로서의 예가 더 강조됐기 때문에 순자는 음악(樂)의 중요성을 그 누구보다도 강조하였던 것이다.

> 대체로 음악은 즐겁다. 인간의 감정으로서는 반드시 빼놓을 수 없는 것이 음악이다. 그러므로 인간에게는 음악이 없을 수 없다. 즐거우면 반드시 발성을 하게 되고, 동정이 나타나게 된다. … 인간은 즐겁지 않을 수 없고, 즐거우면 겉으로 나타내지 않을 수 없으며, 겉으로 나타내되 도에 벗어나면 혼란이 아니 생길 수 없다. 선왕은 그 혼란을 싫어하였으므로 우아한 리듬의 음조를 제정하여 이끌어 주었다. 그리하여 그 소리는 충분히 즐거우면서도 퇴폐적으로 흐르지 않게 하였다. 그 가사의 뜻은 충분히 또렷하면서도 그릇되지 않게 하였으며 그 소리의 굽음과 곧음, 번잡과 간단함, 날카로움과 부드러움, 음절과 곡조는 충분히 인간의 착한 마음을 감동시킴으로써 저 사악하고 더러운 기운이 접근할 수 있는 길을 없앴다. 이것이 바로 선왕이 음악을 세운 방도이다. … 그러므로 음악이란 사람 다스리는 데 있어 가장 효과적이다.[21)]

본래 예의 정치적 기능이란 질서를 확립하는 것이지만, 질서를 확립하다 보면, 화해와 협력을 유도해야 할 또 다른 정치적 기능을 기할

21) 夫樂者樂也 人情之所必不免也 故人不能無樂 樂則必發於聲音 形於動靜 … 故人不能不樂 樂則不能無形 形而不爲道 則不能無亂 先王惡其亂也 故制雅頌之聲而道也 使其聲足以樂而不流 使其文足以辨而不諰 使其曲道繁省廉肉節奏 足以感動人之善心 使夫邪汗之氣 無由得接焉 是先王立樂之方也 … 故樂者 治人之盛者也(『荀子』 樂論).

수 없을 뿐만 아니라, 사회적인 소원을 초래하는 역기능이 있는 것 또한 사실이다. 예의 강조나 실천이 사회의 질서를 확립한다는 점에서는 긍정적이지만, 사회적 화해나 통합을 저해한다는 점에서는 부정적이다. 예를 들어, 군신간의 예를 지나치게 강조하거나 부자간의 질서를 엄격하게 요구할 경우, 그만큼 자연발생적인 화해와 통합은 멀어지게 되는 것이 보통이다.

그러므로 예에는 사회적 분화(social differentiation)를 일으킴으로 이를 완화하고 해소하는 기능으로서의 음악이 강조되었던 것이다. 왜냐하면 음악에는 사회적 결속(social solidarity)이라는 중요한 기능이 있기 때문이다. 그래서 동아시아에서는 인의가 항상 붙어 다닌 것처럼 예악은 언제나 함께 있었던 것이다. 특히 순자는 그의 「악론」에서 음악의 사회적 내지 정치적 기능에 대하여 다음과 같이 말하고 있다.

> 음악이란 천하를 크게 가지런하게 하는 것이며, 한 쪽으로 기울지 않게 하는 바탕이어서 사람의 정서상 반드시 없어서는 안 되는 것이다. 그러므로 선왕이 음악을 만든 것이다. … 무릇 음악은 사람의 감정에 파고듦이 깊고 감화시키는 속도가 빠르다. 그러므로 선왕이 형식을 신중히 하셨다. 음악이 조화롭고 평온하면 백성은 화합하여 혼란한 데로 흐르지 아니하고, 음악이 엄숙하고 장엄하면 백성은 가지런하여 어지럽지 않게 된다. … 음악이란 사람을 다스리는 데 있어 가장 효과적이다.[22)]

22) 故樂者 天下之大齊也 中和之紀也 人情之所必不免也 … 夫聲樂之 入人也深 其化人也速 故先王謹爲之文 樂中平 則民化而不流 樂肅莊 則民齊而不亂 … 故樂者 治人之盛者也(『荀子』 樂論).

이처럼 순자가 음악을 사회적으로나 정치적으로 중요하게 여기는 데는 음악이 가지는 사회적 결속이라는 탁월한 효과 때문이었다. 특히 음악은 자연발생적으로 그런 효과를 자아낸다는 데에 그는 주목하고 있다. 예가 타율적이고 인위적인데 반하여 음악은 지극히 자율적이면서도 자연적이라는 점에서 그렇다.

순자가 그의 「악론」 마지막 부분에서 다음과 같은 난세의 여러 가지 징후를 열거하고 있는 까닭도 음악이 음악으로서 그 기능을 다 하지 못할 때 나타나는 필연적인 현상으로 인식하였기 때문일 것이다.

> 난세의 징후는 그 옷은 화려하고, 그 모양은 여자 같고, 그 풍속은 음란하고, 그 뜻은 이익을 좇고, 그 행실은 난하고, 그 음악은 거칠고, 그 문장은 간사하고 화려하며, 양생에는 절도가 없으며, 죽은 이를 보내는 것은 각박하고, 예의를 천하게 여기고, 용맹을 귀하게 여기고, 가난하면 도적질을 하고, 부자가 되면 남을 해친다. 그러나 태평 시대에는 이와 반대이다.[23]

오늘날 우리의 현실은 순자가 지적한 것처럼 '난세의 징후'들만이 나타나고 있지나 않은지 아니면 '태평시대에는 이와 반대'라고 한 것과 같이 건전한 기풍만이 진작되고 있는지를 냉철하게 따져보는 것도 매우 의미 있는 일일 것이다.

---

23) 亂世之徵 其服組 其容婦 其俗淫 其志利 其行褋 其聲樂險 其文章匿而采 其養生無道 其送死瘠墨 賤禮義而貴勇力 貧則爲盜 富則爲賊 治世反是也(『荀子』 樂論).

3. 예치(禮治)와 치법(治法)

흔히 유가를 일러 수기치인지학(修己治人之學) 또는 내성외왕지학(內聖外王之學)이라고 한다. 이는 개인윤리로서의 수기나 내성에 머물지 않고, 사회윤리로서의 치인 또는 외왕을 동시에 요구하는 것을 뜻한다. 그러므로 유가에 있어서 정치란 곧 치인 또는 외왕으로 피치자 대중을 도덕적으로 교화시키는 것 이상도 이하도 아니다. 이로 인해 수기와 외왕의 주체인 치자는 논리상 수기와 내성의 공부를 선행하지 않으면 안 된다.

순자도 이 같은 유가의 입장에서 치자의 중요성을 다음과 같이 강조하고 있다.

> 군주는 표준이니 표준이 바르면 그림자가 바르게 된다.[24]

순자는 이어서 이렇게 말하였다.

> 군주는 백성의 근원이니 근원이 맑으면 흐르는 것이 맑고, 근원이 흐리면 흐르는 것이 흐리니 나라가 있는 자가 백성을 사랑하고 이롭게 하지도 못하면서 백성으로부터 사랑을 구한다고 해도 얻지 못할 것이다.[25]

---

24) 君者儀也 儀正而景正也(『荀子』 君道).
25) 君者民之原也 原淸則流淸 原濁則流濁 故有社稷者 而不能愛民 不能利民 而求民之親愛己 不可得也(『荀子』 王制).

이는 표준으로서의 군주를 그림자와 물에 비유하여 군주의 일거수일투족이 백성들에게 미치는 영향에 대해 한 말이다. 그리하여 예치의 주체로서의 군주에 대한 순자의 주장은 이렇다.

> 예에는 세 가지 근본이 있으니 천지는 생의 근본이요, 조상은 종족의 근본이요, 군주는 정치의 근본이다 … 군주가 없으면 어찌 다스릴 수 있겠는가 … 군주를 받드는 것은 예의 3대 근본이다.[26)]

순자가 비록 임금을 존중한다(尊君)고 말하고는 있으나, 그것은 어디까지나 민본의 토대 위에서의 존군인 것이다. 그가 존군을 말했다고는 하지만 이는 임금을 위한 존군이 아니라, 백성을 위한 존군이라는 사실은 다음과 같은 그의 글에서 쉽게 찾아 볼 수 있다.

> 군주는 배요, 백성은 물이다. 물은 곧 배를 싣기도 하지만 물은 곧 배를 뒤엎기도 한다.[27)]

순자는 심지어 물인 백성이 군주인 배를 뒤엎을 수 있다고 했는가 하면,

> 신하는 혹 군주를 죽이기도 하고, 아랫사람이 혹 윗사람을 죽이며, … 군주를 위하여 목숨을 바치지 않는 것은 다름이 아니라, 군주

---

26) 禮有三本 天地者生之本也 先祖者類之本也 君師者治之本也 … 無君者惡治 … 隆君師 是禮之三本也(『荀子』 禮論).

27) 君者舟也 庶人者水也 水則載舟 水則覆舟(『荀子』 王制).

가 스스로 초래한 것이다.[28)]

순자가 시해의 책임을 군주에게 돌리고 있는 데서도 그의 존군의 의미와 한계를 읽을 수 있다. 선진 유가 가운데 누구보다도 예를 중시하고 그것을 체계화한 순자가 법을 강조한 것은 그가 살았던 시대적 배경과 깊은 관련이 있다. 선진 유가를 대표하는 공자가 시대적인 문제를 해결하기 위해 행인(行仁)과 정명(正名)을 강조했고, 맹자가 인의(仁義)와 왕도(王道)를 주창했지만, 그들의 희망처럼 천하는 치유되지 않았고 안정되지도 않았다. 그 까닭은 비정상의 시대에 비정상의 방법-권도(權道)를 사용한 것이 아니라, 정상적인 방법-정도(正道)만을 주장한 데 있다고 하겠다.

오히려 그들의 주장은 현실과는 거리가 멀다고 하여 당시의 치자들에게 받아들여지지도 않았을 뿐만 아니라, 효과적인 지도 이념으로서도 약점과 한계가 있었다. 그리하여 순자는 인이나 의보다 더 강력한 사회적인 구속력을 지니는 객관적인 규범으로서의 예를 강조하다보니 자연히 치법(治法)을 말하게 되었던 것이다.

순자는 법을 다스림의 발단이라고[29)] 하면서 나라에는 다스림이 기준이 되는 법이 있어야 함을 강조했지만, 그는 법의 엄격한 적용만을 고집하지는 않았다. 그는 법이란 그것을 수행하는 사람에 따라 다른 결과를 가져올 수 있다고 함으로써 다음과 같이 인치에 토대를 둔 치법을 말하고 있었다.

---

28) 臣或弑其君 下或殺其上 … 而不死其事者 無他故焉 人主自取也(『荀子』 富國).
29) 法者治之端也(『荀子』 君道).

> 좋은 법이 있어도 어지러워지는 일이 있으나 군자가 있으면서도 어지러워진다는 이야기는 지금까지 들어보지 못했다.[30]

또 그는 치인을 강조함으로써 분명하게도 선진 유가의 입장을 버리지 않았다.

> 못된 임금은 있어도 어지러운 나라는 없으며, 치인은 있어도 치법은 없다.[31]

이 같은 그의 언설에서 그가 말하는 치법이란 법의 엄격한 적용을 강조한다기보다는 법을 시행하는 자의 도덕적인 자질을 더 중시하고 있다는 사실을 읽을 수 있는가 하면, 그가 비록 정통 유가의 좌파적인 인물로 비난을 받았다고 하더라도 그는 분명 선진 유가라는 사실도 아울러 알 수 있다.

다만 순자는 맹자와 더불어 선진 유가를 대표하는 인물일 뿐만 아니라, 유가의 내용과 성격을 양분함으로써 사상적으로 쌍벽을 이룬 장본인이다. 이런 가운데 맹자는 개인의 자유를 강조하였다는 점에서는 혁신적이나, 초 도덕적인 가치를 소중히 여기어 종교에 가까웠다는 점에서는 오히려 보수적이다. 그리고 순자는 사회적인 통제를 강조했다는 점에서는 보수적이나 자연주의를 천명하여 어떠한 종교적인 사상도 인정하려 하지 않았다는 점에서는 혁신적이라 할 수 있다.[32]

---

30) 故有良法而亂者 有之矣 有君子而亂者 自古及今 未嘗聞也(『荀子』 王制).
31) 有亂君無亂國 有治人無治法(『荀子』 君道).
32) 鄭仁在 譯, 『中國哲學史』, 199쪽.

4. 유가의 소강(小康)과 대동(大同)

인간은 눈앞에 보이는 것만 바라보고 사는 그런 존재가 아니다. 조금 더 먼 곳을 바라보며 미래를 아름답게 설계하고 그것을 실현하기 위해 고민하고 노력하면서 살아간다. 그리하여 현재보다 조금 더 아름다운 것을 바라고 조금 더 보람 있는 것을 바라고 있다. 때문에 인간은 지극히 현실적이면서도 이상적인 속성을 동시에 지니고 있다.

그러나 사상적으로 실현 가능한 이상세계가 없는 것도 아니어서 유가는 소강은 물론, 대동을 말했다. 그렇다면 유가가 말한 소강이란 어떤 세계인가?

> 이세 대노가 은폐되어 전하가 가(家)로 되니, 각각 자기의 부모만 부모로 여기고 자기의 자식만 자식으로 여기며, 재화와 노동력은 자기만 위한다. 제후가 되어서는 예로 의의를 삼고, 성곽(城郭)과 구지(溝池)는 견고함으로 목적을 삼고, 예의로 기강을 삼아 군신을 정당하게 하고, 부자를 돈독하게 하고, 형제를 화목하게 하고, 부부를 화합하게 하고, 제도를 설립하고, 전리(田里)를 세우고, 용지(勇知)를 현명하게 여기고, 우(禹)·탕(湯)·문(文)·무(武)·성왕(成王)·주공(周公)이 이로 말미암아 선발되게 된다. 이 6군자는 예를 조심하지 않은 이가 없으니, 의를 나타내었고, 신을 이루었고, 허물을 밝히었고, 인을 본떴고, 양(讓)을 강구하여 백성에게 상례(常禮)가 있음을 보여주었다. 만일 여기에 말미암지 않은 이가 있어 권세를 잡으면 물러나게 되었고, 민중은 재앙으로 생각하였다. 이것을 소강이라 한다.[33]

서로 돕고, 힘을 합하여 인류 전체의 평화와 행복을 증진시키기 위해 노력하는 지선(至善)의 사회를 그리고 있었는데 그것을 '평천하'라 했고, '대동'이라고도 했다.

사회가 대동의 단계에 이르면 가족과 국가가 없는 것이 아니라, 다만 '이기(利己)'·'위사(爲私)'의 관념이 '위공(爲公)'·'위중(爲衆)'의 관념으로 변하게 된다. 이런 사회야 말로 지선 경계에 도달한 것이니 이는 소강의 단계에 있는 사회의 백성들은 아직 이기주의를 버리지 못한다. 때문에 가족 관념과 국가 관념을 중시한다. 그러나 유가는 이런 소강의 정도에 만족하지 않았다. 그리하여 나라마다 스스로의 독특한 문화와 역사를 가지고 있으면서 철저히 열린 마음과 완전히 터놓은 자세로 평등하게 서로 돕고, 힘을 합하여 인류 전체의 평화와 행복을 증진시키기 위해 노력하는 지선(至善)의 사회를 그리고 있었다. 이런 의미에서 볼 때, 대동이란 최고의 복지사회 내지 복지국가를 뜻한다고 하겠다.

유가만큼 윤리 도덕의 문제를 논리적이면서도 체계적으로 강조한 학파는 제자백가 중에는 없다. 그러나 그들이 강조한 윤리 도덕은 인간 본성에 따른 지극히 평범한 일에 불과할 뿐이다. 그 평범한 일을 따라가는 도로 또는 통로를 일러 도(道)라 한다. 이 도에 대한 인식과 실천 문제를 잘 정리한 것이 이른바 『대학 大學』의 삼강령(三綱領) 팔조목

---

33) 今大道旣隱 天下爲家 各親其親 各子其子 貨力爲己 大人世及以爲禮 城郭溝池以爲固 禮義以爲紀 以正君臣 以篤父子 以睦兄弟 以和夫婦 以設制度 以立田里 以賢勇知 以功爲己 故謀用是作 而兵由此起 禹湯文武成王周公 由此其選也 此六君子者 未有不謹於禮者也 以著其義 以考其信 著有過 刑仁講讓 示民有常也 如有不由此者 在勢者去 衆以爲殃 是謂小康(『禮記』 禮運).

(八條目)이다.

유가는 인간을 사회적 존재로 인식했기 때문에 인간이 사회에서 인간으로서의 존재 가치를 충실히 수행하기 위해서는 자신의 본성을 완전하게 개발해야 한다고 한다. 이런 이유에서 유가는 내적 성장으로서의 수신의 문제를 강조하지 않을 수 없었다. 그들이 강조한 수신의 방법은 격물로부터 시작하여 평천하를 이룩함으로써 최고의 윤리 도덕적인 이상사회인 대동사회(大同)를 건설하려 했다. 이를 도해하면 다음과 같다.

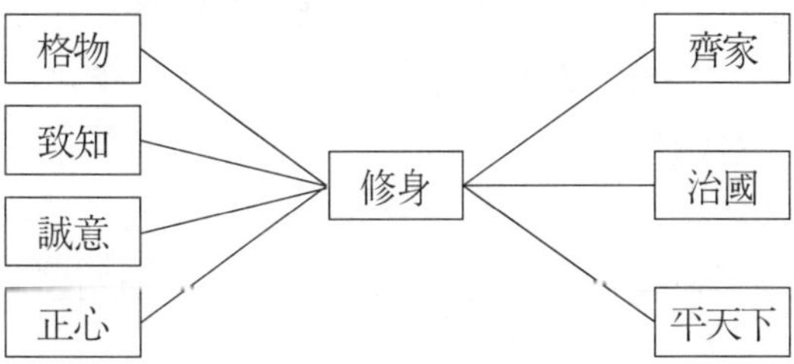

수신의 방법과 절차는 격물(investigation of things)·치지(cxtension of knowledge)·성의(sincerity of the will)·정심(rectification of the mind)으로써 이는 개인 윤리에 해당된다. 유가야말로 개인적인 수신(cultivation of personal life)에 머물지 않고, 동시에 사회적인 책임을 묻는 특성과 정신을 지니고 있다. 그러므로 제가(regulation of the family)·치국(ordering the state)·평천하(bringing peace throughout the world)라고 하는 사회윤리로의 전개는 마침내 대동이라고 하는 최고의 복지사회에 이르게 된다. 그렇다면 대동사회란 과연 어떤 사회인가?

> 대도가 운행될 때, 세계가 공평되어 현명하고 선량한 사람과 재능 있는 이를 선발하여 일을 맡기고, 신의와 친목을 강구한다. 그러므로 백성들은 자기의 부모만 부모로 여기지 아니하고, 자기의 자식만 자식으로 여기지 아니하며, 늙은이들은 죽을 때까지 살 곳이 있게 하며, 어린이들은 자랄 곳이 있게 하며, 홀아비와 고아와 불구자와 병자들은 다 휴양할 곳이 있게 하며, 남자는 맡은 바 직분이 있고, 여자는 시집 갈 곳이 있으며, 재화는 땅에 버리기를 싫어할지언정 반드시 자기의 소유로만 차지하지 아니하고, 노동력이 자기의 몸에서 나오지 아니하는 것을 싫어할지언정 반드시 자기의 몸을 위하지 아니한다. 모략이 폐쇄되어 일어나지 아니하고, 절도와 난적도 일어나지 아니한다. 이러므로 문호를 열어놓고, 닫아놓지 아니한다. 이것을 대동이라 한다.[34)]

대동의 세계란 대도가 행하여짐으로써 천하를 자기의 소유로만 생각지 아니하고 우리의 것으로 인식하는 이상세계를 말한다, 대도란 맹자가 말한 왕도와 같은 것이므로 이른바 대동세계란 최고의 복지사회인 동시에 최고의 도덕사회를 뜻한다. 그러므로 동아시아인들이 그린 이상향이란 다름 아닌 질서와 평화가 확립된 도덕사회였던 것이다.

대동사회란 필연적인 논리적 귀결인 동시에 불가피한 요청이기도 하다. 그리고 그 같은 요청의 궁극적인 목표는 이상사회인 평천하, 즉 대동사회를 실현하는 데 있다. 그런 사회에는 비록 상하(上下) · 귀천(貴

34) 大道之行也 天下爲公 選賢與能 講信修睦 故人不獨親其親 不獨子其子 使老有所終 壯有所用 幼有所長 矜寡孤獨廢疾者 皆有所養 男有分 女有歸 貨惡其弃於地也 不必藏於己 力惡其不出於身也 不必爲己 是故謀閉而不興 盜竊亂賊而不作 故外戶而不閉 是謂大同(『禮記』 禮運).

賤)・빈부(貧富)・존비(尊卑)가 공존해도 화해하는 가운데 상부상조하고, 유무상통하여 조화와 균형을 중요한 사회적 가치로 받아들이는 그런 사회를 말한다.

제5장 유가의 반동 묵가와 묵자

1. 묵가의 기원과 반유가적 태도

묵가란 묵자(墨子 : 기원전 479~381)와[1] 그의 제자를 중심으로 하여 이루어진 일군의 사상적 학단(學團)을 지칭한다. 묵자에 관한 기록은 『사기 史記』 맹지순경열전 뒷부분에 "묵적(墨翟)은 송나라의 대부인데, 방어를 잘 했고, 절약을 하였다"고[2] 했을 뿐이다. 묵가는 기원전 5세기 후반에 활발하게 활동하였으므로 맹자는 "천하에는 양주·묵적의 발이 가늑하여 천하의 언설이란 양주에게로 돌아가지 않으면 묵적에게로 돌아간다"고 했다.[3] 묵자는 철저한 박애주의자였다. 때문에 이렇게

1) 묵자의 이름은 적(翟)이요 성은 묵(墨)이다. 어떤 사람은 묵자를 송나라 사람이라 하고, 어떤 사람은 노나라 사람이라고도 한다. 그가 언제 출생해서 언제 죽었는지는 정확히 알 수 없으나, 공자보다는 뒤의 인물인 것만은 분명하다. 여러 가지 사실을 자세히 살펴보면 묵자는 공자의 손자 자사와 같은 시대인 듯 하나 그것도 확실하지 않으며, 대체로 기원전 479~381년으로 추정되고 있다.

2) 墨翟宋之大夫 善守禦 爲節用(『史記』 孟子荀卿列傳).

3) 楊朱墨翟之言盈天下 天下之言 不歸楊則歸墨(『孟子』 滕文公下).

까지 말하였다.

> 천하에 이롭기만 하다면 머리로부터 발끝까지 갈아 유혈이 낭자해 도 하겠다.[4)]

묵자의 영도 하에 치밀한 조직과 엄격한 규율을 가지고 있던 그들은 스스로를 묵가라고 했다. 그들 묵가들은 너무나 검약한 생활을 강조하였기 때문에 사람들은 쉽게 그들의 요구를 받아들일 수가 없었다. 그러나 그들이 생산을 중시하고, 절약을 실천한 것은 폐기할 수 없다고 사마천(司馬遷 : 기원전 145~86)은 그의 『사기』 마지막 장에 적고 있다.[5)] 그리고 유흠(劉歆 : 기원전 46~서기 23)은 묵가에 대해서 다음과 같이 적고 있다.

> 묵가학파는 대체로 옛날 청묘의 수위 출신들이었다. 그들은 거친 서까래로 지은 초가집에 살았다. 그러므로 검약을 귀하게 여겼고, 삼노(三老)·오경(五更)(고대에 천자가 부형의 예로 우대한 노인으로서 한 마을의 교화를 맡은 사람을 일컬음)을 봉양하였으므로, 겸애를 주장하였으며, 선사(주대에 수사 중에서 사도에게 선발되어 향리가 될 자격이 있는 사람)와 대사(옛날 제후가 제사를 지내려 할 때 여러 신하와 활쏘기 시합을 하여 잘 쏜 사람은 참사케 하고 그렇지 못한 사람은 참사치 못하게 했는데, 이 때 참사할 수 있는 사람을 대사라 했음)의 예제를 시행하였으므로 어진 사람을 존경하고, 묘제

---

4) 摩頂放踵利天下 爲之(『孟子』 盡心上).
5) 墨者儉而難遵 是以其事不可偏循 然其彊本節用 不可廢也(『史記』 卷130, 太史公自序, 臺北 : 鼎文書局, 民國 66年, 3289쪽).

를 지내며 부친을 존경하였으므로 귀신을 숭상했고, 계절에 따라 일을 진행하였으므로 윗사람과 같이 할 것(上同)을 주장하였다. 이것이 이 학파의 장점이다.[6]

제자백가 중 가장 먼저 일어난 것은 유가이고 이어 묵가가 등장하였다. 그러므로 유가와 묵가는 사상적으로 서로 대립할 수 있었다.[7] 이들의 대립적 태도가 곧 묵가의 성립을 가능케 했던 것이다. 대립의 이유는 주나라 문화에 대한 태도에서 비롯되었다. 유가는 주나라 문화를 긍정적으로 평가하면서 그것을 동경하고 있었는데 반해 묵가는 유가와는 달리 부정적 태도로 주나라 문화를 보았다.

학파간의 차이는 문화적인 유산이나 시대적인 과제를 어떻게 인식하느냐에 따라 이념과 이상을 달리한다. 그러나 그들은 서로 영향을 주기도 하고 받기도 하면서 발전한다. 유가와 묵가도 예외는 아니다. 유

---

6) 墨家者流 蓋出於淸廟之守 茅屋采椽 是以貴儉 養三老五更 是以兼愛 選士大射 是以上賢 宗祀嚴父 是以右鬼 順四時而行 是以非命 以孝視天下 是以上同 此其所長也(『前漢書』 藝文志).

7) 묵가의 대표적 저술인 『묵자 墨子』는 원래는 71편이었다고 하나 현재 전해지고 있는 것은 53편이다. 53편은 5부 15권으로 분류되어 있고, 묵자의 중심사상은 제 2권에서 제 9권까지의 24편에 걸쳐 개진되고 있다. 책으로서의 『묵자』는 공자의 『논어 論語』 보다 논리적인 서술 면에서 상당히 진보했음을 보여주고 있다. 이 저술은 상당 부분에 걸쳐 유가에 대한 집중적인 공격으로 일관하고 있는데, 이러한 사실은 우리로 하여금 다음과 같은 두 가지 점을 상정케 하고 있다. 그 첫째는 묵가는 유가의 입장에서 볼 때, 유가를 잘 알고 있거나 유가의 영향을 많이 받은 이단이란 사실이 그 하나이고, 둘째는 유가는 당시 묵가로부터 공격을 받을 만큼의 사상적 지위, 즉 지배적인 위치에 있었다는 사실이라는 점이다.

가가 주나라의 문물을 동경했다는 점에서는 전통주의적이었으나 주나라의 문물을 회복하기 위해서 개혁하지 않으면 안 된다고 했다는 점에서는 개혁적이었다. 묵가는 주나라의 문화를 비판적으로 보았다는 점에서는 개혁적이지만, 그들만의 직업윤리나 이념을 고집하고 있었다는 점에서는 보수적이라 할 수 있다.

주나라 문화에 대한 유·묵 양가의 차이는 그들의 사회적 배경과 관련이 있다. 유가의 출신 배경이 상류계층인데 반하여 묵가는 하류계층이었다. 하류계층이었던 묵가들은 찬란했던 주나라의 문화는 그들과 무관한 문화였을 뿐만 아니라, 현실에 대해서도 부정적이었다.[8] 왜냐하면 현상이 그대로 유지되는 한 그들은 아무런 변화도 기대할 수 없었기 때문이다. 그러므로 과거 지향적이면서 현상유지적인 유가에 대해서도 묵가는 매우 비판적이었다. 특히 묵자는 유가에 대해 이렇게 평가했다.

> 아무리 오래 살아도 그들의 학문을 다 배울 수 없으며, 아무리 힘이 넘치는 장년이라도 그 예를 다할 수 없으며, 아무리 많은 재산을 쌓더라도 그 음악을 넉넉히 즐길 수 없다. 그들은 사술을 그럴듯하게 꾸며서 군주를 현혹시키며 음악을 유행시켜 어리석은 백성을 음란케 만든다. 그러므로 그들의 도는 세상에 보여줄 만한 것이 못되고 그들의 학문은 민중을 지도할 만한 것이 못된다.

---

8) 묵가가 어떤 출신들이었는가 하는 문제는 묵돌부득검(墨堗不得黔)이란 말에서도 잘 알 수 있다. 이 말의 뜻은 묵자의 집은 아궁이에 불을 지피지 못할 만큼 가난했기 때문에 굴뚝에 검댕이가 묻어있지 않았다는 것이다.

반유가적인 태도를 견지하고 있던 묵가는 본래 주나라의 봉건제 하에서 왕·제후·대부들은 각기 군사적인 전문가를 가지고 있었는데 이들 전문가들은 당시 군대의 중추를 이루고 있던 전사들이었다. 이들 전사들은 봉건제가 무너짐과 동시에 종전의 지위와 명성을 잃고 생존을 위해 그들을 필요로 하는 사람들을 찾아 사방으로 흩어지게 되었다.

이런 부류의 사람들을 사(士) 또는 무사라 했고, 그들의 지도자를 거자(鋸子)라 불렀다. 그들 거자들은 집단구성원에 대해 생살여탈권을 가지고 있었다. 묵자는 이 집단의 초대 거자였다.[9] 묵자를 따르는 자 180인이었다고 한다. 묵자는 그들 조직원들을 불속에 들어가게 할 수도 있고, 칼날을 밟게 할 수도 있었는데, 그들은 죽는 한이 있더라도 발꿈치를 돌리지 않았다고 한다.[10]

---

9) 묵사 나음의 거자로 복논(腹敦)이란 사람이 있었다. 복돈의 아들이 사람을 죽였다. 진나라 혜왕이 복돈에게 “선생은 나이도 많고 또 다른 아들이 없으시니 과인이 이미 형리에게 처형하지 말도록 조처를 취해두었습니다. 선생께서는 이런 제 뜻을 따르시기 바랍니다”라고 말했다. 그러나 복돈은 “살인자는 사형에 처하고 남을 해친 자는 형벌을 받는 것이 묵가의 법입니다. 이는 사람을 죽이거나 해치지 않도록 하기 위함입니다”하고 복돈은 혜왕의 사면을 받아들이지 않고 그의 자식을 처형하여 버렸다. 최근 대통령의 사면이 남발되고 있다는 시중의 찬반 논란에 있어 그것을 은전으로 받아들이는 사람은 있어도 그것을 형벌의 공평성이나 준법의식의 차원에서 거부하는 사면의 수혜자가 있을까 한 번 쯤 생각해 볼 필요가 있을 것 같아 기술이 길어졌다.

10) 墨子服役者百八十人 皆可使赴火蹈刃 死不旋踵(『淮南子』泰族訓).

2. 묵자와 그의 사상적 배경

묵자가 처음에는 유가의 전통을 이은 사람들과 함께 공부하였다고 하는데 그는 유가를 이렇게 비판하였다.

> 묵자는 유가의 학업을 배우고 공자의 학술을 받았으나, 그 예가 번거롭다 하여 좋아하지 않았고, 그 후한 장례는 재산을 없애고 백성을 가난하게 하는 것이며, 오래도록 복상을 입는 것은 산 사람을 괴롭히고 일을 방해하는 것이라고 생각하였다. 그리하여 주나라의 도를 버리고 하나라의 정(政)을 채택했던 것이다.[11)]

묵자가 유가의 학업을 배우고 공자의 학술을 받았다는 말을 그대로 받아들일 수 없다고 하더라도 그가 받은 유가의 영향은 적지 않을 것이라는 사실은 분명하다. 이러한 사실은 다음과 같은 묵자의 언설에서도 쉽게 찾아볼 수 있다.

> 묵자가 말하였다. 오늘날 우리 위정자들은 그들의 영토가 부유하고, 그들의 백성이 많고, 그들의 정치가 질서를 가져오기를 바라지만 실제로 그들은 부유 아닌 빈곤을, 많은 인구 아닌 적은 인구를, 질서 아닌 혼란을 거두는－원하는 것을 잃고 싫어하는 것을 얻는 이유는 무엇일까? 묵자가 말하기를 이는 위정자가 유덕하고 유능한 인재를 기용하지 못해서이다. 그러므로 나라에 유덕하고 어진 인재가

11) 墨子學儒者之業 受孔子之術 以爲其禮繁擾而不悅 厚葬靡財而貧民 久服傷生而害事 故背周道而用夏政(『淮南子』 要路).

> 많으면 나라의 정치가 잘되고 인재가 적으면 정치가 잘못된다. 때문에 위정자의 일은 어진 사람을 많게 하여야 한다.
>
> 그러면 어떻게 어진 사람을 많게 할 것인가? 묵자는 말하기를 우리가 좋은 목수와 마차꾼의 수를 많게 하려면 그들을 부유케 하고 지위를 주고 존경하고 칭찬하여야 할 것이다. 그런 후에야 좋은 목수와 마차꾼은 많아질 것이다. 하물며 덕행이 두텁고 언변이 능하고 도술에 뛰어난 어진 사람에 있어서는 말할 것도 없다. 이들은 진실로 나라의 보배요 사직의 동량이다. 반드시 부유케 하고 존경하여 기린 연후에 그 수가 많아질 것이다.[12]

이처럼 묵자는 당시의 세습적인 통치자들은 그들 정부의 행정권을 유능하고 유덕한 사람에게 위임해야 한다고 주장함으로써 공자와 견해를 같이하고 있었다. 그러나 묵자가 비록 공자의 영향을 받았다고 하더라도 그와 그 제자들은 다음과 같은 두 가지 점에서 다른 통념적인 무사와는 달랐다. 첫째, 당시의 무사들은 봉건군주들에게 총애를 받고, 그들이 수고한 대가를 받기만 하면 어떤 전투에도 참가할 태세가 되어 있는 사람들이었지만, 묵자와 그 제자들은 방어적인 전쟁이 아닌 공격적인 전쟁은 반대하고 있었다. 둘째, 통념적인 무사들은 오로지 자기의

12) 子墨子言曰 今者王公大人爲政于國家者 皆欲國家之富 人民之衆 刑政之治 然而不得富而得貧 不得衆而得寡 不得治而得亂 則是本失其所欲 得其所惡 是其故何也 子墨子言曰 是在王公大人爲政于國家者 不能以尙賢事能爲政也 是故國有賢良之士衆 則國家之治厚 賢良之士寡 則國家之治薄 故大人之務 將在于衆賢以已 曰 然則衆賢之術將奈何哉 子墨子言曰 譬若欲衆其國之善射御之士者 必將富之 貴之 敬之 譽之 然後國之善射御之士 將可得而衆也 況又有賢良之士 厚乎德行 辯乎言談 博乎道術者乎 此固國家之珍而社稷之佐也 亦必且富之 貴之 敬之 譽之 然後國之良士 亦將可得而衆也(『墨子』 尙賢上).

직업윤리에 따라서 행위하였지만, 묵자는 직업윤리를 잘 다듬어 거기에 합리적인 철학적 의미를 부여하였다는 점에서 달랐다.13)

묵가의 사상적 배경은 유가사상에 대한 비판 내지 그 영향력에 대한 부정에 있다고 하겠다. 사실상 공자가 졸한 후, 대부분의 공자 제자들은 공자의 중심적인 학설보다는 상장(喪葬)과 같은 지엽적인 문제만을 강구하고 있었다. 그리하여 공리주의적인 성격이 강했던 묵가의 입장에서 볼 때, 유가의 지엽적인 상장 문제는 비판의 대상이 됐을 것이라는 추측은 어렵지 않다. 특히 묵자는 유가의 잘못을 다음과 같이 네 가지 점을 들어 공격하였다는 사실에서 그 같은 추측은 가능하다.

> 유가의 길은 족히 천하를 잃을 네 가지가 있다. 유가는 천은 밝지 못하다 하였고 귀신은 신이 아니라고 하였으니 천과 귀신이 좋아할 리 없고, 이로써 족히 천하를 잃을 것이다. 또 후장(厚葬)과 구상(久喪)은 관과 곽을 겹치게 하고 의복을 많이 갖추고 장송을 마치 이사가는 듯하며, 3년 동안을 곡을 하여 남이 도와야 겨우 걸어갈 수 있으며, 귀는 들리지 않고 눈은 보이지 않게끔 되니, 이것으로써 족히 천하를 잃을 것이다.14)

유가에 대한 묵자의 신랄한 비판은 후한 장례(厚葬)와 오랜 거상(久喪)이었다. 당시 일부 인사들에 의해 옹호되고 있던 복잡다단한 장례절

13) 鄭仁在 譯, 『中國哲學史』, 84쪽.

14) 儒之道足以喪天下者四政焉 儒以天爲不明 以鬼爲不神 天鬼不悅 此足以喪天下 又厚葬久喪 重爲棺槨 多爲衣衾 送死若徙 三年哭泣 扶然後起杖然後行 耳無聞 目無見 此足以喪天下(『墨子』 公孟).

차에 대해 그는 다음과 같이 비난하였다.

> 후장의 결과를 계산하여 보면 애써 번 재물을 땅 속에 파묻는 것이 되어 버리고 말 것이다. 구상의 결과는 결국 일을 오랫동안 못하게 하는 것이 되고 말 것이다. 마련해 둔 재물은 모두 땅 속에 묻어 버리고, 산 사람들이 오랫동안 일을 못하게 되는 결과가 되고 만다. 이런 식으로 부유해지기를 바라는 것은 마치 농사를 금지해 놓고 수확을 바라는 것과 같다.15)

후장과 구상은 일해야 될 사람을 일하지 못하게 하고, 멀쩡한 물건을 매장해 버리는 것은 묵자의 공리주의적 시각에서 볼 때, 용납할 수 없는 의식으로 밖에 보이지 않았을 것이다. 더욱 당시의 정해진 절차에 따라 부모(至親)의 상을 치르자면 개개인은 3년 동안 일상의 일을 돌아볼 수도 없고, 일도 하지 않고 절식하면서 여막을 짓고 거기에 기거해야 했다. 이 같은 장례와 상례의 관행은 결과적으로 경제 질서와 정치 질서를 흔들리게 할 뿐 아니라, 인구의 감소까지 가져오게 된다고 하면서 맹렬히 비난했다.

이 같은 묵자의 비판은 유가와 묵가의 사회적 배경이 서로 다르다는 것을 뜻한다. 왜냐하면 공자 이전에 이미 교육을 받아 학문적으로 세련된 사람은 인격적인 천과 신 같은 존재를 인정하지 않았기 때문에 유가가 이해하고 있던 천과 신은 묵가가 이해하고 있던 그것과는 사뭇 달랐다. 그러므로 하류계층을 대변하고 있던 묵가의 비판이야말로 하

---

15) 細計厚葬 爲多埋賦之財者也 計久喪 渭久禁從事者也 財以成者 扶而埋之 後得生者 而久禁之 以此求富 此譬猶禁耕而求獲也(『墨子』節葬下).

류계층의 안목을 가지고 비판한 것에 불과할 뿐이다.

공자의 인이나 맹자의 인의는 모두 인간 중심 내지 피치자인 백성의 입장에 근거한 개념이라는 점을 감안할 때, 유가에 있어 천의 의미는 그 이전에 비해 상당 정도 약화된 것이 사실이다. 그러나 묵자의 경우는 하늘을 의지적이고 인격적인 하늘로 이해함으로써 그 사상적 근거를 하늘에 두고 있다.

3. 묵자사상의 핵심개념 - 겸애(兼愛)

묵자는 왜 천하가 혼란한가를 알기 위해서는 그 원인에 대해 정확히 알지 않으면 안 된다고 다음과 같이 말하고 있다.

> 성인이 말하기를 천하를 다스리고자 하는 사람은 반드시 혼란의 원인이 어디서 일어나는지를 알아야 다스릴 수 있으며 그 원인을 알지 못하면 다스릴 수가 없다고 했다. 비유하자면, 의사가 환자의 병을 고치려고 하는 것과 같으니 병의 원인이 어디서 왔는지를 알아야 고칠 수 있다. 병의 원인이 어디서 왔는지를 모르면 고칠 수 없는 것처럼 천하를 다스리는 것 역시 어찌 이와 다르겠는가.[16]

이상과 같은 묵자의 비유는 적절할 뿐만 아니라, 논리 전개 또한 정

---

16) 聖人以治天下爲事者也 必知亂之所自起 焉能治之 不知亂之所自起 則不能治 譬之 如醫之攻人之疾者然 必知疾之所自起 焉能攻之 不知疾之所自起 則不能攻 治亂者何獨不然(『墨子』 兼愛上).

연하다. 인간의 삶이란 다른 것이 아니라 인간 스스로 문제를 만들고 만든 문제를 해결하여 가는 과정이다. 그러나 문제의 해결 방법은 해결하려는 사람의 의식과 관념에 따라 다르다.

묵자는 인간의 보편적 사랑에 근거하여 해결하였다. 그는 그것을 '겸애'라고 했다. 겸애는 개별적인 사랑(別愛)의 반대 개념이다. 묵자는 천하가 혼란한 까닭이 어디서 일어나는지를 살펴보니 서로 사랑하지 않는 데서 일어난다고 했다.[17)]

그러므로 천하가 서로 사랑하면 평화롭고 서로 증오하면 혼란하여진다. 묵자가 사람을 사랑하지 않으면 안 된다고 한 까닭이 이와 같다고 하였다.[18)] 묵자는 인간으로 하여금 서로 사랑하도록 하는 것이 하늘의 뜻이라고 했다. 이로 인해 하늘에 대한 그의 이해는 특이하다.

묵자가 말하는 하늘(天)은 노자가 말하는 자연도 아니고 공자가 말하는 "천이 무엇을 말하랴, 네 계절은 저대로 이루어지고 백 가지 사물은 저대로 나타난다"는 그런 천도 아니다. 묵자가 말한 천에는 의지가 있고, 천의 의지는 곧 사람들이 겸애하는 것을 바라는 것이며, 모든 일은 마땅히 하늘의 뜻(天志)으로써 표준을 삼아야 한다는 것이 묵자가 주장하는 천의 의미이다.

묵자는 그의 『묵자 墨子』「천지편 天志篇」에서 겸애설의 근거를 천지에서 찾고 있다. 그가 말하는 하늘의 뜻은 인간이 생존하는 것을 사랑한다는 것이다. 달리 말하면, 인간은 근본적으로 그들이 살려는 의지

---

17) 天下之亂物 具此而已矣 察此何自起 皆祺不相愛(『墨子』 兼愛上).

18) 故天下兼相愛則治 相惡則亂 故子墨子曰 不可以不勸愛人者此也(『墨子』 兼愛上).

와 하늘의 의지를 동일시(尙同)하지 않을 수 없으므로 보편적인 사랑(兼相愛)과 상호 이익(交相利)에 전심하지 않을 수 없다는 것이다.

그리고 묵자는 「명귀편 明鬼篇」에서 귀신의 존재를 증명하고 있다. 특히 묵자는 숭배의 대상은 모두 귀신이라 했는데, 그가 말하는 귀신에는 세 가지가 있다.[19] 묵자에 의하면, 세 가지 귀신 중 천귀(상제)는 의를 좋아하고 불의를 싫어하며, 인류에 대해서는 상벌을 행하고, 인류의 소원을 받아들이기도 하고, 더 나아가서는 인간의 도덕은 천귀에서 나온다고 하였다.

그러므로 천을 의지적이고 인격적인 것으로 이해한 묵자는 사람들이 서로 사랑하며 서로 이롭게 하기를 바라며, 사람들이 서로 미워하고 서로 싸우는 것을 바라지 않는다고 하여 천지가 무엇을 바라고 있는지를 분명히 하고 있다. 하늘의 뜻이 어떤 것인가에 대해 묵자는 다음과 같이 말하기도 했다.

> 나에게 하늘의 뜻이 있는 것은 수레바퀴를 만드는 사람에게 둥근 자(規)가 있는 것과 같고, 목수에게 네모난 자(矩)가 있는 것과 같다. (수레바퀴를 만드는 사람과 목수) 그들의 둥근 자와 네모난 자로서 둥근 것과 모난 것을 잰다. 들어맞으면 옳은 것으로 여기고, 맞

---

19) "고금에 귀신이라고 하는 것은 다른 것이 아니다. 하늘의 귀신이 있고, 산수의 귀신이란 것도 있으며, 사람이 죽어 귀신이 되는 것도 있다(古之今之爲鬼非他也 有天鬼 亦有山水鬼神者 亦有人死而爲鬼者. 『墨子』 明鬼下)"고 하면서 귀를 ① 天鬼 곧 上帝 ② 산천의 鬼 ③ 인간의 영혼으로 그 중에서 천귀가 가장 귀한 존재이며, 산천의 귀신이나 사람이 죽어 된 귀신은 그 다음이라고 했다.

> 지 않는 것은 틀린 것으로 여긴다.[20]

마찬가지로 하늘의 뜻으로서 묵자는 천하의 왕공(王公)과 대인(大人)들의 형벌과 정치를 다음과 같이 평가하였다.

> 만약 행동이 하늘의 뜻에 따라 이루어지면 그 행위는 선한 행위이고, 만약 어떤 행위가 하늘의 뜻에 위반되면 그 행위는 악한 행위라고 불리어진다. 그리고 만약 통치자가 하늘의 뜻에 따라서 이루어지면 그 통치는 좋은 통치라고 불리어진다. 만약 하늘의 뜻에 위반되면 그것은 나쁜 통치라고 한다. 하늘의 뜻에 따르는 것은 의의 본보기가 된다.[21]

이처럼 묵자는 왕공과 대인이 모든 언행과 정치의 호불호는 순천, 즉 하늘의 뜻에 따라 하느냐 그렇지 않느냐에 의해 결정된다고 했다. 그리하여 묵자는 사람들로 하여금 하늘의 뜻에 따라 서로 겸하여 사랑하는 겸애를 강조하고 있었나. 묵사 사상의 핵심이라 할 수 있는 겸애를 보다 효과적으로 실천하기 위해서 묵자는 거의 종교적인 믿음 아니면 정치적인 의도에서 하늘을 의지적이고 인격적인 것으로 이해하고 있었다. 뿐만 아니라, 명귀(明鬼)라 하여 인간사를 규찰하는 귀신이 있다고 다음과 같이 말한 바 있다.

---

20) 我有天志 譬若輪人之有規 匠人之有矩 輪匠執其規矩 以度天下之方員 曰 中者是也 不中者非也(『墨子』 天志上).

21) 觀其行 順天之意 謂之善義行 反天之意 謂之不善義行 觀其言談 順天之意 謂之善言談 反天之意 謂之不善言談 觀其刑政 順天之意 謂之善刑政 反天之意 謂之不善刑政 故置此以爲法 立此以爲儀(『墨子』 天志中).

> 관리가 관부를 다스려 청렴결백하지 못하고, 남녀간에 구별을 바로 지키지 못하는 자는 귀신이 보고 있다. 백성으로써 음폭·구란·도적을 행하며 무기와 독약과 물·불로써 죄 없는 사람을 길에서 막고 남의 거마와 의복을 빼앗아 스스로 이롭게 하는 자는 귀신이 보고 있다.[22)]

묵자가 귀신의 존재를 거론한 것은 그가 천지와 명귀를 말함으로써 겸애를 사람들로 하여금 실천하도록 하는 데 있었다. 그런데 현실은 어떠한가? 이에 대해 묵자는 이렇게 말하고 있다.

> 천하의 해 가운데 가장 큰 것이 무엇인가? 큰 나라가 작은 나라를 공격하고, 큰 집이 작은 집을 어지럽게 하고, 강한 자가 약한 자를 협박하고, 다수가 소수를 횡포하고, 교활한 자가 우둔한 자를 속이고, 귀한 자가 천한 자를 멸시하는 이러한 것들이 천하의 대해이다. … 그러면 이 해는 어디서 생겨났는가? 이 해는 남을 사랑하고 남을 이롭게 하는 데서 생겨났는가? 그것은 그렇지 않다고 대답해야 한다. 그 해는 남을 미워하고 남을 못살게 구는 데서 생겨났다고 말해야 한다. 천하에서 남을 미워하고 남을 못살게 구는 사람을 분리시켜 이름을 붙인다면 우리는 그들을 겸(兼)이라 불러야 하는가 아니면 별(別)이라 불러야 하는가? 반드시 별이라고 해야 한다. 그렇다면 구별하는 것은 과연 천하의 대해를 일으키는 자가 아닌가? 그러므로 별은 잘못이다.[23)]

---

22) 吏治官府之不潔廉 男女之爲別者 有鬼神見之 民之爲淫暴寇亂盜賊 以兵刃毒藥水火退 無罪人乎道路 奪人車馬衣 以自利者 有鬼神見之(『墨子』 明鬼下).

23) 天下之害熟爲大 曰 大國之攻小國也 大家之亂小家也 强之劫弱 衆之暴寡 詐之謀愚 貴之傲賤 此天下之害也 … 此胡自生 此自愛人利人生與 卽必曰非然

묵자는 여기서 유가가 주장하는 인의 실천(行仁)을 차별적인 실행이라고 하여 비판하면서 그의 무차별적인 겸애를 주장하기 위해 겸(兼)과 별(別)의 차이를 다음과 같이 논변하고 있다.

국가는 서로 공격하지 않고, 인가는 서로 교란하지 않는데, 이것이 천하의 해인가? 그것은 천하의 이익이라고 말하지 않으면 안 된다. 여러 가지 이익의 근원을 고찰하여 볼 때, 그 이익은 어디서 생겨났는가? 그 이익은 남을 미워하고 남을 해롭게 하는 데서 생겨났단 말인가? 그렇지 않다. 그 이익은 남을 사랑하고 남을 이롭게 하는 데서 생겨났다고 해야 한다. 남을 사랑하고 남을 이롭게 하는 사람들을 별이라 불러야 하는가? 겸이라 불러야 하는가? 반드시 겸이라 불러야 한다. 그렇다면 서로 겸애하는 사람은 과연 천하의 대리를 생기게 하는 자가 아닌가? 그러므로 묵자는 겸은 옳은 것이라고 했다.[24)]

묵자는 겸애를 해야 하는 이유에 대해 이렇게 말하였다.

천하의 이익을 일으키고 천하의 해독을 제거하는 데 있다.[25)]

也 必曰從惡人賊人生 分名乎天下惡人而賤人者 兼與別與 卽必曰別也 然卽之交別者 果生天下之大害者與 是故別非也(『墨子』 兼愛下).

24) 然卽國都不相攻伐 人家不相亂賊 此天下之害與 天下之利與 卽必曰天下之利也 故嘗本原若衆利之所自生 此胡自生 此自惡人賊人生與 卽必曰非然也 必曰從愛人 利人生 分名乎天下愛人而利人者 別與兼與 卽必曰兼也 然卽之交兼者 果生天下之大利者與 是故子墨子曰 兼是也(『墨子』 兼愛下).

25) 興天下之利 除天下之害(『墨子』 兼愛中).

묵자의 정치적 사고와 행위의 준거는 지극히 공리주의적 또는 실용주의적인 논리에 치중하고 있는 듯 하다. 이러한 묵자의 태도가 유가와 다른 점이다. 유가의 경우 "옳다는 의(義)는 마땅하다는 의(宜)의 뜻이다"라고 하였으나, 묵자는 "옳다는 의(義)는 이롭다는 이(利)의 뜻이다"라고[26] 했다.

이처럼 묵자는 겸애를 하는 것이 곧 유리하고 옳다는 것이며, 이와 같이 하면 유리하기 때문에 '마땅히' 이와 같이 해야 한다는 것이다. 이는 옳은 깃이 마땅한 것은 그것이 바로 이롭기 때문이라고 함으로써 유가가 효과 못지않게 동기를 중시한데 반해 묵자는 동기보다는 효과에 치중하고 있음을 뜻한다. 이 점이 유·묵의 차이인 동시에 양가의 특징이기도 하다.

4. 묵자의 공리주의적 관심과 여러 개념

묵자의 관심은 일체의 행위 결과가 이로운가에 있었다. 이런 점에서 묵자는 공리주의자였다. 그는 나라를 부하게 하고, 인구를 증가시키고, 국가의 질서를 가져오게 하는 방법을 열심히 권장하였다. 이 같은 목적에 부합되지 않는 모든 것들을 그는 맹렬히 공격하였다. 이런 이유에서 묵자는 유가가 그처럼 중요하게 여기는 음악까지도 쓸데없는 것이라고 했다. 묵자는 행위 결과를 중시한 나머지 이렇게 말하고 있다.

26) 義利也(『墨子』 經上).

> 남을 사랑하는 사람은 남도 역시 그를 쫓아 사랑하며 남을 이롭게 하는 사람은 남도 역시 그를 이롭게 하며 남을 미워하는 사람은 남도 그를 미워하고 남을 해치는 사람은 남도 그를 해친다.[27]

분명한 것은 남을 사랑한다는 것은 보상을 받으려는 행위임을 의미할 뿐만 아니라, 계산된 결과를 기대하는 타산적이면서도 공리주의적인 의식이 작용하고 있음을 알 수 있다. 하루도 전쟁이 그치지 않았던 전국시대를 살았던 묵자가 전쟁이 가져다주는 피해를 보고만 있을 수 없었던 것도 어쩌면 당연한지 모른다. 그리하여 그는 특히 공격적인 전쟁(攻戰)에 대해 신랄하게 비판하고 있다.

1) 비공(非攻)

이러한 묵자의 공리주의적인 인식은 전쟁, 특히 공격적인 전쟁이야말로 가장 낭비적인 것이라고 비난하였는데, 이러한 비난의 근거는 그의 공리주의적인 인식과 도덕적인 입장에 기인하고 있었다. 공격적인 전쟁에 대한 묵자의 해결책이란 것은 공격적인 전쟁의 가능성이 존재하는 날까지 방어력을 증진시키는 것이었다.

특히 묵자는 공격적인 전쟁에 대해서 다음과 같이 세 방향에서 비판하고 있었다. 첫째는 소득이 없다는 것이다. 전쟁으로 얻는 소득은 전쟁으로 잃는 것만 못하다고 했다. 둘째는 자멸을 자초한다는 것이다. 전쟁을 일삼다보면 결과적으로 전쟁으로 망한다고 했다. 마지막으로 전

27) 夫愛人者人必從而愛之 利人者人必從而利之 惡人者人必從而惡之 害人者人必從而害之(『墨子』 兼愛中).

쟁은 결과적으로 치자와 피치자 모두에게 재난을 가져다준다고 했다.

묵자는 남의 나라를 침공하는 것을 불의라고 전제한 다음, 오직 남의 나라를 침공하는 것은 결과적으로 이롭지 않다는 것(不利)으로 설명하고 있는데, 다음과 같은 말에서 이롭지 못하기 때문에 의롭지 못하다는 논리로 일관하고 있음을 알 수 있다.

> 스스로 이긴 것을 헤아려 보면 쓸만한 것이 없고, 그 얻은 바를 헤아려 보면 도리어 잃은 것이 많은 것만 같지 못하다.[28)]

이 같은 묵자의 말은 철저하게 그의 공리주의적인 인식에 기인하고 있다는 사실이다. 이처럼 묵자는 공격적인 전쟁을 혐오하고 있었지만, 불가피한 전쟁, 즉 방어적인 전쟁을 인정한 나머지 공격적인 전쟁은 해서는 안 된다고 해서 비공(非攻)을 말하였다.

묵자는 그의 『묵자』에서 9편 이상을 방어전술에 할애하면서 성지의 공방에 대한 전술적 연구(備城門)·높은 지대에 있는 적이 성을 공격할 때의 전술적 대비(備高臨)·적이 성을 운제로 공격할 때의 전술적 대비(備梯)·적이 물로 성을 공격할 때의 방법(備水)·적이 성문을 통과하여 침입하려 할 때의 방법(備突)·적이 땅굴로 성을 공격하려 할 때의 전술 방법(備穴)·적의 많은 병력이 마치 개미처럼 성을 공격할 때의 방비 전술(備娥傅)과 같은 방어문제를 다루고 있다.

전쟁이 승자나 패자 모두에게 생산적이기보다는 파괴적인 것임을 주장한 묵자의 말은 옳다. 그는 정복한 영토가 전쟁 과정을 통하여 황폐

28) 計其所自勝 無所可用也 計其所得 反不如所喪者之多(『墨子』 非攻中).

해진 경험적 사실을 들어 전쟁의 피해를 지적하고 있다. 더욱이 정복욕에 불타서 정복하는 사람들 대부분이 애초부터 그들이 필요로 하는 것보다 훨씬 넓은 영토를 가지고 있었으면서도 전쟁이 진행 중이거나 끝난 후에는 본래의 영토마저 황폐하게 된 사실 때문에 묵자는 공격적인 전쟁을 극구 반대하면서도 방어적인 전쟁은 부인하지 않았다.

이 같은 사실은 그가 살고 있던 당시 전쟁으로 인한 극심한 참상을 고려하지 않을 수 없었기 때문일 것이다. 공격적인 전쟁에 대한 묵자의 태도는 다음과 같은 일화에 잘 나타나 있다.

초나라 임금이 공수반(公輸盤)이라는 무기 제작자를 기용하여 다량의 공격용 무기인 운제(雲梯)를 만들어 송나라를 공격하려 한다는 소식을 들은 묵자는 열흘 동안 밤낮으로 걸어서 초나라의 수도에 가서 초나라 임금을 설득하여 운제 제작을 중지시키려 했지만 실패하였다. 이에 포기하지 않고 초나라 임금 앞에서 다음과 같이 일종의 모의 전쟁을 펼친 바 있다.

> 묵자는 허리띠를 풀어 성곽을 만들었다. 그는 작은 막대기를 무기로 사용하였다. 공수반이 아홉 가지 전략을 써서 공격했지만 그때마다 묵자는 격퇴하였다. 공수반은 공격용 무기를 다 사용했는데도 묵자는 아직도 방어에 여유가 있었다. 공수반은 당혹스러워 하면서 말했다. 나는 당신을 이길 수 있는 방법을 알고 있지만 말하지 않겠다고 말하자, 묵자도 나는 그대의 심중을 알고 있지만 말하지 않겠다고 응수했다. 초왕이 그 심중에 있다는 것이 도대체 무엇인가 묻자 묵자가 말하기를 공수반의 의중이란 나를 살해해 버리면 송나라에는 나라를 지킬 사람이 아무도 없어 공격할 수 있다는 말이옵니다. 그

> 러나 신의 제자 금활리 등 3백 명은 내가 만든 방어용 무기를 가지고 송의 성곽 위에서 초의 침략군에 대비하고 있습니다. 임금께서는 나를 죽일 수는 있으시겠지만 그들을 없애 버릴 수는 없습니다. (그러자) 왕은 좋다! 송나라를 공격하지 말라고 했다.[29)]

이 이야기는 한 편의 드라마와 같은 재미를 우리에게 주고 있다. 만일 오늘날 세계 도처에서 벌어지고 있는 분쟁을 해결하는 방법으로써 막대한 인명과 재산을 전쟁에 투입하기 전에 묵자와 공수반 간에 벌어진 것과 같은 모의전쟁 을 통해 승패를 결정하는 것도 한 방법일 수 있을 것이다.

그러나 이상과 같은 모의전쟁에 비추어진 전쟁 실험은 경제적이면서도 효율적이기는 하나 소극적이다. 묵자에게는 보다 적극적인 복안이 있었다. 그것은 다름 아닌 전쟁과 많은 악을 근본적으로 제거하는 것은 묵자가 그처럼 강조하고 있는 겸애이다. 겸애를 창도한 그에게 살육과 파괴를 마다하지 않는 전쟁은 피하지 않으면 안 되는 죄악인 것이다.

그러나 묵자는 모든 전쟁이 죄악이라고는 하지 않았다. 천지나 명귀에 위배되는 전쟁은 죄악이지만, 천하의 안녕과 백성들의 복리를 위한 전쟁은 죄악이 되지 않는다고 하였다. 그리하여 그는 전쟁을 공(攻)과

---

29) 子墨子解帶爲城 以牒爲械 公輸盤九設攻城之機變 子墨子九距之 公輸盤之攻械盡 子墨子之守圉有餘 公輸盤詘而曰 吾知所以距子矣 吾不言 子墨子亦曰 吾知子之所以距我 吾不言 楚王問其故 子墨子曰 公輸盤之意 不過欲殺臣 殺臣 宋莫能守 可攻也 然宋城上而待楚寇矣 雖殺臣 不能絶也 楚王 善哉 吾請無攻宋矣(『墨子』 公輸).

주(誅)로 나누어 설명하고 있다. 천지와 명귀에 위배되는 전쟁을 '공'이라 한다면 우(禹)인금이 '삼묘(三苗)'를 정벌하고 탕(湯)임금이 걸(桀)을 벌(伐)하고 무왕(武王)이 주(紂)를 벌한 것과 같은 것은 명분이 바르고 사리에 합당한 까닭에 죄악이라 할 수 없다. 공벌(攻伐)을 즐기는 군주가 그 그릇됨을 꾸며서 성인이 불의를 주하는 대에 비하는 것은 커다란 잘못이라 하면서 '공'과 '주'를 구별하고 있다.

2) 비악(非樂)

묵자의 공리주의적인 사고에서 볼 때, 음악이란 유용한 것이 못됐다. 그래서 그는 음악을 반대했다. 음악이란 악기를 만들고 연주하는 데 시간과 재력 그리고 인력을 소모하면서도 그렇다할 효과가 없다는 것이다. 이 같은 묵자의 비악론은 유가의 음악에 대한 반대에서 비롯되었다. 유가는 음악이란 즐거운 것으로 사람들의 정서상 없을 수 없다면서 음악의 자연함을 말하고 있으나, 묵자는 그것이 얼마나 효과를 거둘 수 있는지를 공리적인 입장에 근거하여 이해했기 때문에 비악을 주장하였던 것이다.

3) 절장단상(節葬短喪)

묵자는 유가의 후한 장례와 오랫동안 복을 입는 것에 대하여 신랄하게 비판하였다. 묵자는 인간 사회에서의 흔히 볼 수 있는 형식과 내용이 잘 어우러지는데서 나타나는 미학적인 표현을 무용한 것으로 치부하면서 어쩔 수 없는 인간적인 감정까지도 부정하려는 몰인정한 태도를 보이고 있다.

인간이란 본래 그렇게 논리적이지도 않고 합리적이지도 않으며 타산적이지도 않다. 우리는 일상에서 논리나 합리를 추구하면서도 비논리적・비합리적・비타산적인 사고와 행위 나가서는 판단을 하는 경우가 비일비재하기 때문이다. 그러나 묵자는 논리나 합리에 앞서 지극히 타산적이었다는 점을 쉽게 발견할 수 있다.

> 귀신이 없다고 하면서 군자는 반드시 제사를 배우라고 하는 것은 마치 손님이 없는 데도 손님을 맞는 예(賓禮)를 배우라는 것과 같으며, 고기도 없는데 그물을 만드는 것과 같다.[30)]

유가에 따르면 후장과 구상은 인간의 자연한 감정에서 발로되었다고 한다. 그러나 묵자는 만일 유가의 주장대로 지친(至親)의 상을 입자면 상주들은 3년 동안 일상사를 전혀 돌보지 않고 여막에서 기거해야 하는데, 이렇게 하다 보면 모든 장・상례(葬・喪禮)의 관행은 결과적으로 첫째로는 나라를 반드시 가난하게 만들고, 둘째로는 백성을 반드시 주리게 하며, 셋째로는 정치는 반드시 어지러워진다는 것이다.

이런 이유에서 묵자는 후장과 구상을 반대했는데 그는 귀신의 존재를 인정하면서도 후장과 구상을 반대했는가 하면, 유가는 귀신의 존재를 인정하지 않았으면서도 후장과 구상을 주장하는 상반된 모순을 드러내고 있었다.

---

30) 子墨子曰 執無鬼而學祭禮 是猶無客而學客禮也 是猶無魚而爲魚罟也(『墨子』 公孟).

그러나 중요한 것은 유가가 후장과 구상을 주장한 것은 귀신의 존재를 믿는 데 있는 것이 아니라, 인간의 자연스런 감정의 표현이란 점이고, 묵자가 귀신의 존재를 인정한 것은 그가 초자연적인 사실에 관심이 있어서라기보다는 그가 주창한 겸애를 보다 효과적으로 실천시키기 위해서 종교적인 제재를 의도적으로 부과했다는 사실이라 하겠다.

4) 상동(尙同)과 상현(尙賢)

겸애를 말하는 것은 그것을 실천하는 것보다 훨씬 쉽다. 그러나 묵자는 그가 바라는 겸애의 목표를 달성하기 위해서는 설득의 방법에만 호소하려 하지 않았다. 피지배자 대중으로 하여금 지도자의 뜻이나 관심에 일치시키는 이른바 상동을 주장했는데 이는 "모범을 위에서 취한다"는 것으로써 절대적인 치자의 권위를 인정하려는 의도에서였다. 그가 이렇게 주장하게 된 데 대해 묵자는 다음과 같이 말하고 있다.

> 옛적에 백성이 비로소 태어나서 아직 형벌에 관한 규정이 없었을 때, 아마도 그 언어는 서로 남과 달라서 한 사람이 한 뜻, 두 사람이 두 뜻, 열 사람이 열 뜻이 있어 그 사람이 많으면 많을수록 그 뜻은 역시 더욱 번거로웠다. 이로 인해 한 사람이 말하는 뜻은 남의 뜻과 달랐으므로 서로 잘못이라 싸웠다. 그러므로 … 천하는 어지러워지기가 짐승과 같은 상태였다.[31)]

31) 故者民始生未有刑政之時 蓋其語 人異義 是以一人則一義 二人則二義 十人則十義 其人玆衆 其所謂義者亦玆衆 是以人是其義 以非人之義 故交相非也 是以 … 天下之亂 若禽獸然(『墨子』 尙同上).

이는 홉스(Thomas Hobbes : 1588~1679)가 인간 본래의 모습, 즉 자연 상태란 서로가 서로에게 투쟁하는 무정부적인 상태라고 한 것과 같은 혼란과 무질서한 사회였음을 뜻한다.

그런데 이 같이 세상이 어지러워지는 까닭을 묵자는 정치 지도자가 없기 때문이라고 했다. 그러므로 하늘은 어진 사람을 뽑아 천자로 삼았다. 천자는 그의 신하를 선임하고 신하는 다시 그 밑의 관료를 뽑았다. … 천하를 여러 나라로 쪼개어 제후와 국왕을 세웠고, … 또 나라의 어진 사람 중에서 마땅한 사람을 뽑아 세워서 정장(政長)을 삼았다. 그리고는 천자는 천하의 백성들에게

> 선이든 불선이든 들으면 윗사람에게 고하라. 윗사람이 옳다고 하는 것은 모두가 옳다고 해야 하고 윗사람이 그르다고 하는 것은 모두가 그르다고 해야 한다. 윗사람에게 허물이 있으면 사리를 따져 고하라. 아랫사람에게 선이 있으면 추천하라. 윗사람에게 잘 동조하고 아랫사람에게 편을 가르는 일을 짓지 아니하는 사람은 윗사람이 상주는 바요, 아랫사람이 칭송하는 바다[32)]

이 같은 묵자의 주장은 한 나라 안에 오직 한 가지 기준만(壹同國之儀)이 있고 어떤 다른 기준을 허락해서는 안 된다는 것이다. 만일 그 까닭은 또 다른 기준이 허락된다면 백성들은 곧 금수와 같은 상태로 돌아가게 된다는 것이 묵자의 정치사회에 대한 인식이자 주장이었다.

---

32) … 聞善而不善 皆以告其上 上之所是 必皆是之 所非 必皆非之 上有過 則規諫之 下有善 則傍薦之 尙同而不下比者 此上之所賞而下之所譽也(『墨子』 尙同中).

이 같은 정치를 하기 위해서는 묵자는 어진 사람을 존중하며 그 능력에 맡기게 하고 부형에 편들지 않고 부귀에 편들지 않으며, 풍모에 편들지 않아야 한다고 다음과 말하였다.

> 어진 사람을 천거하여 높은 자리에 올리고 부와 귀로서 대접하여 고관 자리를 주며, 못난 사람은 밀어내려 쫓고 가난과 천대로 대접하여 천한 일을 맡게 하여야 한다.[33)]

그러나 묵자의 말에 따르면 피치자 대중이나 천자의 대신들로 하여금 그들의 의지를 천자와 같게 하는 것만으로는 충분치 않다는 것이다. 적어도 정치가 완전하게 되려면 천자는 자기의 뜻을 하늘의 뜻(天志)과 같게 한 연후에야 그것이 가능하다는 것이다.

그러므로 묵자에 있어 옳은 것이란 천지에 따라 겸애를 실천하는 것이요, 그른 것이란 자의에 따른 구별을 일삼는(交別) 것이라 할 수 있다. 이 같은 그의 사상은 정치적인 제재 및 종교적인 제재를 통하여 천하의 모든 사람이 그가 주창한 겸애를 실천할 수 있도록 그의 직업윤리를 발전시킨 것이라 할 수 있다.

묵자는 하늘의 뜻이란 사람들이 서로 사랑하되 서로 해치는 것을 바라지 않는 데 있다고 했다. 아울러 귀신은 착한 사람은 상을 주고 난폭한 사람은 벌을 준다고 믿었으므로 그는 하늘의 뜻에 따르고 귀신의 바램에 맞는 사람이면 복을 받을 것이며, 그렇지 못하면 화를 얻을 것

33) 尊尚賢而任使能 不黨父兄 不偏貴富 不嬖顔色 賢者擧而上之 富而貴之 以爲官長 不肖者抑而廢之 貧而賤之 以爲徒役(『墨子』 尙賢中).

이라고 하여 화복은 오로지 자신의 행동 여하에 따라 결정되는 것이라고 했다. 그러므로 길흉화복은 오직 각자의 자의에 따라 초래되는 것일 뿐, 결코 운명으로 정해진 것이 아니라고 했다.

묵자는 인격적이고 의지적인 하늘을 믿고 있었음에도 불구하고, 그가 천명이나 운명을 믿지 않았던 까닭은 그가 지나치게 천지와 명귀를 믿고 있었기 때문이었다. 왜냐하면 만일 인간의 길흉화복이 운명적으로 이미 결정돼 있는 것이라면, 선행을 하지 않아도 복을 받을 수도 있고, 악행을 하지 않았더라도 화를 입을 수 있기 때문이다. 만일 사람들이 모두 정명설(定命說)을 믿고 있다면 아무도 선행을 하려 하지 않을 것이다.

이 같은 인식과 논리에 따라 묵자는 겸애의 원리가 절대적으로 옳다고 했다. 그러므로 천하의 모든 사람이 이 원리에 따라 행동한다면 다음과 같은 이익이 결과적으로 따라 온다는 것이다.

> 총명한 이목은 서로 감응하여 보고 들으며, 팔다리가 모두 강하여져 서로 작동할 것이며, 도를 체득한 사람은 싫증내지 않고 남을 일깨워 줄 것이다. 그리하여 늙어 처자 없는 사람도 대접과 봉양을 받아 그 수명을 다할 것이며, 부모 없는 유약한 고아들은 의지할 곳이 생겨 그 몸을 키울 것이다. 겸애가 기준으로 받아들여진다면, 그러한 것은 결과적으로 따라 오는 이익이다.[34)]

34) 聰明耳目 相與視聽乎 是以股肱畢强 相爲動宰乎 而有肆相教誨 是以老而無妻者 有所待養以終其壽 幼弱孤童之無父母者 有所放依以長其身 今唯毋以兼爲正 卽若其利也(『墨子』 兼愛下).

여기서 우리는 묵자가 주장하는 겸애는 동기나 절차를 결과 못지않게 중시하는 유가와는 달리 효과와 이익을 중시하고 있음을 쉽게 알 수 있다. 그렇다면 묵자가 겸애로 이루려는 이상세계는 과연 어떤 사회였는가? 이에 묵자는 다음과 같이 말하고 있다.

> 만일 세상 사람들이 모두가 겸애하여 모든 사람이 자기 자신을 사랑하는 것과 같이 남을 사랑한다면, 효도하지 않는 사람이 있을까? 모두가 그의 형제와 임금을 자기 자신과 같이 사랑한다면 그는 누구라도 사랑하지 않을 수 없을 것이다. 그러고서도 사랑을 모르는 사람이 있을까? … 그러고서도 도둑과 강도가 있을까? 남의 집을 자기의 집과 같이 생각한다면 누가 도둑질을 하겠는가? …대부들이 서로 싸우겠는가? 나라들이 서로 침략하겠는가? …그러므로 온 천하 사람들이 서로 사랑한다면 도적은 없어지고 군신부자는 나 효도하고 사랑하게 된다. 이렇게 되면 온 천하가 평화와 질서를 누릴 것이다.[35)]

만일 만인이 만인에 대해 아무런 차별이 없이 사랑할 수만 있다면 천하는 평화와 질서가 확립된 그런 이상세계를 건설할 수 있을 것이다. 그러나 만인이 서로 사랑하게 만든다는 것은 말이나 생각처럼 쉬운 일은 결코 아니다. 그래서 묵자는 백성들로 하여금 겸애로 이끄는 방법에 대해 첫째, 임금은 백성에게 겸애의 실천을 격려하고 적극 권장해야 한다. 하늘의 뜻이 그렇기 때문에 겸애하지 않으면 안 된다고

35) 若使天下兼相愛 愛人若愛其身 猶有不孝者乎 視父兄與君若其身 戀施不孝 猶有不慈乎…猶有盜賊乎 故視人之室若其室 誰竊 猶有大夫之尙亂家 若此 則天下治(『墨子』 兼愛上).

가르치지 않으면 안 된다. 둘째, 백성들에게 겸애를 하는 것이 얼마나 유용하고 그들에게 유익한가를 인식시켜야 한다는 것이다. 이러한 묵자의 주장, 곧 공리주의적인 이상세계를 실현하는 방법이 바로 그의 겸애설이었다.

묵자의 사상에는 권위주의적인 경향이 농후하다. 이 같은 경향은 묵가가 성립하게 된 사회적 배경과도 무관하지 않을 것이다. 묵자는 어찌 보면 독단적인 설교자였다. 묵자의 사상은 너무 극단적이었고, 그의 공리주의적 주장은 지나치게 엄격하였다. 특히 그의 사상적 약점은 인간의 심리학적 섬세함을 결여하고 있었다. 그리하여 무차별적인 사랑(兼愛)을 주창했음에도 불구하고 묵자의 주장과 사상은 후대에 그렇다 할 영향을 미치지 못했다.

그러나 유가는 언제나 동아시아 정치사상사에서 정상의 위치에 있었다. 이 같은 사실은 인간은 오히려 인간의 정서와 실제성을 고려한 유가의 '차별적인 사랑(別愛)'을[36] 더 선호하는 데 그 이유가 있을지 모

36) 유가는 기본적으로 예(禮)와 인(仁)의 실행에 있어 두 가지 원칙을 전제로 하고 있다. 이를 일러 친친지쇄(親親之殺)와 존존지등(尊尊之等)이라 한다. 여기서 친친은 가정의 혈연관계에 대하여 말한 것이고, 존존은 사회의 인간관계에 대하여 말한 것이다. 전자는 가정에서 친한 바를 말한 것인데 자녀가 가장 가까이 여기는 사람은 부모이고 부모가 가장 가까이 여기는 사람은 자녀이다. 그런데 이 친친의 관계는 횡적으로 확대시킬 때에는 가깝고 멂이 있게 되는데 여기에 대한 예와 인의 실행에는 선후와 경중이 있어야 된다는 것이 유가의 주장이다. 즉 구별해서 실행해야 한다는 것이 유가의 주장인데 묵자는 이것을 차별로 이해하고 있었다. 그리고 후자는 사회적 존재인 인간이 사회생활을 영위함에 있어 인정하고 존경해야 하는 사회관계가 있게 마련인데, 존경해야 되는 이유는 존경할 수밖에 없

른다.

사실상 묵자의 겸애가 실제적으로 어려운 것은 첫째는 인간의 감정상 무차별적인 사랑을 할 수 없다는 것이다. 사랑해야 되는 대상에 대한 친불친과 경중은 언제나 있을 수밖에 없는 것은 인정상의 문제라는 점에서 그렇고, 둘째는 인간이 추구하는 무형 유형의 가치는 언제나 무한한 인간의 욕망을 충족시킬 만큼 넉넉하지 않기 때문에 사랑을 실천하는 데 있어서 선후와 완급이 불가피하게 따르게 된다는 점에서 그렇다.

는 객관적인 이유가 있기 때문이다. 그것이 인격적이든 사회적이든 간에 인정하고 대우하는 것은 객관적인 대응이지만, 그렇지 않은 경우를 객관적이라 하기는 어렵다.

제6장 도가의 반사회적 태도와 노 · 장자

1. 도가의 기원과 개인주의적 성격

유가가 주나라 문화를 옹호하고 동경하는 가운데 성립되었다면, 묵가는 이 같은 유가의 태도에 불만을 가지고 그것을 공리주의적 내지 실용주의적인 시각에서 비판하고 부정함으로써 일가를 이루었다. 그러므로 묵가는 반유가적 성격을 띠게 되었다.

그리고 도가 역시 주나라의 문화를 부정했다는 점에서는 묵가와 다르지 않으나, 실용주의 내지 공리주의의 시각에서 주나라의 문화를 비판하고 부정한 것이 아니라, 그것을 인위적 · 조작적 그리고 형식적인 것으로 보았다는 점에서 다르다. 유가가 주나라의 문화를 인간 본성에 내재한 것에 뿌리를 두고 있다고 본 반면, 도가는 주나라의 문화 전체를 외재적인 것이라고 했다.

그러므로 도가는 반유가적 성격을 띠었다는 점에서는 묵가와 같다고 하겠다. 그러나 당시 일부 학파나 지배자들이 개인을 사회적 규범에 대한 순종으로 이끌어가려고 하였을 때, 도가는 개인의 독립을 단호히 옹호하였는가 하면, 개인의 유일한 관심은 인위적인 사회의 규범이 아니라, 대자연의 질서에 적응하는 것이라고 주장하고 있다. 이 점에서는 묵가와도 다르다. 사마천(司馬遷 : 기원전 145~86)은 그의 『사기 史記』에 이렇게 적어 놓았다.

> 도가는 인간의 정신을 한 군데로 전념케 하고 자연에 적응할 것을 주장하여 만물의 요구를 만족시킨다. 그들의 방법은 음양에 따라 움직이는 규율을 장악하고, 유가와 묵가의 장점을 취하고, 명가(名家)와 법가의 요점을 흡수하고, 시간과 더불어 움직이고 사물에 따라 변화한다. 상규를 정립하고, 사물을 처리하는 데 있어서 마땅치 않은 데가 없다. 주지는 간단하여 시행하기는 쉬우며, 힘은 덜 들이고 공은 오히려 크다. 유가는 그렇지 않으니 군주를 천하의 의표라 생각하고, 군주가 위에서 창도하면 신하는 아래에서 부합할 뿐이며, 군주가 앞에서 가면 신하는 뒤따를 뿐이다. 이렇게 되면 군주는 피로하지만 신하는 편안하다. 그러므로 도가는 대도의 요지를 주장함에 있어 먼저 과도한 바람을 제거하고 비뚤게 사용된 총명을 배척한다. 만일 이러한 원칙을 버리고 단지 자기의 재능만을 믿는다면 많은 정신과 기력을 허비하게 된다. 정신을 너무 많이 쓰면 고갈이 나고 신체를 너무 피로하게 하면 야위어진다. 신체와 정신이 모두 혼란되었는데 천지처럼 장구하기를 바라는 것은 예전에 좀처럼 들어보지 못했다.[1)]

---

1) 道家使人精神專一　動合無形　贍足萬物　其爲術也　因陰陽之大順　采儒墨之善　撮名法之要　與時遷移　應物變化　立俗施事　無所不宜　指約而易操　事小而功多　儒者則不然　以爲人主天下之儀表也　主倡而臣和　主先而臣隨　如此則主勞而臣逸　至於大道之要　去健羨　絀聰明　釋此而任術　夫神大用則竭　形大勞則敝　形神騷動　欲與天地長久　非所聞也(『史記』 卷130, 太史公自序, 臺北 : 鼎文書局, 民國 66年, 3289쪽).

그리고 유흠(劉歆 : 기원전 46~서기 23)은 도가에 대해 이러한 기록을 남기고 있다.

> 도가학파는 대체로 사관(사실을 기록하는 관리) 출신들이다. 그들은 성패·존망·화복 등 고금의 도를 빠짐없이 널리 기록한 다음, 그 요점을 파악하여 근본을 알았다. 맑고 깨끗함과 욕심을 적게 한 것으로 자기를 보양하고, 자신을 낮추고 부드럽고 약한 것으로 자기를 보호하였다. 이것이 군주통치의 방법과 기술이다. … 이것이 이 학파의 장점이다.[2)]

맑고 깨끗함으로써 스스로를 지키고 낮고 약함으로써 스스로를 지탱하려 했던 도가는 현실 정치 문제보다는 개인의 자유로운 정신세계를 창출하려는 데에 더 큰 관심을 가지고 있었다. 그리하여 도가는 주나라의 문화는 형식적이고 외재적인 것으로써 그 같은 문화는 인간의 삶을 속박하고 인간을 자유롭지 못하게 한다고 했다. 때문에 노자(老子 : 기원전 ?~?)는[3)] 주나라의 문화가 어떤 결과의 산물인가에 이렇게 말

---

2) 道家者流 蓋出於史官 歷記成敗存亡禍福古今之道 然後知秉要執本 淸虛以自守 卑弱以自持 此君人南面之術也 … 此其所長也(『前漢書』 藝文志).

3) 노자의 성은 이(李), 이름은 이(耳), 자는 담(聃)이라 전해지고 있는데, 사마천이 『사기』 노장신한열전에서 노자에 관해 적은 것 중 노자를 객관적으로 기술했다고 생각되는 것만을 그대로 옮기면 이렇다. "… 노자는 무위의 도를 닦아 그 자신을 숨겨 이름이 나지 않도록 힘썼다. 오랫동안 주에 있었으나 주가 쇠해진 것을 보고 드디어 그곳을 떠나 함곡관(函谷關이라고 하고 散關 혹은 玉門關이라고도 하여 여러 설이 있다)에 이르렀다. 관지기인 윤희(尹喜)가 '선생께서는 지금 은둔하시려 하시니 무리가 되시겠지만 저를 위하여 저서를 남겨 주십시오.'하고 말했다. 그래서 노자는 상하 두

하였다.

> 그러므로 도를 잃은 뒤에 덕이 나타나고, 의를 잃은 뒤에 예가 나타난다. 대저 예라는 것은 믿음이 박약한 것이며 혼란의 우두머리다.[4)]

특히 장자는 주나라의 문화를 노자보다 훨씬 더 형식적이고 조작적이라고 했다. 『노자 老子』라는 책은 일명 『도덕경 道德經』이라고도 하는데, 누구의 친작(親作)인지는 분명치 않다.[5)]

편의 책을 저술하여 도덕의 깊은 듯을 겨우 5천여 자의 문장으로 남기고 떠나 버렸다. 그 후 아무도 그의 최후를 알지 못했다. … 세상에서 노자의 학문을 하는 자는 유학을 배척하고 유학자도 역시 노자를 배척한다. … 이이(李耳 : 노자)는 인위적으로 작위하지 않으면서도 사람들로 하여금 스스로 교화케 하고, 조용하게 있으면서도 사람들이 저절로 올바르게 되도록 하였다."

4) 故失道而後德 失德而後仁 失仁而後禮 失禮者 忠信之薄而亂之道(『道德經』 第38章).

5) 『노자 老子』라는 책은 노자라는 사람이 쓴 것으로 여겨왔다. 그리고 노자는 공자보다는 약간 연상으로 수도에서 문서를 보관하는 직무를 맡고 있었을 때, 공자가 거기서 노자를 만났다고 하지만, 적지 않은 사람들은 이 두 사람간의 회견을 믿지 않고 있으며, 공자와 같은 시기에 살았다는 것도 거의 믿지 않고 있다. 왜냐하면 공자 후기로 내려오기 전까지 어떤 책에도 노자에 관한 언급이 없을 뿐만 아니라, 공자 당시에는 『노자』라는 책에서 말하는 것은 알려진 바도 없고, 훨씬 뒤까지도 유행되지 않았던 사상이기 때문이다. 설사 노자라는 사람이 있었다 해도 그 노자라는 사람이나 다른 어떤 사람이 혼자서 『노자』라는 책 전부를 저술하지 못했을 것이 분명한 이상, 노자가 이렇게 말했다고 하기보다는 『노자』란 책에 이런 이야기가

> 중국(중심적인 나라) 사람은 예의에는 밝지만 사람의 본심을 아는 데는 밝지 않다. 전에 나를 만난 사람은 나가고 물러감이 한결같이 예의에는 맞고 법도에 맞아 그 모습은 용과도 같고 호랑이와도 같았다.[6)]

장자(莊子 : 기원전 369~386)는[7)] 중심적인 나라에 살고 있는 사람이 예의에 대해서 말하는 것은 사리에 맞으나 인간의 심성에 대해 말하는 것은 이해하지 못하겠다고 하면서 인간의 마음은 유가가 말하는 도덕 심성이 아니고 사람들의 심령상의 자유로움이라고 했다.

있다고 하는 것이 옳을 것이다. 그리고 장자의 경우도 장자가 말했다기보다는 『장자 莊子』라는 책에 이런 이야기가 있다고 하는 것이 옳다. 그러나 『노자』와 『장자』에 실려 있는 이야기도 도가 인물 중 누군가 한 말인 것만은 분명하니 실재했던 노자와 장자의 입을 가탁하여 도가 사상을 이해하는 것이 훨씬 자연스럽다고 믿어서 이 장에서는 노·장자가 이렇게 말했다고 하기로 했다.

6) 中國之民 明乎禮義而陋乎知人心 昔之見我者 進退一成規一成矩 從容一若龍一若虎(『莊子』 田子房).

7) 장자에 관한 기록은 사마천의 『사기』 노장신한열전에 있는데, 장자의 이름은 주(周), 몽(蒙)이라는 지방의 사람으로 그 곳에서 관리를 지냈다. 그에 관한 기록 중 비교적 믿을만한 것만을 옮기면 이렇다. "어부(漁夫)·도척(盜跖)·거협(胠篋) 등의 여러 편을 저작한 것은 공자의 학파를 비판하고 노자의 학술을 밝히려고 한 것이며, 외루허(畏累虛)라는 산 이름, 항상자(亢桑子)라는 인명 등에 관한 이야기는 모두가 가공적인 것이었으나 문장을 잘 엮어 세상사와 인정을 교묘하게 이용하여 유가나 묵가의 학문을 공격했다. 그래서 당대의 대학자라 할지라도 그의 비판을 면할 길이 없었다. 장주(莊周)의 언사는 너무 광대하고 자유분방하여 아무에게도 구애받지 않았으므로 왕공이나 대인들로부터 훌륭한 인물로서 평가되지 않았다."

때문에 도가는 문명이나 문화로서의 이기는 사용할수록 국가가 더욱 혼란하여 진다는 주장을[8] 통해 인간의 욕망과 지식에 의해 건설된 사회를 거부하는 반문명적 태도를 취하고 있었다. 왜냐하면 그들 도가들은 현실세계를 지배하는 가치규범이나 제반 문명의 이기들이 인간을 행복하게 해주기보다는 인간의 자유로운 본성을 제약함으로써 인간을 구속하고 있다고 보았기 때문이다. 이런 점에서 도가는 반사회적이라 하여 잘못되지 않을 것이다. 단, 과도한 작위의 결과로서의 문화와 문명만을 부정하였다는 데 유의해야 한다.

2. 노·장자의 사회인식과 반문명적 사유

노자가 노담(老聃)이라는 이름으로 전국시대에 실재했을 것이라는 기록은 선진의 문헌인 『순자 荀子』의 천론편과 『여씨춘추 呂氏春秋』의 불이편 그리고 『장자』의 양생주편 및 응제왕편 등을 통하여 널리 알려져 있다.

그러나 이 노담과 도가를 대표하는 노자라는 인물과는 어떠한 관련이 있느냐 하는 문제에 있어서는 학자마다 견해를 달리하고 있다. 노자에 관한 전기 자료로 가장 오래된 것은 사마천의 『사기』의 노장신한열전이 있지만, 전후의 기록을 검토하여 볼 때, 사마천 자신도 노자에 대해서는 확실하게 알고 있었던 것 같지는 않다.

그러나 전통적인 견해에 의하면 노자는 현 중국 호남성 남부지방인

8) 民多利器 國家滋昏(『道德經』 第57章).

주나라에서 태어났다고 하며, 공자는 그에게 예를 물었다고 한다. 그리고 노자 사상을 담고 있는 『노자』라는 책[9]은 5천여 자에 불과하나 난해하다. 그리고 인물로서 노자를 이해하는 것도 쉽지 않다. 그러나 노자는 중국 역사상 최초의 철학자로 인정되어 왔다. 그 대표적인 인물로는 호적(胡適 : 1891~1962)을 들 수 있는데, 그는 노자를 공자보다 20세 정도 연상으로 추정하고, 노자의 출생을 주나라 영왕 초년인 기원전 570년 전후가 될 것이라고 했다.[10]

그러나 최근에는 공자보다는 훨씬 뒤의 인물로 추정하고 있는 것이 거의 정설로 되었다. 특히 풍우란(馮友蘭 : 1894~1990) 같은 학자는 『노자』라는 책에 대해 저자로서의 노자와 책은 '필연적인 관련성은 없다'고 전제한 다음, ① 공자 이전에는 개인의 저술이 없으며 ② 『도덕경』의 문체가 문답체가 아니므로 『논어 論語』·『맹자 孟子』 이후에 나

9) 책으로서의 『노자 老子』를 『도덕경 道德經』이라고 하는데 모두 81장 5200여 자로 되어 있는데, 매우 흥미로우면서도 중요한 고전 중 하나임에는 틀림이 없다. 지금까지의 연구에 의하면 『노자』라는 책은 어느 한 개인의 저작이 아니라는 것이 거의 통설로 되어 있다. 1973년 마왕퇴(馬王堆) 고분의 백서(帛書) 『노자』가 발굴되고, 1993년 호북성 곽점촌(郭店村)에서 죽간본이 발견되었지만 『노자』라는 책이 어떻게 만들어졌는지, 그리고 몇 종류의 『노자』가 있었는지에 대해서도 정설은 아직 없다. 그러나 지금까지 『노자』에 대한 주석만도 3천여 가(家)가 주를 달았고, 그 이름이 전해지고 있는 것만도 1천여 개나 되며, 현재 전해지고 있는 주석만도 346종이나 된다. 그렇지만 이 책을 이해한다는 것은 많은 사람이 주석을 달았다는 사실만으로도 쉬운 일이 아니라는 것을 알 수 있다. 왜냐하면 너무 간결한 문체에다 모호하면서도 역설적인 표현과 상호 모순적인 이론을 책의 앞뒤에 연결시켜 놓고 있기 때문이다.

10) 송긍섭 외 역, 『중국고대철학사』, 대한교과서주식회사, 1962, 53쪽.

온 책이라는 것이고 ③ 노자의 글은 간단명료한 경(經)의 문체이므로 전국시의 작품이라고 밝히고 있다. 또 그는 노자라는 인물에 대해 전국시의 이이(李耳)요, 전설 속에 나오는 옛날의 넓고 큰 참사람(古之博大眞人)은 노담이라고 했다.[11]

공자 이외의 선진 제가 중 출생이나 사적이 분명한 인물은 거의 없다. 노자 역시 그렇다. 다만 추정에 불과할 뿐이다. 그러므로 그의 생애가 어떠했는가를 정확히 알 수는 없다. 장자도 예외는 아니어서 그의 생애 역시 거의 알 수가 없다. 그러나 호적은 장자의 죽은 해를 기원전 275년으로 추정하고 있으며,[12] 풍우란은 기원전 369년에 나서 기원전 386년에 사망한 것으로 적고 있다.[13]

이처럼 장자의 생애도 확실치 않으나, 그가 선진 도가 중에서 가장 위대한 인물이었던 것만은 분명하다. 그는 양 혜왕과 제 선왕과 같은 시대 사람으로 매우 박학다식하였으나, 기본적으로 노자의 설에 따르고 있었다. 장자는 10여 만언이나 되는 방대한 저서를 남기고 있는데 그 대부분은 우화로 되어 있다.[14] 이처럼 노·장자의 생애는 확실치 않으나 그들 사상을 고찰하고 평가할 수 있는 근거와 문헌은 적지 않다. 『사기』 노장신한열전 중 장자에 관한 기록은 그렇게 많지 않지만, 그의 사상적 성향은 반유가적 내지 반묵가적인 인물로 나타나 있다.

---

11) 鄭仁在 驛, 『中國哲學史』, 螢雪出版社, 1987,135-136쪽.
12) 송긍섭 외 역, 위의 책, 274쪽.
13) 鄭仁在 譯, 『中國哲學史』, 149쪽.
14) 莊子者蒙人也 名周 周嘗爲蒙漆園吏 與梁惠王齊宣王同時 其學無所不窺 然其要本歸於老子之言 其著書十餘萬言 大抵率寓言也(前揭 『史記』 卷63, 老子韓非列傳 第3, 2143쪽).

노자를 포함한 도가의 경우 성인이 최고 통치자의 자리에 앉아서 나라를 다스리는 것이 가장 이상적이라는 견해에 있어서는 유가와 다르지 않다. 그러나 이들 양가의 차이점은 성인이 나라를 다스릴 경우, 유가는 가능하기만 하다면 많은 일을 하여 큰 업적을 남겨야 한다는 유위적인 통치를 주장한데 반해, 도가는 많은 것을 하는 데 성인의 임무가 있는 것이 아니라, 형식적이고 조작적인 일들을 원래의 상태로 회복시키거나 아니면 가능하다면 인위적인 일을 하지 않는 데 있다고 했다.

특히 노자는 세상의 문젯거리는 너무 많은 일을 벌려놓은 데 있다고 믿은 나머지 다음과 같이 말했다.

> 천하에 금지령이 많으면 많을수록 백성은 가난해지고, 백성이 이기(利器)를 많이 갖고 있으면, 국가는 더욱 혼란해지고 사람들의 기술이 발달하면 할수록 기괴한 물건이 더욱 많이 쏟아져 나오고 법령이 많으면 많을수록 도적이 더욱 많이 생긴다.[15)]

소박한 것이 노자의 이상이었으므로 지식도 타락을 가져올 따름이며, 충족시킬 수 없는 욕망만을 일으킨다고 하였다. 그리하여 문자도 폐지하고, 원시사회에서 의사소통의 방법으로 사용하였던 매듭글자(結繩文字)로 돌아갈 것을 주장하기까지 했다.

그리하여 노자는 만일 성군이 천하를 무위로 다스린다면 아무 것도 하지 않아도 안 되는 것이 없다(無爲而無不爲)면서 성군의 정치에 대해

15) 天下多忌諱而民自彌貧 民多利器 國家滋昏 人多伎巧 寄物滋起 法令滋彰 盜賊多有(『道德經』第57章).

다음과 같이 말하고 있다.

> 내(성군)가 무위로 하니 백성들은 저절로 감화되고, 내가 고요함을 좋아하니 백성들이 저절로 바르게 되고, 내가 아무 일도 하지 않으니 백성들이 부유하여 지고, 내가 무욕하니 백성들이 저절로 순박하여 진다.[16)]

이른바 노자의 '아무 것도 하지 않아도 안 되는 것이 없다'는 말은 논리적으로는 역설적인 것 같이 보이지만, 이는 곧 그의 자연에 대한 인식이자 정치적인 사유의 출발이었다. 그리고 장자 또한 현실정치에 대한 다음과 같은 태도에서 그의 정치적인 사유가 어떠했을 것이라는 점을 아는 것은 어렵지 않다. 장자가 현명하다는 소문을 들은 초나라 위왕이 사자를 장자에게 보내 재상이 되어달라고 하자, 장자는 이렇게 말했다.

> 천금은 거액이요, 경상은 존귀한 자리입니다. 그러나 당신만 오직 하늘에 제사를 지낼 때 희생으로 잡는 소를 보지 못했던가요? 몇 해 동안 잘 먹이다가 수놓은 비단 옷을 입혀 태묘에 들여보내는 것을! 이제야 비로소 홀로 자유를 즐기는 돼지가 되고 싶지만 어찌 맘대로 되던가요? 그대는 지체 말고 빨리 돌아가 이 이상 나를 모독하지 마시오. 나는 차라리 이 더러운 도랑에서 놀면서 자유를 즐길지언정 위정자의 굴레에 매여 있기는 싫습니다.[17)]

16) 我無爲而民自化 我好靜而民自正 我無事而民自富 我無欲而民自樸(『道德經』 第57章).

17) 楚威王聞莊周賢 使使厚幣迎之 許以爲相 莊周笑謂楚使者曰 千金重利 卿相

장자가 이렇게 말한 것을 보면 정치 그 자체를 얼마나 혐오하고 있었는가를 쉽게 알 수 있다. 이 점이 노자와의 차이라면 차이라 할 수 있다. 그래도 노자는 현실로서의 정치는 인정하고 있었으나, 장자는 정치 그 자체를 부정하였다는 점에서 이들 두 사람은 다르다.

3. 노자사상의 핵심개념 - 도(道)

종래의 의지적이고 인격적인 하늘(天)은 지배층의 피지배층에 대한 통제를 합리화하는 사상적 도구가 됐고, 신왕조 건설의 정당성을 부여하는 근거로도 이용되었다. 그러나 봉건제의 붕괴는 기존질서의 붕괴로서 전통적인 가치와 질서가 도전 받는 위기 상황을 초래하였다.

이 때 노자는 천을 내세워 권력을 합리화하려는 지배층의 조작성에 항거하면서 독자적인 천 관념을 설정하고, 천에 부여된 종교적·미신적 요소를 배제함으로써 천을 허공(虛空) 그 자체로 여기고, 이에 대신하여 '도(道)'를[18] 우주만물의 시원으로 삼았다. 이 같은 노자의 사상적

尊位也 子獨不見郊祭之犧牛乎 養食之數歲 衣以文繡 以入太廟 當是之時 雖欲爲孤豚 豈可得乎 子亟去 無汚我 我寧游戲汚瀆之中自快 無爲有國者所羈 (前揭『史記』卷63, 老子韓非列傳 第3, 2145쪽).

18) 공자는 "아침에 도를 들으면 저녁에 죽어도 좋다(朝聞道 夕死可矣. 『論語』 里仁)"고 했다. 이 때의 도는 도로 또는 통로와 같은 의미로 인간 행위의 당위성과 같은 윤리적인 개념이다. 다시 말하면, 사람은 걸어갈 때, 도로를 따라 걸어가지 않으면 안 된다는 의미에서 도라는 표현을 사용하고 있다. 이 경우에 있어서의 도는 말할 것도 없이 윤리적인 원리(principle)를 뜻한다. 물론 노자도 이와 같은 의미로 도라는 개념을 사용하기도 했다.

의도는 지배층의 통제로부터 벗어나 인간성의 해방을 누리려는 데 있었다.

어떤 의미에서 노자는 도를 발견한 최초의 인물이라 할 수 있는데, 그가 말하는 도는 본래 추상적인 관념인데다가 너무 미묘하여 명백하게 설명한다는 것은 불가능하다. 그래서 노자 자신도 다음과 같이 애매모호하게 말하고 있다.

> 말할 수 있는 도는 영원불변한 도가 아니요, 이름 붙일 수 있는 이름은 언제나 변하지 않는 이름이 아니다. 이름이 없음(無名)은 천지의 시초요 이름이 있음(有名)은 만물의 모태다.[19)]

예를 들면, "대도는 매우 평평한데도 사람들은 지름길을 좋아한다(大道甚夷 而民好徑. 『道德經』 第53章)"든가, "훌륭한 선비는 도를 들으면 이를 부지런히 행한다(上士聞道勤而行之. 『道德經』 第41章)"와 같은 것이 바로 그런 경우이다.
그러나 노자를 포함해서 도가가 말하는 도는 형이상학적인 개념이다. 그들은 도라는 말을 사물 전체를 지칭하는 용어로 사용하고 있는데, 이는 서양 철학자들이 '절대자'라고 하는 것과 같은 의미이다. 절대자가 그렇듯이 도도 천지에 앞서 존재한다. 구체적인 사물은 무엇이 어떻게 만들었는가 할 때, 그 '무엇'이 노자가 말하는 '도'이다. 그러므로 노자가 말하는 '도'는 윤리적인 강상의 도가 아니라, 우주와 자연의 근본적인 운동 법칙을 의미하기 때문에 인간의 개념적 사고라는 그릇에는 담을 수 없다. 때문에 서양학자들은 도(道)를 'tao' 또는 'logos'라고 하기도 하고, 더러는 'way', 'reason' 또는 'nature'라 하기도 한다.

19) 道可道 非常道 名可名 非常名 無名 天地之始 有名 萬物之母(『道德經』 第1章).

또 말하였다.

> 도는 항상 이름이 없다. 통나무(樸) 같다 … 그것을 다듬으면 이름이 있게 된다.[20]

소박한 것은 도가의 한결같은 이상이었고, 그들이 그것을 표현하는 용어는 '박(樸)'으로서 문자 상 조각되지 않은 나무 조각을 말한다. 심지어 이렇게도 말하였다.

> 도는 숨어서 이름이 없다.[21]

비록 도는 숨어서 이름이[22] 없다고 하더라도 예로부터 지금까지 그 이름을 갖지 않았으므로 모든 물건의 시원을 열람한다고 했다.[23] 그러므로 인간이 이러한 원초적인 상태로부터 멀어지면 멀어질수록 멀어진 것만큼 덜 착하고 덜 행복하다고 노사는 말하고 있다.

> 도는 비어 있어서 써도 차지 않는다. 못과 같이 깊고, 만물의 근원이 된다. 사물의 날카로움을 꺾고 얽힘을 풀고 광휘를 조화시키며 먼지와 함께 한다. 그러면서도 맑고, 또 있는 듯하다. 이것이 누구의

20) 道常無名 樸 … 始制有名(『道德經』 第32章).
21) 道隱無名(『道德經』 第41章).
22) 이름(名)의 경우도 도의 경우와 같이 편의상 붙인 약속에 지나지 않는다. 이름이 약속에 지나지 않기 때문에 어떤 사상을 옳게 드러낼 수 없으며, 사람들끼리의 약속, 즉 기호에 불과할 뿐이다.
23) 自古及今 其名不去 以閱衆甫(『道德經』 第21章).

아들인지 나는 모른다. 신보다 먼저 형상을 가지고 있다.[24)]

이는 도란 만물이 생겨나는 원천이기 때문에 도는 결코 사라지지 않으며, 도의 이름도 결코 사라지지 않는다는 것이다. 노자가 말하는 도는 이름도 없고, 형상도 없으며, 있음도 없어서 들을 수도 없고(不可聞), 볼 수도 없으며(不可見), 말할 수도 없는 것(不可言)이다. 그러나 본질적으로 도는 인간이 귀일하여야 하는 자연과정의 전체라는 것이 노자의 주장이다. 또 노자는 도에 관해 이렇게 말한다.

> 어떤 것이 한데 뒤섞여 있는데, 천지보다는 먼저 생겼고, 아무 소리도 없고 형체도 없다. 홀로 존재하면서도 변화하지 않고, 두루 운행하면서도 위태롭지 않으니 천하의 모체가 될 수 있다. 나는 그 이름을 알지 못하므로 그것을 도라고 이름을 지었다[25)]

실로 도는 이름을 붙일 수 없는 것(無名)이므로 말로 표현될 수 있는 것은 아니다. 그러나 그것에 대해 말하고 싶어 하므로 억지로 거기에다 어떤 이름을 갖다 붙여서 도라 부를 뿐이다. 때문에 도란 이름 아닌 이름(非名之名)인 것이다.

도가, 특히 노자는 이 세상에는 만물이 존재하고 있는 한 그 만물을 생성케 하는 '그 무엇'이 있다고 믿은 나머지 '그 무엇'을 도라고 이름

---

24) 道冲而用之 或不盈 淵兮 似萬物之宗 挫其銳 解其紛 和其光 同其塵 湛兮 似或存 吾不知其誰之子 象帝之先(『道德經』 第4章).

25) 有物混成 先天地生 寂兮寥兮 獨立而不改 周行而不殆 可以爲天下母 吾不知其名 强字之曰道(『道德經』 第25章).

하였다. 그러므로 만물은 도를 통하여 생겨났으므로 노자는 도와 만물의 관계를 이렇게 표현하고 있다.

> 도는 하나를 낳고 하나는 둘을 낳고 둘은 셋을 낳고 셋은 만물을 낳는다.[26)]

여기서 말하는 하나는 유(有)를 가리킨다. 그러므로 '도는 하나를 낳고'라는 말은 '무에서 유가 생긴다'는 말과 같으므로 '도'는 '무'와 같다는 말이나 다름이 없다. 그래서 노자는 유무의 관계를 창조(creation)로 설명하려고 했다기보다는 유출(emanation)로 보려 한 듯 하다.

> 천지만물은 유에서 생기고 유는 무에서 생긴다.[27)]

'유'의 소산으로서의 천지만물, 즉 자연환경뿐만 아니라, 인류역사가 계속적인 변화를 겪는 것은 우주운행의 법칙인 도가 부단히 움직이기 때문이다. 고정불변이 아닌 도가 '반(反)' 또는 '복귀'라고 하는 운동을 하게 되는데 이 변화는 반드시 원상태로 돌아가려는 전환성을 보이고 있기 때문에 '되돌아가는 것은 도의 움직임이다'라고 했다.

이렇게 도를 인식한 노자는 도의 운동성에 대해 다음과 같이 부연하고 있다.

---

26) 道生一 一生二 二生三 三生萬物(『道德經』 第42章).

27) 天地萬物生於有 有生於無(『道德經』 第40章).

휘어지면 온전하고, 굽으면 곧게 되고 움푹 패면 꽉 차게 되고, 낡으면 새롭게 되고, 적으면 얻게 되고 많으면 어지러워진다.[28)]

커지면 가고 가면 멀어지고, 멀어지면 되돌아온다.[29)]

성인은 심한 것, 과분한 것, 극대한 것을 버린다.[30)]

자연현상 뿐 아니라, 인간사 또한 이렇다는 것이 노자의 주장이다.

4. 노자사상의 주제 - 반자도지동(反者道之動)

동아시아인들은 네 계절이 반복되는 가운데 단순 반복 작업을 특징으로 하는 농업을 생업으로 함으로써 자연계나 인간사가 순환 반복되는 것으로 인식하게 되었다. 그리하여 어떤 상황이 극단에 이르게 되면, 그 상대적인 상황으로 되돌아가는 반동이 생기게 된다고 여겼다. 특히 이 같은 인식은 노자사상의 주제라는 점에서 중요하다.

유가도 노자의 인식과 다르지 않다. 『주역 周易』에

추위가 가면 더위가 오고, 더위가 가면 추위가 온다.[31)]

해가 중천에 있으면 기울고, 달이 차면 이지러진다[32)]

---

28) 曲則全 枉則直 窪則盈 弊則新 少則得 多則惑(『道德經』 第22章).
29) 大曰逝 逝曰遠 遠曰反(『道德經』 第25章).
30) 聖人去甚 去奢 去泰(『道德經』 第29章).
31) 寒往則暑來 暑往則寒來(『周易』 繫辭下).
32) 日中則仄 月盈則食(『周易』 豊卦).

이상과 같은 표현들은 자연이나 인간사가 다 순환 반복된다는 발전 논리를 전제로 한 말들이다. 노자도 마찬가지로 자연계와 인간사를 순환 · 반복되는 것으로 인식하고, 그런 과정에는 대립 · 전환의 상대성이 있음을 지적하고 있다. 그리하여 본래의 상태로 되돌아간다고 했다.

> 되돌아가는 것(反)은 도의 움직임이다.33)

이처럼 그가 대립적 개념을 대비시킨 것은 상반된 개념을 통한 상승적 발전의 논리라기보다는 오히려 근원을 향해 원점으로 회귀하는 도의 개념을 우리의 인식에 유도하기 위함이었다고 보아야 할 것이다.

따라서 그의 대립적 개념은 직선적인 진화의 개념이 아니라, 반동 또는 복귀라고 하는 순환 · 반복적인 도의 운동으로 이해해야 할 것이다. 이 같은 발전논리는 자연의 질서뿐만 아니라, 인간사에서도 그 같은 논리는 마찬가지라고 했다.

> 화 그 곁에는 복이 기대어 있고, 복 그 속에는 화가 숨어 있다.34)
> 만족할 줄 알면 욕됨이 없고, 그칠 줄 알면 위태하지 않다.35)

현실 정치에서 있어서 이 같은 발전논리가 시사하는 바는 적어도 현명한 위정자라면 내재적이거나 잠재적인 반동의 가능성을 감지함으로써 외적인 상황의 도래를 예견할 줄 알아야 한다는 것이다. 때문에 도

33) 反者道之動(『道德經』 第40章).
34) 禍兮福之所倚 福兮禍之所伏(『道德經』 第58章).
35) 知足不辱 知止不殆(『道德經』 第44章).

를 깨달은 성군의 행위는 뭇사람들과 정반대이고, 그로 인해 홀로 어리석은 듯 여겨지는 것은 그의 사고와 행위가 도의 움직임에 따라 앞날을 예견하고 있기 때문이다. 그래서 노자는 이렇게 말하고 있다.

> 성인은 스스로 나타내지 않기 때문에 밝게 돋보이고, 스스로 옳다고 주장하지 않기 때문에 드러나고, 스스로 뽐내지 않기 때문에 공이 있고, 스스로 자랑하지 않기 때문에 오래간다. 성인은 다투지 않는다. 그러므로 천하에 그와 맞서서 겨룰 자가 없다.[36)]

이를 모르고 경거망동을 저지르는 사람들은 자연의 떳떳함을 몰라서 그렇다고 노자는 꼬집은 바 있다.[37)] 만일 우리가 무엇을 하고 싶으면 그 반대되는 것부터 시작하고, 어떤 것을 보존하고 싶으면 그 안에 반대되는 요소를 인정하고, 강하게 되고 싶으면, 약한 듯한 감정으로 시작하여야 하는 것처럼 민주주의를 유지하고 싶으면 어느 정도의 사회주의의 요소를 인정하지 않으면 안 되는 것처럼 노자는 역설적인 상대성을 강조하였다.

'되돌아가는 것은 도의 움직임이다'라는 역사 발전의 순환적인 논리는 동아시아인들로 하여금 학정과 전란에도 참고 견딜 수 있는 정신적인 에너지를 가지게 했다. 난세를 목도한 노자가 생존의 지혜로써 참고 견딜 것을 이렇게 말하였다.

---

36) 聖人 … 不自見故明 不自是故彰 不自伐故有功 不自矜故長 夫唯不爭 故天下莫能與之爭(『道德經』 第22章).

37) 不知常 妄作凶(『道德經』 第16章).

> 회오리바람은 아침나절을 불지 못하고, 소나기는 하루를 다 내리지 못한다.[38]

여기서 말하는 회오리바람이나 소낙비는 폭정으로 그것이 아무리 지독할지라도 회오리나 소나기처럼 곧 그치고 만다는 것이다. 다시 말하면, 회오리나 소나기 같은 폭정은 치자가 해야 할 일을 하지 않은 데 있는 것이 아니라, 지나치게 많은 것을 해놓은 결과라는 것이다. 그러므로 성군의 첫째 임무는 바로 모든 일을 인위적으로 하지 않는 데 있다고 하면서 무위정치의 필요성을 이렇게 말하기도 하였다.

> 성지를 끊어버리면 백성이 백배나 이롭고 인의를 끊어버리면 백성이 다시 효성스럽게 되고, 기교와 이익을 끊어버리면 도덕이 없게 된다.[39]

5. 노자의 공존 논리와 약소국

혼돈의 시대에 나서 그칠 줄 모르고 계속된 전쟁의 참상을 경험한 노자의 생존 논리와 전쟁관은 특이하다. 그는 약자가 살아남는 지혜와 강자가 망하지 않고 존속하는 방법을 제시하고 있다. 그러나 그의 언설과 주장은 매우 역설적인 것 같이 들리지만, 경험을 바탕으로 한 번

38) 飄風不終朝 驟雨不終日(『道德經』 第23章).
39) 絶聖棄智 民利百倍 絶仁棄義 民復慈孝 絶巧棄利 盜賊無有(『道德經』 第57章).

뜨이는 통찰력에 감탄하지 않을 수 없다.

많은 사람들은 굳세고 강한 것이 부드럽고 약한 것을 이긴다고 믿고 있다. 그러나 노자는 그렇게 생각하지 않는다. 오히려 노자는 다음과 같이 역설적인 말을 남기고 있다.

> 천하에서 가장 부드러운 것이 천하의 가장 강한 것을 향해 돌진한다.[40)]

예를 들면, 바람은 부드럽고 약하지만 우리의 피부 속으로 들어오고, 나무를 넘어뜨리고 집을 날아가게도 한다. 이처럼 노자는 "부드럽고 약한 것이 굳세고 강한 것을 이긴다"고 믿고 있었기 때문에 유약승강강(柔弱勝剛强)이라고 하였다. 때문에 물고기가 힘을 믿고 물 밖으로 뛰어나오면 죽고, 강한 나라가 무력을 과시하다 보면 종내는 망한다고 했다. 뿐만 아니라, 치자가 자의적인 판단에 따라 갖가지 제도와 법률을 만들어 자신의 정치적인 목적을 달성하려는 것은 옳지 않다고 보았기 때문에 그는 대국을 다스리는 사람들이 어떻게 해야 하는지에 대해 이렇게 말하였다.

> 큰 나라를 다스림은 마치 작은 생선을 삶는 것과 같다.[41)]

---

40) 天下之至柔 馳騁天下之至堅(『道德經』 第43章).

41) 여기서 작은 생선(小鮮)이란 대국의 상대적인 개념으로서의 소국을 뜻한다. 대국이 소국이라고 해서 마치 작은 물고기처럼 주무르면 형체도 없이 부스러지고 만다. 그렇게 되면 대국에 아무런 이득도 없게 되는 것처럼 대국은 작은 물고기를 삶을 때, 갖는 조심스런 마음가짐으로 나라를 다스

그리하여 노자는 "부드럽고 약한 것이 굳세고 강한 것을 이긴다"는 경험적인 사실에 근거해서 다음과 같은 세 가지의 중요한 처세철학을 제시한 바 있다. 첫째, 감히 천하의 앞이 되지 않는다.[42] 둘째, 공을 다투지 않는 미덕을 지닌다.[43] 셋째, 강함을 알면 부드러움을 지킨다.[44] 대부분의 사람들은 다투어 앞서려 하고, 스스로 이룬 공보다도 더 많은 공을 내세우며, 부드럽고 약하면 지는 것으로 여긴다. 과연 그럴까? 노자는 그렇지 않다고 했다.

사냥꾼은 앞에 있는 새를 향해 시위를 당긴다. 그래서 화살을 보고 피하지 않는 새는 영리한 새가 아니고, 난세에 명성을 구하는 것은 총명한 사람이 아니라는 이야기가 있다. 큰 공적을 이뤘으면서도 그것을 내세우지 않으면 자신을 보호할 수 있지만, 공을 다투다가 비명에 간 사람들은 얼마든지 있다.

려야 한다는 것이다.

42) 노자는 나에게 세 가지 보배가 있는데 그 하나는 자애요 다른 하나는 검약이며 마지막은 감히 천하의 앞이 되지 않는 것이라고 했다. 내가 남을 사랑하니 원수를 지지 않을 것이고, 절약을 생활화하면 언제나 여유 있는 생활을 할 수 있고, 천하의 앞에 서려하지 않으니 표적이 될 염려가 없을 것이다(我有三寶 持之保之 一曰 慈 二曰 儉 三曰 不敢爲天下先. 『道德經』 第67章).

43) 노자는 적과 잘 싸워 이기는 사람은 다른 사람과 다투지 아니하고, 부하를 잘 부리는 사람은 남의 부하가 되는데, 이것을 일러 다투지 않는 미덕이라 한다고 했다(善勝敵者 不與 善用人者 爲之下 是謂不爭之德. 『道德經』 第68章).

44) 노자는 수컷의 강함을 알고서 암컷의 부드러움을 지키면 이 골짜기 저 골짜기의 물을 받아들여 가장 큰 골짜기인 천하의 골짜기가 된다고 했다(知其雄 守其雌 爲天下之谿. 『道德經』 第28章).

강하면 꺾인다. 태풍을 이기는 나무는 흐느적거리는 버드나무다. 뻣뻣이 서 있던 단단한 가로수는 태풍 앞에서는 뽑히고 부러지지만, 버드나무는 여전히 흐느적거리고 있다. 물은 부드럽지만 언제나 물이다. 더우면 수증기가 되고 차면 얼음이 되지만, 언제나 H_2O일 뿐이다. 그러나 강한 차돌은 부서지면 모래가 되고 먼지가 되지만, 차돌로 되돌아오지 않는다. 앞에 있을 때 뒤를 돌아볼 줄 알아야 하고, 공로가 있어도 그것을 들어내려고 해서는 안 되며, 강할 때는 스스로 부드러움을 지니지 않으면 꺾이고 만다. 이것이 노자가 우리에게 던지는 처세철학이다.

세상에는 물보다 더 부드러운 것이 없지만, 추녀 밑에 있는 낙수받이 돌은 움푹 패이고, 이른 봄 새싹보다 더 약한 것이 없지만, 굳은 땅을 뚫고 나온다. 천하를 통일한 진나라는 단명으로 끝났고, 한나라와 당나라도 예외는 아니었다. 그들 나라는 다 무력을 과시하다 끝내 망하고 말았다.

언제나 그렇듯이 부드럽고 약한 물건은 반드시 굳세고 강한 물건을 이긴다. 그러므로 사람은 항상 유하고 약해야 생존할 수 있다. 이것은 약자의 생존 원리이다. 강자들의 틈에서 약자가 살아남는 것은 부드럽고 약하기 때문이다.

이 같은 원리를 무시하고 경거망동하다보면 채이고 꺾기고 만다. 이 같은 사실은 물의 속성을 눈여겨보면 쉽게 알 수 있다. 물은 부드럽고 약해서 모난 그릇에 담으면 모나고, 둥근 그릇에 담으면 둥글어지고, 굽은 길을 만나면 굽게 흐르고, 곧은 길을 만나면 곧게 흐르고, 만물을 이롭게 하면서도 다투지 않을 뿐만 아니라, 사람들이 싫어하는 낮고 더러운 곳에 머물기를 꺼려하지 않지만, 때로는 제방도 뚫고 산도 무너뜨린다. 그래서 노자는 다음과 같이 말하였다.

> 천하에 물보다 부드럽고 약한 것이 없으면서 굳고 강한 것을 공격하는 데는 이것보다 더한 것이 없으니 그것으로 이것을 바꿀 수 없다. 약한 것이 강한 것을 이기고 부드러운 것이 굳센 것을 이긴다는 것을 천하가 모르는 것이 아니지만, 행하지는 못한다.[45]

이 세상에는 물보다 약하고 부드러운 것이 없지만, 굳고 강한 것을 이기는 데 있어서는 물보다 강한 것이 없다는 사실을 모르는 사람은 없을 것이다. 그러나 많은 사람들은 이러한 명백한 진리를 알지도 못할 뿐만 아니라, 실천하지도 못한다. 흔히 사람들은 적자생존과 약육강식을 말하면서 힘을 기르고 기술을 연마하지 않으면 생존과 승리는 불가능한 것으로 믿고 있다.

그러니 태풍을 견디어내는 버드나무와 굳은 땅을 뚫고 나오는 새싹에서 약한 것이 굳센 것을 이긴다는 약자의 생존 논리가 역설 같이 들릴지 모른다. 그러나 그 같은 역설은 현실에 어긋나는 것 같이 보일지라도 자연의 섭리가 그렇고 인간사 또한 그렇다.

약자만 그런 것이 아니다. 강자도 약자의 생존 논리를 터득하여 실천할 때, 존속이 가능하다. 강하다고 해서 약자를 무시하고 억압하고 마음대로 처리하려 한다면 결코 존속은 불가능하게 된다.

45) 天下莫柔弱於水 以攻堅强者 莫之能勝 以其無以易之 弱之勝强 柔之勝剛 天下莫不知 莫能行(『道德經』 第78章).

그러나 강자가 약자를 존중하면서 겸손하게 대하면 약자는 반드시 받들어 섬길 것이다. 그러므로 강자와 약자의 생존 논리라고 하는 것은 서로가 서로를 부정하는 배타적 관계가 아니라, 서로가 긍정하고 받아들이는 대대적 관계인 것이다. 그래서 논자는 다음과 같이 말했다.

> 대국이란 천하의 하류요 천하의 교류요 천하의 암컷이다. 암컷은 항상 고요함으로 수컷을 이기니 그것은 고요함으로 아래에 있기 때문이다. 그러므로 대국이 소국의 아래에 있으면 소국에 받아들여지고, 소국이 대국의 아래에 있으면 대국에 받아들여지니 혹 아래로써 받아들여지기도 한다. 대국은 겸하여 사람을 기르려하는데 불과하고, 소국은 들어가서 사람을 섬기려고 하는데 불과하다. 이들 양자는 각각 그 하고자 하는 것을 얻으려 하기 때문에 큰 자는 마땅히 아래에 있어야 한다.46)

대국이란 오늘날의 강대국을 말한다. 대국이 천하의 하류와 같은 것은 하류는 상류의 크고 작은 물을 다 받아들임으로써 질펀한 흐름을 이루는 것과 같이 강대국은 약소국들이 모이고, 서로 교류하는 장소이기도 하다. 이는 마치 암컷은 가만히 있어도 수컷이 찾아오는 것과 같이 강대국은 가만히 있어도 약소국들은 자국의 안위와 이익을 위해 강대국을 찾아가는 것과 같은 이치이다. 이처럼 강자와 약자가 서로를 인정하고 받아드리려는 것이 곧 강자와 약자의 공존 논리이자 생존 법

46) 大國者 天下之下流 天下之交 天下之牝 牝常以靜勝牡 以其靜故爲下也 故大國以下小國 則取於小國 小國以下大國 則取於大國 或下而取 大國不過欲兼畜人 小國不過欲入事人 兩者各得其所欲 故大者宜爲下(『道德經』 第61章).

칙인 것이다.

그러므로 초강대국이라 해도 약소국을 이해하고 도와주지 않으면 안 된다. 왜냐하면 자연의 법칙-도의 원리라고 하는 것은 서로 부정하는 이율배반이 아니라, 서로 긍정하는 이율대대이므로 내가 살기 위해서는 남을 살려주지 않으면 안 되기 때문이다. 역사상 자국의 부강을 위해서 타국을 희생하고 침략한 나라가 오래 존속한 경우는 거의 없다.

그래서 노자는 도(道)로 임금을 보좌하는 사람은 군대를 천하에서 강하게 하지 않는데, 그 까닭은 전쟁은 또 다른 전쟁을 불러오기를 좋아하고 군대가 주둔한 곳은 황폐해지고 큰 전쟁이 지나간 뒤에는 반드시 흉년이 들기 때문에 그렇다고 했다.[47] 그러면서도 노자는 전쟁이 비록 농토를 황폐시키고 백성들을 기아로 몰아넣는다고 하더라도 불가피한 것이라고 다음과 같이 말하였다.

> 대개 무기라고 하는 것은 상서롭지 못한 기물이어서 사물이 이것을 싫어할지 모른다. 그러므로 도를 아는 사람은 이를 가까이 하지 않는다. 군자는 평상시에는 왼쪽을 귀하게 여기고 전쟁을 할 때는 오른쪽을 귀하게 여긴다. 무기라고 하는 것은 상서롭지 못한 기물이나 어쩔 수 없이 사용하게 될 적에는 안정을 상책으로 삼는다. 승리해도 그것을 아름답게 여기지 아니한다. 그런데 승리를 아름답게 여기는 자는 사람 죽이기를 즐기는 것이다. 대개 사람 죽이기를 즐기면 하고자 하는 것(志)을 천하로부터 얻을 수 없게 된다. 좋은 일(전승 축하연)에는 왼쪽(만물을 살리는 생문방)을 숭상하고 나쁜 일(장

47) 以道佐人主者 不以兵强天下 其事好還 師之所處 荊棘生焉 大軍之後 必有凶年(『道德經』 第30章).

> 례식)에는 오른쪽(만물을 죽이는 사문방)을 숭상한다. 군대에서는 부장군은 왼쪽에 앉고 대장군이 오른쪽에 앉는 것은 전승 축하연을 상례(喪禮)로 여기기 때문이다. 살인을 많이 하였으면 슬픔으로 눈물을 흘리며 전승을 상례로 여겨야 한다.[48)]

무기라고 하는 것은 상서롭지 못한 것이기 때문에 사람들은 이것을 가까이 하거나 사용해서는 안 된다. 그러나 불가피하게 사용할 경우에는 비록 적국일망정 안정시키는 것을 상책으로 여겨야 하고, 전쟁에 승리한 것을 즐기는 축하연 따위의 행사를 해서는 안 된다고 노자는 말한다. 왜냐하면 이런 축하연은 마치 사람 죽이기를 즐기는 축제와 다르지 않기 때문이라는 것이다.

노자가 불가피한 전쟁을 인정하기는 했어도 인명에 대한 그의 태도가 얼마나 진지했는가를 전후의 문맥에서 쉽게 알 수 있다. 비록 적국의 전사자라고 하더라도 그들의 명복을 빌어주고 유가족을 위로하는 상례(喪禮)처럼 하라는 데서는 고도의 정치적 계산까지 느끼게 한다.

그러나 분명한 것은 노자는 전쟁반대론자라는 사실이다. 전쟁을 반대한 노자는 전쟁이 발발하는 까닭은 만족할 줄 모르는 데서 일어난다고 이렇게 말한다.

---

48) 夫佳兵者 不祥之器 物或惡之 故有道者不處 君子居則貴左 用兵則貴右 兵者不祥之器 非君子之器 不得已用之 恬澹爲上 勝而不美 而美之者 是樂殺人 夫樂殺人者 則不可以得志於天下矣 吉事尙左 凶事尙右 偏將軍居左 上將軍居右 言以喪禮處之 殺人之衆 以悲哀泣之 戰勝以喪禮處之(『道德經』第31章).

천하에 도가 있으면 전쟁터에서 쓰이던 말로 밭갈이를 하지만, 천하에 도가 없으면 밭갈이를 하던 말을 징발하여 변방에 보내게 된다. 이런 환란은 만족할 줄을 모르는 것보다 큰 것이 없고, 허물은 더 얻으려는 것보다 큰 것이 없다. 그러므로 만족할 줄 아는 만족이 진짜 만족한 것이다.[49]

이 세상에서 전쟁보다 더 참혹한 것은 없다. 사람이 사람을 죽이고 재물은 앗아가거나 불질러버린다. 인성은 파괴되고 도덕은 거부된다. 그리하여 반문명적·반사회적 현상이 판을 치게 된다. 이 같은 전쟁은 만족할 줄 모르는 소유욕과 정복욕에서 일어난다고 노자는 말하고 있다.

그래서 노자는 만족할 줄 알면 욕되지 않고, 그칠 줄을 알면 위태하지 아니하여 오래 갈 수 있다고 한다.[50] 그러므로 전쟁을 일으키는 것은 만족할 줄 모르기 때문이고, 만족할 줄 모르기 때문에 위태할 뿐 아니라, 오래 갈 수도 없다는 것이 노자의 주장이며 논리이다.

그래서 노자는 아무리 정의로 나라를 다스리고 교묘한 꾀로 군대를 쓴다고 하더라도 그것은 위험하기 때문에 아무런 일을 하지 않는 것(무위자연)으로 천하를 취하지 않으면 안 된다고 했다.[51]

그러므로 노자는 선비노릇을 잘 하는 사람은 무력을 쓰지 않고, 싸움에서 잘 이기는 사람은 성을 내지 않으며, 적과 싸워 잘 이기는 사람은 다투지 않는다고 하면서 싸우지 않고 이기는 전쟁의 비법을 제시

49) 天下有道 卻走馬以糞 天下無道 戎馬生於郊 禍莫大於不足 咎莫大於欲得 故知足之足 常足矣(『道德經』 第46章).

50) 知足不辱 知止不殆 可以長久(『道德經』 第44章).

51) 以正治國 以奇用兵 無事取天下(『道德經』 第57章).

하였다.[52] 그러면서도 노자는 화근은 적을 가벼이 여기는 것보다 큰 것이 없고, 적을 가벼이 여기다보면 나의 보배(자애·검약·감히 천하의 앞이 되지 않는다)를 잃는다고 하면서 적에 대한 경계를 게을리 해서는 안 되지만 최후의 승자는 전쟁 그 자체를 슬프게 여기는 자의 것이라고 했다.[53]

여기서 우리는 노자가 반전론자라는 것을 알 수 있다. 때문에 그는 강병만을 도모하다가는 망해버린다고 다음과 같이 말했다.

> 사람이 살아 있을 때는 부드러우나 죽으면 굳어지고, 초목도 살아 있을 때는 나긋나긋하나 죽으면 말라버린다. 그러므로 부드러운 것은 살아 있을 때의 현상이고, 굳어지는 것은 죽을 때의 현상이다. 이 때문에 군대가 강하게 되면 멸망하고, 나무도 강하면 꺾인다. 강대한 것(강대국)은 아래에 있게 되고 유약한 것(약소국)은 위에 있게 된다.[54]

세상에 죽지 않는 사람은 없으니 부드러운 것은 언젠가는 굳어지게 되고, 나긋나긋한 나뭇잎은 가을이 되기가 무섭게 조락한다. 그러므로 부드러움은 삶에 속하고, 굳어버림은 죽음에 속한다. 나무도 쓸만하게 자라면 베어서 목재로 쓰이고, 군대가 강하다고 전쟁을 일삼다가는 전쟁으로 망한다. 세상에 영원한 강대국이 없는 것은 이 때문이다.

---

52) 善爲士者不武 善戰者不怒 善勝敵者不與(『道德經』 第68章).

53) 禍莫大於輕敵 輕敵幾喪吾寶 故抗兵尙加 哀者勝矣(『道德經』 第69章).

54) 人之生也柔弱 其死也堅强 草木之生也柔脆 其死也枯槁 故柔弱者生之徒 堅强者死之徒 是以兵强則滅 木强則折 强大處下 柔弱處上(『道德經』 第76章).

아직 어린 나무는 목재로 쓰일 때까지 살 수 있고, 약소국은 업신여김을 받을지언정 강대국처럼 횡포를 부리는 일이 없기 때문에 오래갈 수 있다. 이 모든 것들은 부드럽고 약한 것이 굳세고 강한 것을 이기는 자연의 질서에서 오는 현상들이다. 그러므로 노자는 "작은 것을 볼 수 있으면 현명하다고 할 수 있고, 부드러움을 지킬 수 있으면 강하다고 할 수 있다"고 한다.[55] 이것이 약소국이 강대국을 이긴다는 노자의 전쟁관이다.

6. 노자의 무위사상과 이상세계

노자의 눈에 비친 주나라의 문화는 지나치게 인위적이고 조직적이었다. 그리하여 그는 주나라의 문화를 부정했을 뿐만 아니라, 이를 확대·해석한 나머지 '무위'를 주장하면서 인위적이고 조작적인 유위(有爲)를 반대하였다. 사실상 인간의 큰 폐단은 지나친 유위와 조작에 있다. 그러므로 노자가 무위를 주장한 것은 일체의 행위를 부정한 것이 아니라, 자연적·필수적이 아닌 것을 하지 말라는 것이다. 그러므로 무위란 자연적이고 필수적인 행위만 하라는 것이다. 여기서 말하는 '자연적'이란 인위적인 무리를 가하지 않고 필수적인 것만을 하는 그런 행위를 뜻한다.

노자가 말하는 무위정치란 인위정치 또는 조작정치의 상대적인 개념이다. 이른바 인위나 조작은 자연스럽지도 않거니와 필수적인 것도 아

55) 見小曰明 守柔曰强(『道德經』 第52章).

니다. 그러므로 인위로 천하를 다스리면, 천하를 망치고 종국에는 그것마저 잃게 된다고 노자는 말하고 있다.

> 천하를 탈취하여 그것을 인위로 다스리려 하는 것은 불가능한 일이라고 나는 본다. 천하란 신비로운 것이어서 인위로 다스릴 수 없는 것이다. 인위로 다스리려 하는 자는 그것을 망치고, 거기에 집착하는 자는 그것을 잃을 것이다.[56)]

이처럼 노자가 유위를 반대하면서 무위의 정치를 주장한 것은 그가 살았던 당시의 치자들은 유위의 자격이 없음에도 불구하고 유위에 치우쳐 백성을 괴롭히고 있다고 다음과 같이 말하였다.

> 백성의 굶주림은 다스리는 자가 세금을 많이 먹기 때문이며, 백성을 다스리기 어려움은 다스리는 자가 인위를 부리기 때문이며, 백성이 죽음을 가벼이 앎은 그 삶을 바라기를 너무 중히 하는 까닭이다.[57)]

또 노자는 빈부 격차의 참상과 가진 자의 횡포를 이렇게 꼬집고 있다.

> 조정은 매우 정결한데 밭은 매우 황폐해 있고 백성들의 창고는 텅 비어 있는데 문채가 나는 옷을 입고 예리한 칼을 차고 실컷 먹고 마

---

56) 將欲取天下而爲之 吾見不得已 天下神器 不可爲也 爲者敗之 執者失之(『道德經』 第29章).

57) 民之饑 以其上食稅之多 是以饑 民之難治 以其上之有爲 是以難治 民之輕死 以其求生之厚 是以輕死(『道德經』 第75章).

시며 남아도는 재물을 갖고 있으면 이는 뽐내는 도둑이라 해야 할 것이다. 도에 어긋난 짓이 아닌가.[58)]

이렇게 말하고 있는 노자의 기술에서 당시의 정치적 상황에 대한 그의 인식과 태도가 어떠했는가를 쉽게 알 수 있다. 이 같은 시대적 인식을 바탕으로 한 노자의 정치사상은 '도'라는 핵심 개념으로부터 출발하고 있다.

도는 항상 아무 일도 하는 것이 없으면서도 하지 않는 것이 없다.[59)]

앞에서도 이미 언급한 바와 같이 천하 만물은 도에 의해 생성되지만, 도 그 자체는 사물이 아니므로 만물이 작용하는 것 같이 작용할 수는 없다. 그러나 만물은 그것으로부터 생성되어 나오므로 도는 아무것도 하지 않으면서도 하지 않는 것이 없다고 노자는 말하고 있다.

대도는 널리 뻗어서 그것이 좌우에 있을 수 있다. 만물은 이것을 얻어 생겨나면서도 사양하지 않으며, 공을 이루고도 그 공을 있다고 이름 하지 않으며, 만물을 양육하고도 그 주인이 되지 않는다.[60)]

여기서 말하는 도의 작용이란 의지가 있는 것이 아니라, 단 하나의

58) 朝甚除 田甚蕪 倉甚虛 服文綵 帶利劍 厭飮食 財貨有餘 是謂盜夸 非道也哉(『道德經』 第53章).

59) 道常無爲而無不爲(『道德經』 第37章).

60) 大道氾兮 其可左右 萬物恃之而生而不辭 功成不名有 衣養萬物而不爲主(『道德經』 第34章).

'자연'이다. 자연이라는 자(自)는 '스스로'이고, 연(然)은 '이러하다'는 것이니 '자연'은 '스스로 이러하다'는 것을 뜻한다.[61] 그런데 이 같이 '스스로 이러하다'는 도에 대해 노자는 천도와 인도를 이렇게 구별하여 지적하고 있다.

> 하늘의 도는 남는 것을 덜어 모자라는 것에 더하거늘, 사람의 도는 그렇지 않아 모자라는 것을 덜어서 남는 편을 더해 준다.[62]

이 말은 현실로서의 유위적인 정치의 모순과 비리를 꼬집고 있는 것이다. 그러므로 치자는 모자라는 것을 덜어서 남는 편을 더해 주는 그런 정치를 하지 말고, 하늘의 도를 본받아, 도가 그런 것처럼 통치자 자신도 아무 것도 하지 말고, 백성들 스스로 할 수 있게 내버려두라는 것이 노자가 주장한 '무위'이다.

이와 같이 아무 것도 하지 않는 것 같이 보이면서도 사실은 백성들을 위해 모든 것을 다 하는 정치를 나(노자)는 '덕치'라고 부르겠다고 했다. 이런 정치에 능숙한 사람을 능숙한 여행에 비유하고 있다.

> 발자국이나 바퀴자국을 남기지 않는 능숙한 여행자.[63]

정치의 훌륭한 솜씨라고 하는 것은 마치 통치자가 사심과 편견을 버리고 백성의 마음을 자기의 마음으로 삼고 백성의 고통을 자기의 고통

---

61) 송긍섭 외 역, 앞의 책, 63쪽.
62) 天之道損有餘而補不足 人之道則不然 損不足以奉有餘(『道德經』 第77章).
63) 善行者無轍迹(『道德經』 第27章).

으로 여겨야 하는 것과 같은 것이다. 이와 같이 통치자가 공평무사할 때 비로소 치자와 피치자는 한 마음으로 행복한 경지에 이르게 되어 통치자의 존재까지도 느끼지 못하게 된다고 했다.

> 가장 훌륭한 치자가 통치(太上)를 하면 백성들은 그가 있다는 것만을 알 뿐이다. … 공이 세워지고 일이 이루어졌을 때, 백성들은 모두가 내 자신이 그렇게 한 것이라고 말한다.[64]

여기서 말하는 태상(太上)은 가장 훌륭한 통치자가 통치하는 것을 가리킨 말이다. 그리고 아(我)는 백성을 뜻한다. 그러므로 가장 훌륭한 치자가 정치를 하게 되면, 백성들은 치자가 있다는 것은 알지만 치자가 무엇을 어떻게 하고 있는지를 감지하지 못하게 된다.

그렇다고 해서 치자는 아무것도 하지 않는다는 것은 아니다. 치자는 백성들이 하고자 하는 일들이 도에 어긋나지만 않으면, 그것이 순조롭게 이루어지도록 옆에서 도와주기만 하면 된다는 것이다. 이것이 이른바 가능하면 말을 적게 하여 스스로 그렇게 되도록 한다는 것이다.[65]

치자가 적어도 말을 적게 하면서도 스스로 그렇게 되도록 하는 정치적 효과를 거두기 위해서는 무욕(無欲)하지 않으면 안 된다는 것이다. 왜냐하면 "(도)항상 무욕하여 작다고 이름할 수 있다"고[66] 한 것처럼 도 그 자체가 무욕이기 때문이다. 그래서 노자는 치자가 무욕하면 백성들도 반드시 치자를 본받게 된다고 하였다.

---

64) 太上下知有之 … 功成事遂 百姓皆謂我自然(『道德經』 第17章).

65) 希言自然(『道德經』 第23章).

66) 常無欲 可名於小(『道德經』 第34章).

성인이 말씀하기를 … 내가 무욕해짐으로 백성들은 스스로 소박하여진다고 하셨다.[67]

이는 치자의 무욕이 무위정치에 있어 필수조건임을 밝힌 것이다. 그리고 노자는 치자는 무욕해야 함과 동시에 허정함을 강조하고 있다.

마음을 텅 비게 하는 것(虛)을 극도로 하고, 고요함(靜)을 지키는 것을 독실하게 하면 만물이 아울러 생겨난다.[68]

이는 허(虛)와 정(靜)을 강조한 것이다. 사실상 구체적인 삼라만상이 생겨나기 이전의 상태는 곧 허한 것이었으니 고요할 수밖에 없었을 것이다. 이로 미루어 도는 허와 정의 성질을 함께 지니고 있음을 알 수 있다.

그러므로 도를 체득한 사람－성인은 허정의 태도를 취할 수밖에 없기에 "성인이 말씀하시기를 … 내가 고요함을 좋아하므로 백성들은 스스로 올바르게 된다고 하셨다"고 했던 것이다. 이는 허와 정이야말로 무위정치를 하려는 치자가 지녀야 하는 태도임을 밝힌 것이다.

인간을 자율적인 존재로 이해하고 있는 노자의 입장에서 볼 때, 모든 사람이 스스로 통치하기를 원하는 것은 당연한 일이다. 그러므로 백성들이 행복하려면 어떻게 해야 되는지를 잘 알고 있는 노자는 이렇게 말한다.

---

67) 聖人云 … 我無欲而民自樸(『道德經』 第57章).
68) 致虛極 守靜篤 萬物並作(『道德經』 第16章).

> 성인이 다스림에 백성의 마음을 비우고 배를 채운다. 그 뜻을 약하게 하고 뼈를 강하게 한다. 그는 언제나 백성으로 하여금 지식과 욕심을 떠나도록 하여 지식인이라 할지라도 하는 것이 없도록 한다. 이처럼 무위를 행한 즉 다스려지지 않는 바가 없다.[69)]

성인은 보통의 군주와는 달리 소유욕도 없고 지배욕도 없다. 그러면서도 부득이 정치를 하게 되면 먼저 백성들로 하여금 욕심과 야망을 없애버리게 하여 청정한 마음을 가지게 하지만, 배는 부르게 한다. 욕심과 야망은 본능적인 것이 아니어서 얼마든지 씻어버릴 수 있다.

그러나 사람은 배고프면 먹어야 한다. 먹지 않으면 죽는다. 식욕은 본능적인 것이어서 살아 있는 한 어찌할 수가 없다. 그리고 지식이라는 것은 우리 속담에 '아는 것이 병'이라는 말과 같이 알아야 되는 것은 약이 되지만, 몰라도 되는 것까지 알게 되면 쓸데없는 욕심이나 번뇌만 생기는 경우가 많다. 그러므로 성인이 하는 정치는 '하는 것이 없으면서 하지 않는 것이 없다'는 것과 같이 무위의 정치를 하여도 다스려지지 않는 것이 없게 된다.

또 노자는 현명한 통치자는 억압할 필요도 없고 지배해야 할 이유도 없기 때문에 언제나 유약(柔弱)의 태도를 지니는데 그 까닭은 "유약은 도의 작용"이기 때문에 그렇다는 것이다.[70)] 세속적으로 용맹한 것은 승리하고 유약한 것은 수모를 받아 종국에는 패망한다고 하지만, 이는 도의 성질이 곧 유약하다는 것을 모르기 때문이라고 다음과 같이 말하

69) 聖人之治 虛其心 實其腹 弱其志 强其骨 常使民無知無欲(『道德經』 第3章).
70) 弱者道之用(『道德經』 第40章).

고 있다.

> 천하에 물보다 유약한 것이 없으면서 굳고 강한 것을 공격하는 데는 이것보다 더 나은 것이 없으니 그것으로 이것과 바꿀 수 없다.[71]

이런 까닭으로 노자는 "부드럽고 약한 것이 굳세고 강한 것을 이긴다"고도 한다. 치자가 적어도 유약의 태도를 지니면서 무위정치를 하기 위해서는 환란이 발생하기 전에 예방하는 주의력과 사건의 확대를 미연에 막을 수 있도록 미세한 것까지 찾아낼 수 있는 총명-미명(微明)을 갖지 않으면 안 된다는 것이 노자의 주장이다.

그렇다면 노자가 이상과 같은 조건과 태도를 지니면서 무위정치를 통해 궁극적으로 도달하려 했던 이상세계란 어떤 사회였을까?

> (이상적인 나라는) 국토는 작고 백성의 수는 적다. 문명의 이기가 있어도 쓰지 않고, 백성들로 하여금 저마다 삶을 아끼고 멀리 떠돌지 않게 한다. 비록 배나 수레가 있어도 타고 다닐 필요가 없고 비록 무기가 있어도 쓸 필요가 없다. 백성들로 하여금 (문자를 버리고) 다시 새끼줄을 묶어 쓰게 한다. 사람들은 (자연 속에서) 맛있게 먹고 잘 입고 편안히 살고 제멋대로 즐긴다. 이웃나라가 서로 바라보이고 닭과 개 우는소리가 서로 들리지만, 백성들은 늙어 죽을 때까지 서로 내왕하는 일이 없다.[72]

71) 天下莫弱於水 而攻堅强者 莫之能勝 以其無以易之(『道德經』 第78章).
72) 小國寡民 使有什伯之器而不用 使民重死而不遠徙 雖有舟輿 不所乘之 雖有甲兵 無所陳之 使民復結繩而用之 甘其食 美其服 安其居 樂其俗 隣國相望 鷄犬之聲相聞 民至老死不相往來(『道德經』 第80章).

여기서 노자가 그리고 있는 이상 세계는 사람들이 저마다의 목숨이나 중히 여기고 생활을 위해 멀리 떠돌아다닐 필요가 없는 사회, 문명의 이기가 있어도 쓰지 않고 복잡한 문자가 아닌 소박한 원시적인 매듭글자로도 의사가 소통되는 사회, 그리고 자연 속에서 맛있게 먹고 잘 입으며 멋대로 즐기면서 편안히 살 수 있는 사회로 그런 사회는 노자가 말하는 자연스런 삶이요 무위정치를 통해 이룩하려 했던 이상세계였다.

그리고 그러한 세계가 가능하기 위해서는 첫머리에 보이듯이 나라는 작고 백성은 적은(小國寡民) 자급자족적 공동체라야 한다. 이웃나라의 닭이나 개의 소리를 들을 수 있는 정도의 작은 나라이지만, 백성들은 이웃나라를 방문할 걱정이 하나도 없을 만큼 자족하고 있어야 한다는 것이다. 왜냐하면 백성이 많으면 법률과 제도는 복잡하게 되어 무위의 정치는 어려울 것이기에 크고 강한 것을 반대하는 노자의 이상과는 합치될 수 없기 때문에 그렇다.

7. 장자와 제물외생(齊物外生)

노자의 사상은 한결같이 이기적인(爲我) 의미가 짙다. 노자는 허정(虛靜)과 유약(柔弱)의 방법으로 개인의 자존을 보장했고, 무위의 술로 자존의 사회 환경을 보장하려 했다. 그러나 그것은 쉽게 이루어질 수 있는 것은 아니다. 그리하여 장자는 이 같은 노자사상의 결점을 보완하기 위해서 완고한 나만을 위하는 생각을 버리고 '제물외생'의 설을 발전시켰다.

'제물'이란 만물은 모두 다르지만, 본디부터 그렇게 존재할 수밖에 없기 때문에 그렇게 존재한다. 그러나 만물은 모두 도에서 유래하였으므로 만물은 천태만상이나 도에 귀일한다는 점에서는 같다. 예를 들면, 의자는 나무로 만들어진다. 의자의 입장에서 보면 이루어진 것(成)이지만, 목재의 관점에서 보면, 허물어진 것(毁)이다.

그러나 이루어지고 허물어진다는 것은 단지 유한한 관점에서 그렇게 보았을 뿐이다. 도의 관점에서 보면 이루어짐도 허물어짐도 없기에 성훼(成毁)란 다만 상대적일 뿐이다.

> 한쪽에서의 분산은 다른 쪽에서의 완성이며, 한쪽에서의 완성은 다른 쪽에서의 파괴이다. 모든 사물은 완성이건 파괴이건 다같이 하나이다.[73)]

사실상 도의 관점에서 보면 나(我)와 나 아닌 나(非我)의 구분도 역시 상대적일 뿐이다.

그리고 '외생'은 이러한 제물의 의미를 터득함으로써 외계의 영고성쇠의 영향을 받지 않고 자연에 순응함으로써 어떤 구속이나 아집으로부터 벗어남을 뜻한다. 그러나 무지한 사람은 여러 가지 면에서 외적인 요인에 의해 진정한 마음의 평화를 누리지 못하고 신(神)도 사물도 모르는 채 무지하게 살아간다.

자연현상이 그렇고 인간사 또한 상대적인 상황의 반복이다. 그래서

---

73) 其分也 成也 其成也 毁也 凡物無成與毁 復通爲(『莊子』 齊物論).

장자는 이렇게 말한다.

> 생명이 있는 곳에 죽음이 있고, 곧 죽음이 있는 곳에 바로 생명이 있다. 가능한 곳에 불가능이 있고, 곧 불가능한 곳에 바로 가능이 있다. 그 무엇 때문에 옳기도 하고 그르기도 하며 그 무엇 때문에 그르기도 하며 옳기도 하다.[74)]

여기서 생사가 둘이 아니요(生死不二), 득실이 다르지 않다(得失無異)는 의미도 알 수 있게 될 것이다. 그러나 범상한 사람들은 생과 득에 연연하면서 고통과 번민을 배가시키고 있다. 정치도 다르지 않은데도 정치권력에 연연하다 종래는 불행을 자초하는 경우가 적지 않다.

8. 장자의 방임사상과 무통치

장자는 자신이 임금이 되지 않고 임금은 다스림을 세우지 않는 것으로써 최후의 이상을 삼았다. 그는 치술(治術)이란 다른 것이 아니라, 다스리지 않는 것으로 다스림을 삼을 따름이라고 했다.

이 같은 그의 견해는 인간을 완전하다고 보았기 때문에 사람에게 필요한 것은 사회의 자유지 군자의 교화가 아니라고 한다. 이처럼 그는 정치에 대해서는 비관적이었지만, 인성에 대해서는 낙관적인 입장을

---

74) 方生方死 方死方生 方可方不可 方不可方加 因是因非 因非因是(『莊子』 齊物論).

취하고 있었다.

장자는 말하기를 만일 백성을 있는 그대로 너그러이 놓아두지 않고, 그 대신 법률이라든가 제도 등으로 백성을 다스리려 한다면 그것은 마치 말의 목에 멍에를 얹고 소의 코에 고삐를 꿰는 것과 같은 것으로 그는 이를 인위라고[75] 하고, 정치란 곧 인위적인 것으로 말이나 소는 날 때는 멍에도 고삐도 없었지만, 그것은 마치 치자의 필요에서 법제를 만든 것처럼 그것이 존재하는 순간부터 말과 소는 고통을 받는다고 했다.

그리고 정치란 본래 획일을 요구하는 속성이 있는데 그것은 마치 오리의 다리를 짧다고 이어주면 고생이 되고 학의 다리가 길다고 끊으면 비극이 되는 것처럼[76] 장단의 자연함을 무시하고 획일과 통일을 기할 때, 오리의 고생과 학의 비극과 같이 피치자 대중도 고통과 비극을 받게 된다고 했다. 이 같은 치자의 전횡은 어디에서 유래하는가에 대해 장자는 다음과 같이 말하고 있다.

> 옛날 해조가 노나라 교외에 내려앉았다. 노나라 임금은 그 새를 일부러 맞이하여 대궐 안에서 술을 마시게 하고, 순임금 때 만든 구소(九韶)를 연주하여 즐겁게 하고 태뢰(太牢 소·양·돼지의 세 가지 고기로 만든 제수)를 갖추어 대접하였다. 새는 눈이 아찔해져서 걱정하고 슬퍼하며 감히 고기 한 점 먹지 못하고 술도 한 잔 들지 못하고 사흘 만에 죽었다. 이는 노나라 임금이 자기를 보양하는 식으로 새를 보양한 것이지 새를 기르는 식으로 새를 보양하지 않았기

75) 落馬首 穿牛鼻 是謂人(『莊子』 秋水).

76) 是故鳧脛雖短 續之則憂 鶴脛雖長 斷之則悲(『莊子』 騈拇).

때문이다.[77]

해조에 대한 노나라 임금의 의도에는 꼬집을 만한 악의는 없다. 그가 궁중에서 자기가 좋아하는 구소와 태뢰로 새를 대접한 것은 분명 정중한 선의의 대접이었다. 그러나 새에게 있어 그 같은 접대는 고통이요 비극이었다. 이는 마치 획일적인 법제나 도덕을 가지고 정치나 사회가 개인에게 그것을 강요하는 것과 같다는 것이 장자의 주장이다. 그래서 새는 그대로 내버려두는 것이 새의 자연이요 행복인 것처럼 장자는 천하(자연)도 그대로 내버려두라고 다음과 같이 말한다.

> 천하를 있는 그대로 방임하여 둔다는 말은 들었지만 천하를 다스린다는 말은 듣지 못하였다. 있는 그대로를 보전하는 것은 천하가 그 본성을 음란하게 할까 두려워해서이며, 관대하게 놓아두는 것은 천하가 그 덕을 바꿀까 두려워하기 때문이다. 이제 천하가 그 본성을 음란케 하지 않고, 또 그 덕을 바꾸지 않는데, 그래도 천하를 다스리는 자가 있어야 할까.[78]

이 같은 장자유의 정치를 '최선의 통치는 통치하지 않는 통치'라 하여도 무방할 것이다. 이처럼 장자의 태도는 현실로서의 통치를 긍정하고 가능한 적게 통치할 것을 주장한 노자에 비해 통치 그 자체를 부정

---

77) 昔者海鳥止於魯郊 魯侯御而觴之於廟 奏九韶以爲樂 具太牢以爲膳 鳥乃眩視憂悲 不敢食一臠 不敢飲一杯 三日而死 此以己養養鳥也 非以鳥養養鳥也(『莊子』 至樂).

78) 聞在宥天下 不聞治天下也 在之也者 恐天下之淫其性也 宥之也者 恐天下之遷其德也 天下不淫其性 不遷其德 有治天下者哉(『莊子』 在宥).

하였다는 점에서 노·장자 두 사람은 다르다고 하겠다. 비록 현실 정치에 대한 노·장자의 입장이 다르다고 하더라도 그들의 사상과 주장은 동아시아의 정치사상에 언제나 청량제와도 같은 신선함을 주었다.

그 이유는 정치적인 순종과 유가적인 도덕이 탐미적인 인간의 심성에 대하여 소홀한데 반하여 도가는 그렇지 않았기 때문이다. 이러한 사실은 동아시아의 강력한 권력자들이란 보통 사회를 구제하려고 한 유가적 적극주의자들이었지만, 그들이 권력을 잃으면 자기 주위의 자연과의 융합에 몰두하려는 도가적인 자연주의자가 되었다는 사실에서 볼 수 있다.

과거 동아시아에서는 아침에 활동적인 관리가 저녁에는 공상에 찬 시인이나 탐미적인 예술인이 되는 경우는 수없이 많았다. 지금도 한 때를 주름잡던 사람이 조용히 초야에 묻혀 자연과 벗하고 있다는 이야기를 심심치 않게 듣고 있다. 인간의 원초적인 심성을 중시한 도가가 동아시아 사상사와 그 기복을 같이 한 것은 어쩌면 자연스런 현상인지 모른다.

제7장 법가의 부국강병과 한비자

1. 법가의 기원과 체제개혁

주나라 초기의 봉건사회에는 두 가지 규범에 의해 사회질서가 유지되고 있었는데, 그 하나는 예(禮)이고 다른 하나는 형(刑)이다. 예는 치자와 귀족들의 행위를 규제하는 불문율이었는데, 때로는 오늘날의 국제법과도 같은 기능까지 하고 있었다. 형은 서민과 소인들에게만 적용되었다.

> 예는 서민에까지 내려가지 않고, 형은 대부에까지 미치지 않는다.[1)]

1) 이 말은 종래 예와 형의 적용에 있어 불평등한 것으로 이해되어 왔다. 물론 과거와 같은 신분사회에서는 예와 형의 적용에 있어 불평등한 적용이 없지 않았을 것이다. 그러나 보다 정확한 이해는 서인이란 비독서인이다. 다시 말해서, 서인은 지식인 계층이 아닌데 반하여 대부란 독서인으로 지식인 계층이기 때문에 이성적인 설명만으로도 충분하다는 것이다. 이는 마치 이성적 설명이 먹혀들지 않는 초등학교(중・고등 포함)의 학생들에게는 체벌을 가하지만, 대학에서 체벌을 가하지 않는 것과 같은 것으로 이해하는 것이 옳을 것이라는 게 필자의 생각이다. 禮不下庶人 刑不上大夫(『禮記』 曲禮上).

주나라 말에 이르면 봉건제도는 무너지고, 계속된 전쟁의 결과 몇 개의 나라가 통합되어 보다 광대한 통치영역이 등장하였다. 이렇게 확대된 통치영역에 대해 효과적인 통치방법을 모색하고 있을 때, 가장 효과적인 통치방법은 인의 도덕이 아니라, 법이라고 주장하는 사람들이 있었다.[2] 그들은 그들의 주장을 이론화하고 합리화한 최초의 사람들로서 법가의 선구들이다. 그러므로 법가의 사상은 오늘날 우리들이 흔히 말하는 법학과는 다르다. 이를 더 정확히 말한다면, 통치론 또는 국가조직론 내지 정치지도자론과 같다고 하는 편이 옳을 것이다.

호적(胡適)은 그의 『중국고대철학사』에서 고대에는 법가란 말이 없었지만, 법가란 이름이 사용되어 온 것이 퍽 오래이므로 그저 이 이름을 사용한다고 했다.[3] 그러나 법가란 명칭은 선진 제가 중 엄연한 사상적 위치를 점유하고 있기 때문에 명칭의 유무를 떠나서 사상적으로 중요하게 다루고 있다. 흔히 법(法)이란 본보기 또는 법칙으로 통한다. 따라서

2) 서양인들은 법이 서양문명을 이루는 데 있어 긍정적으로 기여했다고 믿고 있는데 반하여 동아시아인들은 법을 늘 부정적인 것으로 이해했거나, 심지어는 멸시하여 왔다. 이러한 사실은 서양인들은 개인적으로 오류가 있을 수 있는 재판관보다는 비인격적인 법의 지배를 받는 것이 더 안전하다고 생각하는데 반하여 동아시아인들은 비인격적인 법의 지배보다는 도덕적인 심성을 지닌 관리의 지배를 받는 것이 더 안전하다고 느껴 온 데서 차이를 가진다. 법에 대한 동아시아인들의 이 같은 인식에는 적어도 다음과 같은 두 가지 이유가 있을 것으로 여겨진다. 그 하나는 대부분의 동아시아인들은 심정적으로 인간의 윤리 도덕적인 심성에 대해 신뢰하고 있었다는 사실이고, 다른 하나는 법가가 주장한 법의 시행과 적용이 너무 가혹하다고 믿고 있었다는 데 연유한다고 하겠다.

3) 송긍섭 외 역, 『중국고대철학사』, 대한교과서주식회사, 1962, 391쪽.

이들 학파는 유가와는 달리 훌륭한 국가는 도덕적인 제도 대신 확고하고도 객관적인 표준으로서의 법에 기준을 두어야 한다고 주장했다.

이처럼 법전에 기준을 두다 보니 법가는 인간에게 가혹할 정도로 엄격하여 온정은 없지만, 그들은 군신상하의 명분을 바로잡아 놓았는데 이것은 바꿀 수 없다[4]고 사마천(司馬遷 : 기원전 145~86)은 그의 저서 마지막에 적고 있다. 그리고 유흠(劉歆 : 기원전 46~서기 23)은 법가에 대해 다음과 같이 적고 있다.

> 법가 학파는 대체로 이관(理官 : 옥송을 심리하는 벼슬로 오늘의 법관에 해당) 출신들이다. 그들은 상벌을 엄하게 함으로써 예제를 보충하였다. 역에 이르길 '선왕은 법률을 밝히고 정돈하였다' 라고 하였으니 이것이 이 학파의 장점이다.[5]

춘추 말기에 이르면 이미 사회계급의 낡은 고리는 깨어지고, 제후들의 상호 공격과 정벌로 보다 큰 나라가 출현하였다. 이렇게 출현한 대국들은 기능과 구조의 확대로 강력한 행정력이 필요했는가 하면, 당면한 현실을 해결할 수 있는 보다 구체적인 방법을 요구하기도 했다. 이 같은 필요와 요구에 따라 그들 자신들의 방법을 이론화하고 합리화시킨 일군의 인물들이 나타났는데 이들이 법가의 중추를 이루었다.

주나라 문화에 대한 이들 법가의 태도는 부정적이었다. 그러나 그들

---

4) 法家嚴而少恩 然其正君臣上下之分 不可改矣(『史記』 卷130, 太史公自序, 臺北 : 鼎文書局, 民國 66年, 3289쪽).

5) 法家者流 蓋出於理官 信賞必罰 以輔禮制 易曰 先王以明罰飭舫 此其所長也(『前漢書』 藝文志).

은 묵가와 같은 부정도 아니었고, 도가처럼 현실도피적인 태도도 아니었다. 법가는 매우 현실적이었다. 그들은 현실을 정치적 시각에서 보았을 뿐만 아니라, 그것을 이해와 득실의 차원에서 평가하고 있었다.

사실상 당시의 문제를 해결하기 위해서는 얼마만큼 실용적인 태도를 지니고 있느냐 하는 것이 중요했을 뿐만 아니라, 실행의 결과가 얼마나 효과적이냐 하는 것이 무엇보다 중요하였다. 왜냐하면 당시 제후들은 한결같이 부국강병을 말하고 있었는가 하면, 가장 효과적인 부국의 길과 강병의 책을 강구하지 않은 제후는 거의 없었기 때문이다.

그러나 앞에서 이미 밝힌 바와 같이 유가는 인의라고 하는 원대한 가르침을 세우기는 했지만, 그것은 효과가 느리다고 하여 그들 제후들에게 받아들여지지 않았다. 뿐만 아니라, 묵가적인 겸애나 그리고 도가적인 무위도 그들에게 있어서는 별다른 관심거리는 아니었다.

당시 제후들의 관심은 지극히 현실적이면서도 실제적인 정책을 제시하는 사람들에 있었다. 만일 그들이 제시하는 정책이 부국강병을 위한 것이라면 제후들은 그들을 기용하여 중책을 맡기는 경우가 종종 있었다. 이들을 일러 법술지사(法術之士)라고 하였다.

그들 법술지사는 광대한 영토를 통치하는 방법을 개발했다고 해서 붙여진 명칭인데, 그들이 개발한 통치방법은 치자에게 고도로 집중된 권력을 위임하는 방법이었고, 그들이 착안하고 있던 것들은 시대적인 문제였으므로 그것들은 사회와 정치의 형태를 어떻게 변혁할 것인가 하는 문제들이었다. 왜 그들이 사회나 정치의 형태 문제에 관심을 가지게 됐는가 하면, 당시의 백성들이 당면하고 있는 고통이란 지극히 현실적인 것으로 그런 고통은 그릇된 사회 구조나 정치 체제에서 비롯되었다고 믿고 있었기 때문이다.

그러므로 그들이 사회 구조와 정치 체제를 유지·옹호하고 있던 당시의 귀족들을 공격한 것은 어쩌면 당연한지 모른다. 그들이 귀족을 공격한다는 것은 바로 결과적으로 귀족들의 정치적·경제적 기반인 봉건제를 없애는 것이었다. 이 같은 조치는 기존의 귀족사회를 파괴하려는 데에 그 목적이 있었다.

동시에 모든 백성들은 생산적인 작업에 종사하지 않으면 안 되고, 모든 노력은 상무정신과 군사기술을 조성하는 데 경주되지 않으면 안 된다고 했다. 그러므로 누구도 비생산적·비전투적인 집단에 소속될 수 없으며, 유일한 귀족계급은 군사적 공로에 근거한 것이라야 한다고 했다. 그리고 일체의 국가 활동은 최대의 경제력과 군사력을 산출하는 데 맞추어져야 한다고 했다.

이렇게 기존의 귀족을 공격한 법가들은 봉건제를 폐지하고, 군현제를 수립했는가 하면, 이전의 정전제를 폐지함으로써 체제 개혁을 이룬 최초의 학파라는 점에서 주목할 만하다. 그들 법가들은 스스로 개혁가로 자처하고 있었는데 이는 그들 대부분이 수많은 새로운 방법을 제시했다는 점을 고려할 때 그럴만하다. 봉건제와 정전제의 폐지를 통해 강력한 중앙집권적인 정부와 토지의 사유를 옹호했다는 사실만 보더라도 그렇다.

이러한 체제 개혁을 통해 그들은 농민들에게 토지의 사유를 가능케 했고, 토지의 사유는 농민들로 하여금 귀족들의 예속으로부터 벗어날 수 있게 하여 비로소 자유를 누릴 수 있게 하였다. 물론 법가만이 그런 것은 아니다. 이미 앞에서 언급한 유가·묵가·도가 등도 경제적인 가난과 정치적인 압제에 시달리고 전쟁에 상처 입은 다수 백성들의 불행과 수난에 관심을 가지고, 그들 모두가 통치자를 비판하고 통치자들의 수탈과 압제로부터 백성을 구제하려 했고, 계속되는 전쟁을 막으려 했다는 점에서 다르지 않았다.

2. 법가의 선구와 세(勢)·술(術)·법(法)

이미 확대된 영토를 효율적으로 통치할 수 있는 방법을 개발시킨 이들 법가들은 통치자에게 강력한 권력의 위임을 주장하면서 통치자는 성인이나 군자가 되는 것이 아니라, 그 통치방법만 잘 운용하면 평민도 치자의 반열에서 통치할 수 있다고 하였다. 그러므로 법가가 주장하는 이른바 법치란 현대적 의미의 법치라기보다는 조직론·방법론·지도자론·지도방법과 같은 것을 뜻한다고 하겠다.[6]

이 같은 입장을 취하고 있던 인물 중, 맹자와 거의 같은 시대를 살았던 것으로 보이는 신자(愼子 : 기원전 ?~?)는[7] 국가 운영에 있어 객관적인 기준 설정이 무엇보다 중요하다고 했다.

저울돌(鈞石)을 쓰지 아니하면 우 임금 같은 성인이 살피더라도

6) 鄭仁在 譯, 『中國哲學史』, 螢雪出版社, 1977, 215쪽.

7) 이름은 도(到)로 조(趙)나라 사람이다. 『史記』에 제나라의 선왕(宣王)이 문학(학문)하는 선비를 대단히 좋아하여 보수를 후하게 주면서 초빙하였는데, 신도 역시 그 가운데 있었다고 한 것을 보면 그는 맹자와 같은 시대의 인물임이 분명하다.

> 무게를 알지 못하나 저울에 달면 털끝 같은 가벼움도 알 수 있다.[8)]

이는 저울이나 저울돌은 모두 지각이 없는 것이나, 경중을 판별하는 데 있어서는 지각이 있는 사람보다도 천백 배나 낫다고 한 것이다. 이는 치자의 자의적인 통치보다는 객관적인 기준 설정의 필요성을 이야기 한 것이다. 신도는 그 효과를 이렇게 말하고 있다.

> 저울이 있으면 경중을 속일 수 없고, 자가 있으면 장단을 틀리게 할 수 없으며, 법도가 있으면 교묘하게 속여 넘길 수 없다.[9)]

신도의 의도는 법치를 주장하기 위해서였다. 그리고 그는 국가 통치자에게는 세(勢)가 있어야 한다고 주장했는데, 세는 세력 또는 권위를 뜻한다. 신도는 말한다. 아무리 성왕이라고 해도 성왕의 지위에 오르기 전에는 백성을 복종시킬 수가 없었지만, 아무리 용열한 인물이라고 하여도 제위에 오르기만 하면, 백성을 복종시킬 수 있는 것은 세, 즉 세력과 권위가 그에게 생겼기 때문이라고 했다. 그러므로 통치에 있어서 필요한 것은 세일뿐 인격이나 지혜가 아니라는 것이 신도의 주장이다.

신불해(申不害 : 기원전 ?~337)와[10)] 같은 법가류의 사람은 법치를

8) 措鈞石 使禹察之 不能識也 懸於權衡 則氂髮識矣『愼子』.

9) 有權衡者 不可欺以輕重 有尺度者 不可差以長短 有法度者 不可巧以詐僞『愼子』.

10) 『사기』「노장신한열전」 중 신불해에 관한 기록은 별로 없으나 중복을 피해 말하면 이렇다. 이름이 불해(不害)로 경현(河南省 滎陽縣) 사람이다. 본래 정(鄭)나라의 미천한 신하였으나 형명과 병술을 배워 한의 소후에게 청하였고, 소후는 이를 등용하여 재상으로 삼았다. 이리하여 신자(신불해)

주장하면서도 통치에 있어 가장 중요한 것은 '술(術)'이라고 하였다. 신불해는 정치를 하는 데 있어 정실에 구애되지 않고, 술을 잘 운용, 은밀하게 다스릴 것을 강조하였다. 전국말기 극심한 혼란 속에서 나라를 관리한다는 건 쉬운 일이 아니었다.

더욱 국가조직을 확대하고 중앙집권을 강화하여 명실상부한 부국강병을 이루기 위해서는 특수한 정치적 숙련과 지식이 필요하였다. 특히 정치세력간에 이합집산을 마다하지 않는 상황에서는 최고 지도자는 군신들이 알아차릴 수 없는 고도의 정치적 테크닉, 즉 술을 운용하여 그들을 관리하고 제어하는 것이 현실적으로 필요하였다.

한비자는 신불해는 '술(術)'을 주장하였는데 상앙(商鞅 : 기원전 ?~338)은[11] '법(法)'을 주장하였다고 했다.

> 신불해는 법을 전횡하지 않고 그 헌령을 통일하지 않았다. … 그러므로 만대의 수레가 있는 나라인 강대한 한의 정치를 70년 동안이나 맡았으면서도 패왕이 되지 못하게 했는데, 비록 위에서는 술을 썼으나 관리들이 법을 시행하지 않았기 때문이다.[12]

는 정치·교육을 정비하고 밖으로는 제후들과 절충하기를 15년, 종신토록 나라는 잘 다스려지고 병력은 강하여 한을 침략하는 자가 없었다. 신자의 학문은 황제·노자에 기본을 두고 형명(刑名)을 주로 하였다. 책 두 편을 저술하였는데 『신자 申子』라고 부른다고 적혀 있다.

11) 상앙은 위(衛)나라의 많은 공자(公子) 중 한 사람이다. 그는 상나라에 봉해졌으므로 상군이라 칭하였다. 그의 저서로서는 『한지 漢志』 「상군서」 29편이 있다고 하나, 현존하는 것은 24편뿐이다.

12) 申不害不擅其法 不一其憲令則姦多故, … 故託萬乘之勁韓 七十年而不至於霸王者 雖用術於上 法不勤飾於官之患也(『韓非子』, 定法).

법가의 선구 중 신불해 같은 사람은 이미 지적한 바와 같이 술이 무엇보다 가장 중요하다고 했다. 그가 말하는 술이란 사건을 처리하고 사람을 다루는 것을 뜻한다. 신불해는 15년간이나 한(韓)나라의 재상으로 있으면서 정치에 힘쓴 결과 나라는 태평하고 군대는 강해졌다고 한다.

그리고 초기 법가 중에서 가장 중요하고 가장 흥미 있는 인물은 아마도 상앙(공손앙 公孫鞅 또는 상군 商君과 같은 별칭을 가지고 있음)일 것이다. 젊은 시절 상앙은 위나라 공숙좌(公叔痤)라는 재상 밑에서 관리로 봉직하고 있었다. 숙좌가 자신의 병이 치명적임을 알고 위나라 임금에게 자신의 후임자로 상앙을 추천하면서 만일 기용치 않으려면 상앙을 죽이라고 했다. 상앙이 다른 나라에 기용되면 위나라가 위험하게 될 것이라는 이유에서였다.

그러나 왕은 상앙을 기용치 않았다. 며칠 후 숙좌는 미안한 마음에서 상앙에게 그런 사실을 이야기하면서 위나라를 떠나라고 했다. 상앙은 숙좌에게 이렇게 말했다. "왕께서는 어른의 말씀대로 신을 재상으로 임명하지 않았습니다. 그런데 어떻게 또 어른의 말씀대로 신을 죽일 수 있겠습니까?"라고 하며 끝내 떠나지 않았다. 이런 일이 있은 후 상앙은 서쪽의 진나라 효공이 부국강병할 수 있는 유능한 인재를 구하고 있다는 말을 듣고 효공을 찾아가서 여러 차례에 걸친 설득으로 효공에게 기용되어 개혁을 단행하게 되었다.[13] 상앙이 구체적인 개혁을 실행

13) 『사기』 열전은 본기와 세가에 나오는 인물들의 전기로서 그들의 성격이나 활약상에 따라 문호·학자·정치가·군인·자객·유협·해학자·관리·실업가 등으로 분류하여 그들이 일세를 풍미한 개인의 일기일예(一技一藝)를 흥미 있게 기록한 것인데, 그 분량은 『사기』 전체의 절반 이상을 차지하고 있다. 열전에 나오는 인물 대부분이 그렇지만, 여덟 번째로 나오는

하게 된 과정과 전말은 매우 흥미롭다.[14)]

상군에 관한 이야기는 한 편의 드라마와 같아 한 번 읽어 볼만하다.

14) 효공은 좋다하고 위앙(상앙)을 좌서장으로 삼고 변법의 영을 확정케 했다. 즉 10호 혹은 5호를 한 조로 짜고 서로 죄를 적발하거나 죄에 연좌되게 하고 죄인을 고발하지 않은 사람은 허리를 잘릴 것이고, 죄인을 고발한 사람은 적의 머리를 벤 것만큼이나 상을 받을 것이고, 죄인을 숨겨 준 사람은 적에게 항복한 것과 같은 벌을 받을 것이다. 백성으로 두 사람 이상의 남자가 한 집에 살면서 분가하지 않은 자는 두 배의 세금을 물어야 한다. 군인으로서 공로가 있는 사람에게는 그 공로의 대소에 따라 높은 자리의 벼슬을 주고, 사사로운 분쟁으로 서로 싸우는 사람에겐 그 경중에 따라 형벌을 내린다. 어른이나 아이가 다 힘을 모아 밭갈이와 베짜기를 본업으로 삼고 곡식이나 비단을 많이 바치는 자는 부역을 면제한다. 상공업에 종사하며 이익만을 추구하거나 게을러서 가난한 자는 조사해서 관청의 노비로 삼는다. 통치계급에 속하는 일족이라도 군사적인 공로가 없으면 그 계급에 속할 수 없다. 법령은 높은 신분과 낮은 신분간의 차별, 여러 계층 간의 차별을 분명히 하였다. 각 계층의 차등에 따라 토지와 가옥, 남녀 노비의 수와 의복의 종류가 허용되었다. 유공자는 호화로운 생활을 할 수 있으나 무공한 자는 비록 부유해도 화려한 생활을 할 수 없게 하였다. 법령이 이미 구비되었지만, 공포하지 않은 것은 백성들이 믿지 않을지도 모른다고 걱정했기 때문이다. 그래서 높이 30자의 나무를 국도의 저자 남문에 세우고 백성들에게 이를 옮겨서 북문에 세우는 자에게는 금 10량을 주겠다는 상금을 걸었다. 백성들이 이것을 이상히 여겨 아무도 옮기지 않았다. 다시 누구든지 이것을 옮기는 자에게 금 50량을 주겠다고 했다. 어떤 사람이 이것을 옮겼다. 즉시 금 50량을 주어 백성을 속이지 않는다는 것을 밝혔다. 그리고 나서 드디어 법령을 반포했다(令民爲什伍而相牧司連坐 不告姦者腰斬 告姦者與斬敵首同賞 匿姦者與降敵同罰 民有二男以上不分異者 倍其賦 有軍功者 各以率受上爵 爲私鬪者 各以輕重被刑大小 僇力本業 耕織致粟帛多者復其身 事末利及怠而貧者 擧以爲收孥 宗室非有軍功資 不得爲屬籍 明尊卑爵秩等級 各以差次名田宅 臣妾衣服以家次 有

상앙이 엄한 형벌과 후한 상을 써서 나라를 다스린 것을 보면 그의 법치야말로 신상필벌에 있어 가혹하리만큼 철저하였을 것이라는 점을 쉽게 알 수 있다. 그는 심지어 군주가 자기의 의사를 행사할 수 있는 까닭은 상과 벌을 줄 수 있는 데 있다고 하면서도 벌하는 것을 가장 중요하게 여겼다. 그래서 그는 왕이 된 사람은 형은 아홉에 상은 하나로 해야 한다(王者 刑九賞一)고 하기까지 했다.

상앙이 법의 실천을 통해서 이루려 했던 것은 부국강병이었고, 부국강병을 이루기 위해서는 법의 효과를 극대화시키지 않으면 안 된다고 믿고 있었다. 그래서 상앙은 밭갈이와 베짜기에 종사하는 농민과 군사적인 공로가 있는 사람들에 대한 배려를 아끼지 않았다.

그러나 무엇보다 중요한 것은 백성들로부터 신뢰를 획득하는 것이다. 정부가 시행하고자 하는 개혁에 대해 백성들이 믿으려 하지 않는다면 부국강병은 이루어지지 않는다. 때문에 상앙은 법령을 이미 다 만들어놓고도 반포하지 않고 정부가 백성을 속이지 않는다는 것을 입증하기 위해 남문 위의 나무를 북문 위에 옮기는데 상금을 걸었다.

백성들로부터 신뢰를 얻지 못하면 어떤 정부나 정치가도 성공할 수 없다. 인간 사회에서는 여러 가지 덕목이 강조되어 왔지만, 그 중에서도 신뢰는 매우 중요한 덕목으로 강조되어 왔다.[15)]

功者顯榮 無功者雖富無所芬華 令旣具 非布 恐民之不信 已乃入三丈之木於國都市南門 募民有能徙置北門者予十金 民怪之 莫敢徙 復曰能徙者予五十金 有一人徙之 輒予五十金 以明不欺 卒下令. 前揭『史記』卷68, 商君列傳 第8, 2230-2231쪽.

15) 공자의 제자 자공이 공자에게 정치에 대해 묻자 공자는 먹을 것과 군사를 넉넉하게 하면 백성이 믿을 것이라고 했다. 자공이 또 묻기를 사정이 여

상앙은 이러한 목적을 위해서 법의 엄격한 적용을 주장했을 뿐만 아니라, 통치에 있어서 가장 중요한 것은 역시 법이라고 했는데, 그가 말하는 '법'은 철저한 정치적인 통제를 뜻한다. 상앙이 상벌을 써서 산업과 무력을 강조한 결과 진나라는 점점 부강하여져서 그 뒤 6국을 정복하는 기초를 이루었다.

그러나 진나라의 백성들은 상앙의 법이 너무 가혹하다고 비난하였다.[16] 물론 그 같은 법을 찬양하는 사람도 있었지만, 가혹한 것은 사실이었다. 심지어 왕자가 법을 어겼다고 해서 상앙은 왕자의 사부를 처형하고 또 그의 스승에게는 단근질(烙刑)을 내리기까지 했다. 후일

의치 않아 이 세 가지 중에서 어느 것을 버려야 할 경우, 먼저 어느 것을 버려야 하느냐고 물으니 군사를 버리라고 했다. 자공이 또 부득이 하여 나머지 두 가지 중에서 하나를 버린다면 어느 것을 버려야 하느냐고 묻자 먹는 것을 버리라고 하면서 "예로부터 다 죽음이 있지마는 백성에게 신뢰를 얻지 못하면 나라는 지탱하지 못한다"고 하면서 신뢰의 중요함을 강조한 바 있다(『논어』 안연). 저명한 정치학자인 프랜시스 후쿠야마(Francis Fukuyama)는 그의 저서 *TRUST*에서 경제를 발전시키는 데 있어 합리적이고 이기적인 인간의 행동보다 더 중요한 것은 관습, 도덕, 협동심과 같은 사회적 자본(social capital)이며, 이 사회적 자본의 핵심은 사회 구성원간의 신뢰(trust)라고 했다. 사실상 서로가 서로를 믿지 못하는 사회에서는 사람과 사람 사이는 물론, 조직과 조직 그리고 정부와 국민들 사이의 신뢰는 형성될 수 없으며, 신뢰가 형성되지 않은 사회에서는 이루고자 하는 목표가 있다고 하더라도 이루어지지 않기 때문에 예로부터 신뢰는 매우 중요한 덕목으로 강조되었다.

16) 비난과 비판은 그 대상을 부정적으로 본다는 점에서는 같다. 그러나 비난이 대안이 없는 비판이라면 비판은 대안을 가지고 있거나 제시하는 비난이란 점에서 다르다. 당시 진나라의 백성들은 상앙의 법에 상응하는 대안을 가지고 있지 않았다.

상앙은 열후로 봉하여지고 상군(商君)이라 칭하였으나 변법의 시행에 불만을 품은 사람이 많았으므로 효공이 죽자 그들은 상군을 차열의 형에 처했다.17)

신불해와 신도 그리고 상앙은 치국의 효과적인 방법에 있어서는 각기 달리 말하고 있으나, 그러한 방법을 통해 이루고자 한 궁극적인 목표는 부국강병이었다는 점에서는 같았다. 이들 외의 다른 선구자들도 객관적인 표준(법)의 설정과 그것을 통한 부국강병의 추구라는 점에서는 다르지 않았다. 그래서 윤문자(尹文子)는 다음과 같이 말했다.

> 모든 일은 하나의 법칙에 귀속되고, 모든 도량은 법에 기준을 두어야 한다.18)

그리고 관자(管子)는 그 같은 법은 누구나 지키지 않으면 안 된다고

---

17) 상앙에 대해 사마친은 그의 『사기』 「상군열전」에서 이렇게 평가하고 있다. "상군은 천성이 각박한 사람이다. 효공에게 벼슬자리를 얻기 위하여 도를 말한 것은 마음에도 없는 허위의 설을 늘어놓은 것이고 그의 본심이 아니다. 효공에게 주선을 부탁한 것은 그의 총신이었고, 등용 후에는 공자건을 처형(공자건을 처형했다는 기록은 이렇다: 상앙이 태자를 처벌하려고 했으나 태자는 현 왕의 후계자이므로 형벌을 줄 수가 없었다. 그래서 태자의 사부인 공자건을 처형하고 그 스승 공손가의 얼굴에 먹물을 들이는 경(黥)에 처했다)하고 위의 장군 앙(卬)을 속이고 조양의 충고를 따르지 않았다. 이러한 사실은 역시 상군에게는 은정이 없다는 것을 증명해준다. 내가 일찍 상군이 저술한 「개색 開塞」·「경전 耕戰」 등의 여러 편을 읽었는데 그 내용은 그의 행적과 비슷하다. 상군이 진에서 악명을 얻게 된 것은 그만한 이유가 있다."고 적고 있다.

18) 萬事皆歸於一 百度皆準於法(『尹文子』 第1章).

다음과 같이 만민의 준법을 강조하기도 했다.

> 군주나 신하나 윗사람이나 아랫사람이나 귀하거나 천하거나 계급이나 지위에 관계없이 모든 사람은 다 법을 따라야만 한다.[19]

그는 한 걸음 더 나가 관리들은 법에 따라서 선발해야지 애증이나 정실에 의해 선발되어서는 안 된다고 했다. 그리고 그들의 공적은 법의 기준에 의해서 헤아려져야지 편견 있는 판단의 기초에 의해서 헤아려져서는 안 된다면서[20] 법은 모든 행위의 준거임을 분명히 함과 동시에 법의 존엄성을 강조하기도 했다.

> 법은 심지어 사랑하는 백성을 위해서도 희생되어도 안 된다. 왜냐하면 법은 백성보다 더 중요하기 때문이다. 그리고 통치자의 욕구를 위해 그 법령을 바꾸어서도 안 된다. 법령은 통치자보다 더 존엄하기 때문이다.[21]

이들 법가의 선구들이 법의 절대적인 권위까지 강조한 것은 그들이 법이야말로 잣대만큼이나 공정하고 저울만큼이나 정확하다고 믿고 있었기 때문이었다.

19) 君臣上下貴賤皆從法(『管子』 卷15, 44章).
20) 使法擇人 不字擧也 使法量功 不自度也(『管子』 卷15, 43章).
21) 不爲愛民虧其法 法愛於民 不爲君欲變其令 令尊於君(『管子』 卷15, 43章).

3. 한비자사상의 핵심개념 - 법(法)

법가에 있어 법이 핵심개념인 것처럼 한비자(韓非子 : 기원전 281~234)의[22] 정치사상에 있어서도 법은 핵심개념이다. 비록 그가 법가의 선구들이 각기 주장한 세·술·법의 중요성에 있어 그 어느 하나 중요하지 않은 것이 없다고 하였지만, 그의 정치사상에 있어 가장 중요한 개념은 역시 법이라는 개념이라 하겠다. 특히 신도가 세를 강조하면서도 비록 법이 악법이라고 해도 법이 없는 것보다는 낫다고 한 까닭은 백성들의 마음을 제일할 수 있기 때문이라고 이렇게 말했다. "법이 비록 좋지 못하더라도 법이 없는 것보다는 나으니, 이는 사람의 마음을 한결같이 하기 때문이다(法雖不善 猶愈於無法 所以一人心也)"라고 했고, 이 점에 있어서는 신불해나 상앙도 예외는 아니었다.

마찬가지로 세·술·법 중 법을 더욱 강조하고 있던 한비자는 "형명법술의 학을 좋아하였다(喜刑名法術之學)"고 사마천은 그의 『사기』에 적고 있다. 특히 그는 법과 술의 차이에 대하여 말하기를 "술은 임금이 잡는 바요, 법은 신하가 스승으로 삼는 바이다. 이것은 하나라도 없어서는 안 되며, 모두가 제왕의 도구이다"라고 하였다.[23]

---

22) 한비자의 이름은 비(非)로 법가의 대표적 인물이다. 그는 지금의 호남성 서부에 위치했던 한(韓)나라 명문 귀족의 후예이다. 한비자는 유능한 문필가로서 『한비자 韓非子』의 저자였으나 대단한 말더듬이었다. 그는 이사(李斯)와 함께 순자의 문하에서 배웠는데, 이사는 스스로 한비자만 못하다(斯自以爲不如非)고 하리만큼 뛰어난 이론가였다.

23) 述者人主之所執也 法者臣之所師也 此不可一無 皆帝王之具也(『韓非子』 定法).

한비자는 또 이르기를 법이란 문서로 기록 편찬하고 관부에 보관하여 백성에게 포고하는 것이며, 술은 임금이 가슴 속에 감추어서 일의 발단에 맞추어서 뭇 신하들을 은밀히 통제하는 것이므로 법은 드러날수록 좋은 것이요, 술은 나타나는 것을 바라지 않는다고 했다.[24)]

세상에는 항상 강한 나라도 없고 항상 약한 나라도 없지만 법을 받드는 것이 강하면 강한 나라가 되고, 법을 받드는 것이 약하면 약한 나라가 된다고 하리만큼 그는 법의 집행 여부에 따라 나라의 강약은 결정된다고 하였다.[25)] 동시에 그는 법의 절대적 존재를 강조하면서 법을 지키지 않으려는 사람들-사회적 강자들에 대한 적용에 대해 다음과 같이 말하기도 하였다.

> 법은 귀족을 봐주지 않으며, 먹줄이 굽지 않는다. 법을 시행함에 있어서 지혜로운 자도 이유를 말할 수 없고, 용맹스런 자도 감히 다투지 못한다. 과오를 벌함에 있어서는 대신도 피할 수 없으며, 착한 일을 상줌에 있어서는 필부도 빠뜨리지 않는다. 그러므로 윗사람의 잘못을 바로잡고, 아랫사람의 속임수를 꾸짖으며, 혼란을 안정시키고 잘못을 바로잡으며, 예외를 인정하지 않고 공평하게 하여 백성들이 따라야 할 표준을 하나로 통일하는 데는 법보다 나은 것이 없다. 관리들을 독려하고 백성들을 위압하며, 음탕하고 위험한 것을 물리치고 속임과 거짓을 막는 데는 형벌보다 나은 것이 없다. 형벌이 엄중하면 귀족이 천한 사람을 업신여기지 못하며, 법이 자세하면 임금은 존중되고 침해받는 일이 없게 된다. 임금이 존중되고 침해받는

24) 法者 編著之圖籍 設之於官府 而布之於百姓者也 術者 藏之於胸中 以偶衆端 而潛御群臣者也 故法莫如顯 而術不欲見(『韓非子』 難三).

25) 國無常强 無常弱 奉法者强 則國强 奉法者弱 則弱國(『韓非子』 有度).

> 일이 없으면 임금의 권력이 강화되고 그 핵심을 장악하게 되는 까닭에 옛 임금들이 이를 귀중하게 여겨서 전수케 하였다. 임금이 법을 버리고 사사롭게 처리하면 상하의 분별은 없어지게 된다.[26]

위 글에 나타난 바와 같이 한비자는 통치 수단으로서의 법의 중요성을 그 무엇보다도 중시하고 있음을 쉽게 알 수 있다. 뿐만 아니라, 공평무사한 법의 집행을 누누이 강조하고 있음을 쉽게 찾아볼 수도 있다.

선진시 인치(人治)와 법치(法治)의 문제는 유·법 양가의 근본적인 차이라 할 수 있다. 유가는 인치에 편중하여 정치란 사람의 됨됨에 따라 이루어지는 것(爲政在人)이라 하여 현군이 정치를 하게 되면 잘 다스려지지만 그렇지 않으면 나라는 혼란과 멸망을 면할 수 없게 된다고 했다.

이에 반해 법가는 법치에 치중하였는데 그 까닭은 관민을 통제하는 유일한 방법으로 법치를 인식함으로써 임금을 존중하고 법을 숭상할 것(尊君尙法)을 강조하였던 것이다.

한비자 역시 그가 말하는 법도 관민통제라는 정치적 의미를 갖고 있었다. 그러므로 그의 법치에는 오늘날 민주사회에서 말하는 법치라는 개념과는 다르다. 현대 민주사회에의 법치란 법의 목적이 질서 유지에 있으므로 정치를 법의 구속 하에 둠으로써 사회적 안정이 유지된다는

---

26) 法不阿貴 繩不撓曲 法之所加 智者弗能辭 勇者弗敢爭 刑過不避大臣 賞善不遺匹夫 故矯上之失 詰下之邪 治亂決繆 絀羨齊非 一民之軌 莫如法 屬官威民 退淫殆 止詐僞 莫如刑 刑重則不敢以貴易賤 法審則上尊而不侵 上尊以不侵則主强 而守要 故先王貴之而傳之 人主釋法用私 則上下不別矣(『韓非子』有度).

이른바 법 우위를 뜻한다. 다시 말하면, 한비자가 말하는 법치는 정치가 법을 위해 존재하는 것이 아니고, 법이 정치를 위하여 존재하는 정치 우위를 의미한다. 그렇다면 그가 말하는 법은 어떤 정치사상적 의미를 가지고 있는가?

법가가 말하는 법은 오늘날의 형법이나 일반법과 같은 성격 외에 전국이라고 하는 시대적 요구에 적응하기 위한 부국강병책으로서의 법이었다. 이러한 현실적인 요구의 실현 방법으로써 변법(變法)을 궁행해야 된다고 주장한 법가들의 이론과 주장을 종합하고 정리하여 체계화시킨 이론가가 곧 한비자이다.

변법의 범위는 사회·경제·군사 및 정치 등 여러 면을 다 포괄하고 있다. 이를 대별하면 군국주의와 중농주의를 내용으로 하는 부국강병책을 실천함으로써 전국시대라고 하는 상황 아래서 자국의 생존과 발전을 도모하려는 수단이 법이었다.

그러므로 그것은 종래의 봉건 분권으로부터 군주 집권을 불가피하게 하였다. 특히 한 가지 주의해야 할 점은 유가가 부민(富民)을 주장한데 반하여 법가는 사익을 전제로 하는 부민이 아니라, 공익을 우선시하는 철저한 부국이었다는 점이 다르다.

이와 같은 변법은 전국시대에 대처할 수 있는 최선책이었는지도 모른다. 그러나 잔존해 있던 봉건 세력들은 법가의 변법을 비난·공격하고 있었다. 이에 대해 법가들은 그들의 주장을 관철하기 위하여 극단의 엄격한 태도를 취하지 않을 수 없었다.

그것이 바로 엄형중벌(嚴刑重罰)이다. 엄형이나 중벌은 비록 가혹하기는 하지만(法雖慘), 시행하지 않을 수 없다(不可不行)는 것이다. 왜냐하면 그들 법가는 법의 시행 과정에서 일시적인 고통은 있을 수 있으나 그 고통을 참으면 장구한 이익을 거둘 수 있다(前苦而長利)고 믿고 있었기 때문이다. 당시 한비자가 주장한 부국강병의 주요 내용이란 어떤 것이며 그 구체적인 방법은 무엇인가? 그는 이에 대해 다음과 같이 말하고 있다.

> 상앙은 진나라 효공에게 열 집 또는 다섯 집을 한 조로 하는 연대책임제를 시행하도록 하였다. 그리고 시경과 서경과 같은 경전들을 불태우게 하고 법령을 밝히고 권세가들의 사사로운 이익을 막고 나라를 위해 공로를 다하게 하였다. 벼슬을 구하는 떠돌이 백성을 금하고 평시에는 농사짓고 전시에는 싸우는 사람들(農戰)을 표창하게 하였다. 효공이 이를 시행하니 임금은 존귀하고도 안락하여 졌고 나라는 부강하여 졌나.[27]

일반적으로 정치는 사회의 정치적인 이념을 추구하고, 정치는 사회적인 갈등과 대립을 통합하려 한다. 그러나 선진 당시 국법을 어기고 통일에 역행하는 계층은 다름 아닌 봉건 귀족 세력이었다. 사실상 당시 봉건 세력과 신흥 세력의 대부분은 조세 포탈, 병역 기피 그리고 노역 회피 등 3대 도피 관념과 관행에 젖어 있었다. 그러므로 이들 세력의 제거 없이 부국강병이란 불가능하였다. 왜냐하면 이와 같은 상태의 지속은 다음과 같은 결과를 초래한다는 것은 너무도 자명하였기 때문이다.

---

27) 商君教秦孝公以連什伍 設告坐之過 燔詩書而明法令 塞私門之請而遂公家之勞 禁游宦之民而顯耕戰之士 孝公行之 主以尊安 國以富强(『韓非子』 和氏).

> 나라는 텅 비게 되고 대신 집안은 충만해지며, 대대로 오래 살아 온 집들은 가난해지고, 외부로부터 떠돌다 와 사는 사람들은 부해지며, 농사지으며 전쟁하는 사람들은 곤궁해지고, 상업이나 공업에 종사하는 백성들은 이득을 크게 올리는 나라는 망할 것이다.[28)]

이상과 같은 상황 아래서는 평시에는 농사 짓고 전시에는 싸우는 어떤 병사(農戰之士)도 전쟁터에 나가 용감히 싸우려 하지 않을 것이며, 백성들은 그들의 생업에 열중하려 하지 않기 때문에 나라는 망할 수밖에 없다는 것이 한비자의 주장이다. 때문에 한비자는 또 이렇게 말하고 있다.

> 명석한 임금의 치도는 대신으로 하여금 임금의 특혜로 영광을 누리지 못하게 하고, 사가의 이익으로 공적을 이룰 수 없게 한다. 공명의 발생은 반드시 국법에 의거해야 한다.[29)]

이 같은 한비자의 말은 모든 권신 대가의 행동거지는 반드시 국법에 합당하여야 하고 천하의 행동도 그렇게 함으로서 제일성을 갖추어야 한다는 것이다. 이는 특권을 국법에 근거하여 제거하려는 데서 법의 존재 의미와 가치를 찾으려는 것이라 하겠다.

그러나 임금과 신하 간의 이해는 일치하는 경우보다 상충하는 경우

---

28) 公家虛而大臣實 正戶貧而寄寓富 耕戰之士困 末作之民利者 可亡也(『韓非子』亡徵).

29) 明主之道 臣不得以行義成榮 不得以家利爲功 功名所生 必出於官法(『韓非子』八經).

가 더 많다. 그러므로 한비자는 이러한 사실을 감안하여 특권 제거의 필요에서 다음과 같이 구체적으로 피력하고 있다.

> 임금의 이익은 재능 있는 사람이 관리가 되는 데 있고, 신하의 이익은 무능한 사람이 특권을 잡는 데 있다. 임금의 이익은 공로 있는 사람이 벼슬을 얻는 데 있고, 신하의 이익은 공로 없는 사람이 부귀하여 지는 데 있다. 임금의 이익은 호걸들이 그 재능을 다 하는 데 있고, 신하의 이익은 작당하여 사사로움을 취하는 데 있다. 이로써 나라의 땅은 하루하루 침점당하지만, 사가는 날로 치부하게 되고, 임금은 날로 빈약해지지만, 대신은 하루하루 존귀하여 진다.[30)]

이처럼 한비자는 사가가 날로 치부가 되는 것(私家富)과 대신이 하루하루 존귀하게 되는 것(大臣重)을 막기 위해서는 대신의 녹이 크다고 해도 성내의 땅을 다 차지할 수 없게 하고, 집안사람들이 많다고 해도 사병을 둘 수 없게 하기 위해서는 국법의 엄격한 적용이 불가피하다는 것이다.

국법이 아무리 완비되었다고 하여도 그것을 운용하고 집행하는 사람이 공평무사할 때에만 그 효과를 기대할 수 있다. 그러므로 인사 관리에 따라 국가 안위는 결정된다. 일찍이 맹자는 이렇게 말한 바 있다.

> 좌우의 군신들이 다 어질다고 하여도 이를 곧 믿지 말 것이며, 모든 대부들이 다 어질다고 하여도 또한 믿지 말라. 전국의 백성들이

30) 主利在有爲而任官 臣利在無能而得 是以國地削而私家富 主上卑而大臣重(『韓非子』 孤憤).

모두 어질다고 한 후에 몸소 살펴서 어질거든 기용하라.[31)]

사실상 임금이라고 해서 반드시 현자를 가려낼 수 없다. 다만 그 자신의 마음속에 어질다고 느끼는 것에 따라 택할 뿐이다. 그러므로 인사에 있어서는 언제나 스스로 정실이 개입되었는지의 여부를 신중하게 따져서 결정하지 않으면 안 된다.

그렇다면 현자를 성찰하여 기용하는 기준은 무엇인가? 한비자는 이에 대하여 용인(用人)의 대권은 임금 자신이 장악함으로써 안으로는 간신들에 의해 농간당하는 일이 없고, 밖으로는 적국에 의해 그 존망이 결정되지 못하게 하여야 한다고 하였다.[32)] 그러므로 명석한 임금은 재능에 따라 벼슬을 줌으로써 업무수행의 극대화를 말하기도 했다.

신하들은 모두 그들의 능력에 맞는 적합한 벼슬을 받아서 그의 직분을 다하고 맡은 바 업무를 가벼이 처리할 수 있다.[33)]

뿐만 아니라, 용인 방법의 일환으로 관리의 승진은 서열에 준하며, 능력에 따라 일을 맡기되 반드시 하급관직으로부터 시작하여야 한다고 다음과 같이 말고 있다.

명철한 임금의 관리는 재상도 고을 관청에서부터 기용되고 맹장도

31) 左右皆曰賢 未可也 諸大夫皆曰賢 未可也 國人皆曰賢 然後察之 見賢焉 然後用之(『孟子』 梁惠王下).

32) 廢置之事 生於內則治 生於外則亂(『韓非子』 八經).

33) 人臣皆宜其能 勝其官 輕其任(『韓非子』 用人).

> 반드시 졸병 대열로부터 나온다. 그리고 공이 있는 사람에게 반드시 상을 주면, 곧 작록이 두터워져서 더욱 힘쓰게 된다. 벼슬은 계급에 따라 올려주면, 곧 작록은 커져서 더욱 잘 다스리게 된다. 작록을 크게 하여 관직에 힘쓰게 하는 것이 임금의 도리이다.[34]

이상에서 우리는 어렵지 않게 한비자의 법이 용인과 승진의 표준이며, 공평의 원리임을 알 수 있었다. 또한 이 법의 적용이 임금의 애증이나 친소에 따라 결정되는 정실 인사의 가능성을 배제할 수 있는 유일한 근거라는 사실도 알 수 있었다.

4. 한비자의 현실 인식과 대응

이처럼 법가의 선구자들은 세・술・법 중, 그 어느 하나에 치중한데 반하여 한비자는 그 어느 하나도 중요하지 않은 것이 없다고 했다. 이런 점에서 한비자가 법가의 대표적 인물이라는 데는 의심의 여지가 없다.

일찍이 진시황은 한비자가 쓴 「고분 孤憤」과 「오두 五蠹」라는[35] 두

---

34) 明主之吏 宰相必起於州郡 猛將必發於卒伍 夫有功者必賞 則爵祿厚而愈勸 遷官襲級 則官職大而愈治 夫爵祿大而官職治 王之道也(『韓非子』 顯學).

35) 고분이란 글이 임금의 고독과 울분을 이야기한 것이라면, 오두는 다섯 마리의 좀이란 뜻으로 어느 시인의 오적과 유사하여 여기 적으니 비교하여 보기 바란다. 그 첫째 좀은 지금 세상에 살면서 옛 것이 좋다고 해서 그 것을 본받으려는 자이다. 둘째 좀은 학자들로 그들이 제창하는 학설의 오류와 그 자체가 무용지물이라는 것이다. 셋째 좀은 유협(游俠)의 무리로

편의 글을 얻어 보고 다음과 같이 감탄을 금치 못했다.

> 아! 과인이 이 사람을 만나 같이 노닐 수 있다면 죽어도 한이 없겠다.36)

천하의 폭군 진시황도 탄식할 만큼 한비자는 뛰어난 사상가이자 저술가였으나 그는 심한 말더듬이였다.

한나라 귀족의 후예였던 그는 일찍이 순자의 문하에서 이사와 함께 수학하였는데 이사는 달변이었지만 자기가 한비자만 못하다고 자인했다고 한다.37) 이사는 그 자신이 한비자만 못하다고 시인하는 진솔함을 보였지만, 후일 한비자에게 사약을 주어 자진케 함으로써 동문수학한 친구로서는 도저히 할 수 없는 비정함을 보이기도 했다.38)

이들 또한 학자들과 마찬가지로 사욕에 따라 투쟁하기 때문에 임금이 소중하게 여기는 법을 지키지 않는 자이다. 넷째 좀은 근경(近卿), 즉 임금의 측근에서 시중을 들며 사사로이 권력을 휘두르는 자이다. 다섯째 좀은 상공업에 종사하는 백성들로 그들은 참된 생산자가 아니고, 농부의 이익을 빼앗기 때문이라는 것이다.

36) 嗟乎 寡人得見此人 與之游 死不恨矣(前揭 『史記』 卷63, 老子韓非列傳 第3, 2155쪽).

37) 與李斯俱事荀卿 斯自以爲不如非(前揭 『史記』 卷63, 老子韓非列傳 第3, 2147쪽).

38) 진시황이 한비자의 「고분」과 「오두」 두 편을 얻어 본 후, 한비자 같은 사람이 탐나서 한나라를 공략했다. 그러자 한나라는 정세가 위급해지자 한비자를 진나라에 사신으로 보냈다. 진시황은 한비자를 보고 기뻐했으나 아직도 신임하고 등용하지는 않았다. 이때 이사와 요가(姚賈)는 한비자의 재능이 뛰어나 자기들의 자리를 빼앗겨 찬밥 신세가 되지 않을까 두려워

선진유가의 대표적인 인물 중 한 사람인 순자에게 수학한 한비자와 이사가 법가를 대표하는 사상가와 정치가가 되었다는 점은 어찌 보면 이상하다. 유가의 문하에서 법가의 출현은 생물학적인 돌연변이와 같은 현상으로 보일지 모른다. 그러나 조금도 이상하지 않다. 왜냐하면 법은 예에서 나온다(法出於禮)라는 말과 같이 예가 더욱 강력한 사회적인 구속력을 지니게 되면 법으로 발전하기 때문이다. 그러므로 예치를 강조한 순자의 문하에서 법을 강조하는 법가의 출현은 당연하다고 하겠다.

사실상 순자는 그 이전의 유가들과는 달리 자주 법에 대하여 언급하였다. 다만 그는 법이란 저절로 집행되는 것이 아니기 때문에 법을 집

한 나머지 "한비는 한나라 왕족의 말류입니다. 지금 왕께서 제후를 병합하여 천하를 통일하려고 하십니다. 한비를 등용한다 하더라도 그는 결국 한을 위할 것이고 진을 위하지는 않을 것입니다. 이것이 인정으로서 당연한 일이겠지요. 그렇다고 해서 지금 왕께서 그를 등용하지 않고 진에 잡아두었다가 후에 한으로 돌려보내면 이것은 스스로 후환을 남기는 것입니다. 차라리 가혹한 법을 적용하여 주살해버리는 것이 가장 좋은 방법이라고 생각합니다." 진왕도 그렇겠다고 생각하고 사법관에게 넘겨 죄를 규탄하게 하였다. 이사는 이 때 남몰래 사람을 시켜 한비자에게 독약을 주어 자진케 하였다. 한비자는 자신에게 죄가 없음을 진왕에게 진술하려 했지만 알현할 수가 없었다. 진왕은 후일 한비자를 투옥케 한 것을 뉘우치고 사자를 보내어 사면하려 했으나, 한비자는 이미 죽고 없었다. 그런데 후일 이사는 진시황의 아들 호해(胡亥)가 후왕이 되자, 주군에 대한 조고(趙高)와의 충성 경쟁에서 실패하여 먹물 들이고(墨刑) 코를 베고(劓刑) 뒤축을 깎고(剕刑) 불알을 까고(宮刑) 허리를 자르는(大辟) 등 이른바 오형(五刑)에 처해졌다. 동아시아의 전통적인 형률에 살인자는 사형이라 했는데, 이 말은 이사에게 그대로 적용되었다.

행하는 사람의 인격이 중요하다고 한 점에 있어서 법가와 다를 뿐이다. 특히 개개의 사건들이 발생하게 되는 모든 상황을 조심스럽게 고찰하지 않는다면, 법에 규정되어 있지 않은 사건들은 잘못 다루어지게 마련이라고까지 하였다.

순자는 인성(人性) 문제에 대해 다른 유가, 특히 맹자처럼 낙관적인 태도를 취하지 않았다. 그렇다고 해서 비관적이지는 않았지만 매우 회의적이었다는 점에서 비관적인 태도를 견지하고 있던 법가에 가까웠다. 인간이란 이익를 좋아하고 해를 미워한다(好利惡害)고 순자와 인간을 이기적인 존재라고 본 한비자가 더욱 그렇다. 그는 인간에 대해 다음과 같이 말하고 있다.

> 무릇 천하를 다스림에는 반드시 인정을 따라야 한다. 인정에는 호오(좋아하고 싫어함)가 있는지라 상벌을 쓸 수 있다. 상벌을 쓸 수 있으면 금령이 설 수 있고 치도가 충분히 갖추어진다. 임금은 이 상벌의 자루를 잡아 권세에 처하는 것이니, … 권세의 자루는 살생을 가름하는 것이요, 권세는 대중을 이기는 바탕이다.[39]

심지어 한비자는 가족간에 있어서도 호오의 감정이 있어 부모가 자식을 대하는 데 있어서도 아들을 나면 축하고, 딸을 나면 죽여 없애는데 이는 후사를 생각하고 장기적인 이익을 계산해서인데 하물며 부모와 자식의 은택이 없는 정치와 같은 이해득실이 상충하는 데에 있어서

39) 凡治天下 必因人情 人情者 有好惡 故賞罰可用 賞罰可用則禁令可立而治道具矣 君執柄以處勢 故令行禁止 柄者 殺生之制也 勢者 勝衆之者也(『韓非子』 八經).

는 말할 것도 없다고 했다.[40)]

그러므로 법가 최후의 인물인 동시에 최고의 이론가였던 한비자는 통치자가 인정에 좌우되지 않고 나라를 통치하기 위해서는 무엇보다도 공정성이 중요하다고 다음과 같이 말하였다.

> 총명한 군주는 제도를 시행하는 데 하늘같이 공평하고 인물을 기용하는 데 귀신같이 밝았다. 하늘같이 공평하므로 누구도 그를 비난하지 못하고 귀신같이 밝기 때문에 누구도 그를 곤란에 빠뜨리지 못한다. 위세를 부려 법을 엄하게 실시하면 백성들은 그를 거스르려 해도 거역할 수 없다. 그런 연후에야 법을 시행할 수 있다.[41)]

통치자는 공정해야 한다. 비록 공정하다고 하더라도 집행자로서의 권위 또한 중요하기 때문에 위세를 부려 엄하게 실시할 것을 요구하고

---

40) 인류 역사상 여아라는 단순한 이유로 살해하는 폐녀(廢女)와 내다버리는 기녀(棄女)의 관습은 자고이래 동서양에 공히 있었다. 용감하고 사냥솜씨가 좋은 남자에 비해 자급자족할 능력도, 또 몸을 움직여 집단 전체가 먹을 공동의 음식물을 준비하는 데 기여할 여력도 별로 없다는 이유로 폐녀와 기녀의 관습은 자행되었다고 맥리넌(John Ferguson McLennan : 1827~1881)은 그의 『혼인의 기원 *Primitive Marriage*』에서 구체적인 사례를 들어가며 밝히고 있다. 일찍이 마키아벨리(N. B. Machiavelli : 1469~1527)도 인간의 이기심에 대해 사람은 그들의 유산보다 아버지의 죽음을 쉽게 잊어버린다(Man easily forget the death of father than their patrimony)고 했다. 그러므로 인간의 본성이 이렇거늘 그들에게 감사와 충의와 같은 덕목에 의존해서 정치를 한다는 것은 명백히 어리석고도 위험스런 일이라고 한비자는 꼬집은 바 있다.

41) 故明主之行制也天 其用人也鬼 天則不非 鬼則不困 勢行敎嚴逆而不違 … 然後一行其法(『韓非子』 八經).

있다. 그러나 공정과 권위라고 하는 것은 현실에 대한 정확한 진단이 없으면 효과를 기대할 수 없기 때문에 한비자는 법의 시행은 현실에 대한 철저한 인식에 근거하지 않으면 안 된다고 다음과 같이 주장하고 있다.

옛날 사람들은 경작하지 않아도 초목의 열매는 먹기에 족했다. 여자들은 길쌈을 하지 않아도 금수의 가죽을 입기에 족했다. 일하지 않고도 충분히 가졌던 것은 사람은 적고 재물은 풍부해서였다. 때문에 백성은 다투지 않았다. 이로 인해 후상과 중벌은 시행되지 않았지만 백성은 스스로 다스려졌다. 지금의 사람은 다섯 명의 자식을 두고도 많다고 여기지 않으며, 다섯 자식은 또 다섯 명의 자식을 각각 두니, 할아버지는 죽기 전에 스물다섯 명의 손자손녀를 두게 된다. 이 때문에 백성들은 많지만 재화는 적게 되어 힘써 일해도 얻는 것은 적다. 그러므로 백성들은 다투니 비록 상을 배로 주고 엄히 벌을 준다고 해도 혼란을 면키는 어렵다.

요 임금이 천하를 다스릴 때 다듬지 않은 띠풀로 지붕을 하고 서까래도 다듬지 않았으며 거친 기장죽과 야채국를 먹고 겨울에는 사슴 가죽으로 옷을 해 입고 여름에는 칡으로 옷을 해 입었다. 하물며 문지기의 의복과 음식도 이보다 나쁘지 않았다. 우 임금이 천하를 다스릴 때는 몸소 보습을 잡고 백성들에게 모범을 보였는데 얼마나 일을 했는지 넓적다리에는 살이 없었고 정강이에는 털이 나지를 않았으니 비록 노예의 수고로움도 이보다 괴롭지는 않았을 것이다. 이것만 가지고 말하더라도 옛날 천하를 선양한 사람도 문지기의 의식과 노예의 노고를 떠났을 뿐이니 천하를 물려주었어도 커다란 칭송거리가 되지 못했다. 그러나 오늘날의 현령이 죽으면 그 자손들은 여러 대에 걸쳐 수레를 탈 수 있기 때문에 관직을 중히 여긴다. 이로 인해 양보하는 일이 옛날 천자에게는 쉬웠으나 오늘날의 현령에게는 어려운 것은 실지로 지위의 후박이 다르기 때문이다.[42]

사람들이 다투는 이유와 중상엄벌이 효과를 낼 수 없는 까닭을 사람은 많고 재화가 부족한 데 있다고 한 한비자는 무한한 욕망을 가진 사람들이 유한한 가치를 추구하는 데 있다고 했다. 이는 현대정치학에서 정치를 결핍된 가치를 둘러싼 사회적 갈등을 해소하고 사회 구성원이 요구하는 여러 가지 가치를 배분하는 것으로 이해하는 것과 본질적으로 다르지 않다고 하겠다.[43]

동시에 한비자는 이전에 있었던 역사의 고정관념으로부터 벗어나서

---

42) 古者丈夫不耕 草木之實足食也 婦人不織 禽獸之皮足衣也 不事力而養足 人民少而財有餘 故民不爭 是以厚賞不行 重罰不用而民自治 今人有五子不爲多 子五有五子 大父未死而有二十五孫 是以人民衆而貨財寡 事力勞而供養薄 故民爭 雖倍賞累罰而不免於亂 堯之王天下也 茅茨不翦 采椽不斲 糲粢之食 藜藿之羹 冬日麑裘 夏日葛衣 雖監門之服養 不虧於此矣 禹之王天下也 身執耒臿以爲民先 股無胈 脛不生毛 雖臣虜之勞不苦於此矣 以是言之 夫古之讓天下者 是去監門之養而離臣虜之勞也 古傳天下而不足多也 今之縣令 一日身死子孫累世絜駕 故人重之 是以人之於讓也 輕辭古之天子 難去今之縣令者 薄厚之實異也(『韓非子』五蠹).

43) 최근 정치의 개념규정에 있어 대표적인 학자라고 할 수 있는 이스톤(David Easton)은 정치를 형식적인 면에서 말하면 정책 결정 과정이요, 내용적인 면에서 말하면 사회에 대한 가치의 배분으로 규정하고 정치학을 "어떤 사회를 위한 여러 가치의 권위적 배분의 연구(the study of authoritative allocation of values for a society)"로 이해하고 있는가 하면, 정치란 다름 아닌 결핍된 자원의 권위적 배분(authoritative allocation of scarce resources)으로 규정하고 있다. David Easton, *The Political System,* New York : Alfred A. Knopf, 1952, pp. 133-137.

새 시대에 맞는 새로운 대비를 다음과 같이 주장하고 있다.

> 하후씨(夏后氏)의 시대에 나무를 마찰하여 불을 일으키는 자가 있으면, 반드시 곤(鯀)·우(禹)의 웃음거리가 될 것이다. 은나라와 주나라 시대에 우 임금과 같이 물을 막으러 다닌다면, 반드시 탕무(湯武)의 웃음거리가 될 것이다. 그렇다면 요·순·우·탕의 도를 지금 세상에 찬미하는 자가 있다면, 반드시 새로운 성인의 웃음거리가 될 것이다. 그러므로 성인은 옛날을 따르려 애쓰지 아니하고, 어느 때든지 옳다는 것을 본받지 아니하고, 당면한 세상의 일을 논하고 그것에 대비하는 것이다.[44)]

이와 같이 한비자는 오직 '당세의 일을 논하고 그것을 위해 대비해야 된다'고 주장하면서 '세상이 달라지면 일도 달라진다. 일이 달라지면 대비함도 바뀐다'고 하는 현실주의적인 입장으로 말미암아 옛날의 성인이나 선왕을 따를 수 없다고 하였다.

이러한 입장을 견지하고 있던 한비자는 진일보하여 "고대와 현대의 사회 풍속이 다르므로 신시대와 구시대는 일에 대한 대비가 틀리게 된다. 만약 너그럽고 느슨한 정치로써 다급한 세상의 백성들을 다스리려 한다면, 그것은 마치 말고삐와 채찍이 없이 사납게 날뛰는 말을 부리려는 것과 같으니, 이는 무지에서 오는 환난인 것이다"라고 하였다.[45)]

---

44) 今有搆木鑽燧於夏后氏之世者 必爲鯀禹笑矣 有決瀆於殷周之世者 必爲湯武之笑矣 然則今有美堯舜湯武禹之道於當今之世者 必爲新聖笑矣 是以聖人不期脩古 不法常可 論世之事 因爲之備(『韓非子』 五蠹).

45) 夫古今異俗 新故異備 如欲以寬緩之政 治急世之民 猶無轡策而御馯馬 此不知之患也(『韓非子』 五蠹).

우리는 여기서 '백성을 다스리는 데는 고정된 원리가 있는 것이 아니라, 오직 다스리는 것이 법이다. 법이 때에 맞추어 바꾸어지면 잘 다스려진다. 다스림이 세상에 합당하면 공적이 있게 된다. 시대는 바뀌는데 다스림을 바꾸지 아니하면 어지러워진다'고 하는 한비자의 상황 인식과 논리를 쉽게 읽을 수 있다.

이처럼 상황 논리에 근거하여 현실 문제를 이해하고 있던 한비자의 사상은 당시 부국강병을 갈망하고 있던 제후들의 현실적인 요구와 일치하고 있었다. 그래서 천하통일을 꿈꾸고 있던 진시황은 이 사람을 만나 함께 놀 수 있다면 죽어도 한이 없겠다는 술회까지 마다하지 않았던 것이다.

진시황은 한비자의 저술만을 좋아하는데 그치지 않고 그를 인간적으로도 좋아했다. 그리하여 진시황은 한비자에게 그의 조정에서 일할 수 있는 자리를 주려했지만, 당시 순자의 문하에서 동문수학한 후 진나라의 재상이었던 친구 이사는 불안한 마음에서 한비자를 모함하여 영어(囹圄)의 몸으로 자진케 하였다. 권력 이동에 대한 불안이 친구의 독살까지 마다하지 않는 인간의 비정함을 여기서도 볼 수 있다.

5. 한비자의 사상적 종합과 이상

한비자는 법가의 최후인 동시에 최고의 이론가였다. 한비자 이전에는 앞에서 이미 언급한 바와 같이 3파의 사상 계통이 있었다. 그 첫째는 신도가 주도하는 학파로서 그들은 통치에 있어서는 세가 가장 중요하다고 주장했다. 둘째는 신불해를 중심으로 하는 학파로서 그들은 통치에는 술이 가장 중요하다고 했다. 마지막으로는 상앙이 주도하는 학파로서 통치에는 법이 무엇보다 중요하다고 강조했다. 그런데 한비자는 이들 세 학파가 중요하다고 한 세와 술과 법 중 그 어느 하나도 중요하지 않은 것이 없다고 했다.

한비자에 따르면, 총명한 군주는 제도를 시행하는 데 하늘같이 공평하고 인물을 등용하는 데 귀신같이 밝다. 하늘같이 공평무사함으로 누구도 그를 비난하지 못하고 귀신같이 밝기 때문에 누구도 그를 곤란에 빠뜨리지 못한다. 위세를 부려 법을 엄하게 하면 백성들은 거역하려고 해도 거역할 수 없다 그런 연후에야 법은 시행할 수 있다고 했다.

그리고 총명한 군주는 하늘과 같이 법에 따라서 공평무사하게 행동한다. 이것이 법의 기능이다. 총명한 군주는 귀신과 같이 은밀하게 백성을 통치하는 방법을 갖고 있기 때문에 백성들은 자기들이 어떻게 지배당하고 있는지조차 알 수가 없다. 이것이 술의 기능이다.

그리고 총명한 군주는 권력을 강력하게 실행할 수 있는 권위를 가지고 있다 이것이 세의 기능이며, 세·술·법은 제왕에게는 없어서는 안되는 통치의 수단이라고 했다.

> 모두 제왕의 도구이다.[46)]

그러므로 이 세 가지 가운데 그 어느 하나도 소홀히 할 수 있는 것은 없다고 하면서 이를 종합하여 체계화한 최초의 인물이 한비자이다.

---

46) 皆帝王之具也(『韓非子』 定法).

여기서 한비자가 말하는 군주는 특별한 능력이나 고매한 도덕을 필요로 하지 않으며, 유가가 주장하는 것처럼 군주는 선행을 위한 모범을 세울 필요도 없고, 인격적인 감화를 통하여 다스릴 필요도 없다는 것이다. 왜냐하면 군주는 세를 갖고 있으므로 법을 범하는 자는 벌을 주고, 법을 잘 지키는 자는 상을 주기만 하면 백성이 아무리 많아도 잘 다스릴 수 있다고 했다.

또 한비자는 천하의 불변하는 도리란 군주에게는 절대적인 권리가 있는가 하면, 신하에게는 무한한 의무만이 있을 따름이라고 다음과 같이 말했다.

> 신하는 임금을 섬기고, 자식이 부모를 섬기며, 아내가 지아비를 섬기는 이 세 가지를 따르면 세상은 안정이 되고, 이를 거슬리면 세상은 혼란하여 지니, 이것은 천하의 상도로 총명한 임금과 어진 신하라면 바꾸지 않는다.[47]

한비자는 또 이렇게 말하고 있다.

> 성인이 나라를 다스리는 데 있어서 백성들이 스스로 착한 일을 한다고 믿지 않고, 다만 백성들이 나쁜 일을 하지 않게 만든다. 한 나라 안에서 착한 일 하는 사람은 열 손가락 꼽기 힘들지만 백성들이 나쁜 일을 하지 않게 만들어 놓는다면 그 나라는 모두 잘 다스려 질 수 있다. 다스리는 자는 대다수를 상대해야지 몇몇 사람을 위주로

47) 臣事君 子事父 妻事夫 三者順則天下治 三者逆則天下亂 此天下之常道也 明君賢臣而不易也(『韓非子』 忠孝).

할 수는 없다. 그러므로 군주는 덕을 일삼을 수 없고 법을 일삼아야 한다.[48)]

그리하여 군주는 법과 세로 백성을 다스리면 된다. 군주에게는 특별한 능력이나 고매한 도덕은 필요치 않다. 그러므로 유가가 말한 것처럼 수기(修已)나 내성(內聖)도 필요한 것이 아니며, 도덕적인 교화 따위는 더더욱 필요한 것이 아니라고 하면서 법을 만들고 그것을 시행함에 있어 백성들을 살피는 데 필요한 정도의 능력과 지식이면 된다고 했다. 그러나 그것이 그렇게 간단한 것이 아니므로 군주는 자신이 모든 것을 할 필요는 없다. 군주는 술만 가지고 있으면 스스로 만사를 다 해낼 수 있다고 했다.

한비자는 법을 통하여 백성들이 해야 할 것과 해서는 안 되는 것이 무엇인지를 알게 해야 한다고 하면서 그는 백성들로 하여금 화를 피하고 복에 나가게 함으로써 모두 자치할 수 있도록 할 것과 이익을 좋아하고 해악을 미워하는 인간의 심리를 감안하여 상을 후하게 주면 얻고자 하는 것을 빨리 얻을 수 있고, 벌을 엄하게 하면 금지하고자 하는 것을 급히 막을 수 있다고 했다.[49)] 그리고 일단 법이 공포된 이상 공평무사한 집행을 강조하기도 했다.

---

48) 夫聖人之治國 不恃人之爲吾善也 而用其不得爲非也 恃人之爲吾善也 境內不什數 用人不得爲非 一國可使齊 爲治者用衆而舍寡 故不務德而務法(『韓非子』顯學).

49) 凡賞罰之必者 勸禁也 賞厚則所欲之得也疾 罰重則所惠之禁也急(『韓非子』六反).

명석한 임금은 상을 무공한 자에게 내리지 않고, 벌은 무죄한 자에게 주지 않는다.[50]

특히 한비자는 또 술이라는 것은 임금의 전유물이므로 흉중에 숨겨두고 은밀하게 운용하지 않으면 안 된다는 것도 잊지 않았다.

술이란 임금이 가슴속에 숨겨두고 있다가 여러 가지 일의 발단에 맞추어 은밀하게 여러 신하들을 관리하고 통제하는 것이다.[51]

그러므로 한비자는 현명한 임금은 관리를 다스리나 백성은 다스리지 않고, 법에 따라 사람을 선택하나 그 스스로 천거하지 않으며, 법에 따라 공을 헤아리나 스스로 재지는 않는다고 하였다.

한비자가 이렇게 주장한 까닭은 법치의 대상은 백성이지만, 술의 대상은 신하이고, 법이란 임금과 신하가 함께 지켜야 하는 공수물(共守物)이지만, 술이란 군주의 전유물(專有物)이기 때문이다. 법이란 대중에게 공포하는 법률 조문이나 술은 마음속에서 은밀하게 운용하는 기지이기 때문이다. 이러한 술의 목적은 신하의 간(奸)을 명찰하고 사문의 세를 소멸하는 데 있으니, 전자의 근본은 침탈을 방지하는 데 있고, 후자는 권신을 직접 타파하는 데 그 목적이 있다고 했다. 일반적으로 법가가 그렇듯이 한비자도 가능한 한 군권을 강하게 하고 신권을 약하게 하는 것을 정치의 요체로 삼았다.[52]

---

50) 明主賞不加於無功 罰不加於無罪(『韓非子』 難一).

51) 術者藏之於胸中 而偶衆端 而潛御郡臣者也 故法莫如顯 而術不欲見 是以明主言法 則境內卑賤莫不聞知也(『韓非子』 難三).

한비자의 정치적 목표는 부국강병에 있고, 부국강병의 구체적인 방법은 농전(農戰)이었다. 농전의 목표는 국력을 신장하는 데에 있으며, 그것은 곧 나라의 자주 자존의 역량이라고도 했다.

> 힘이 많으면 사람들이 와서 배알하고, 힘이 적으면 다른 사람에게 가서 배알하게 된다. 그러므로 명군은 힘을 얻는 데에 힘쓴다.[53]

그는 국력 신장의 구체적인 방법은 농전이라고 하면서 다음과 같이 언급한 바 있다.

> 상앙은 진나라 효공에게 열 집 또는 다섯 집을 일조로 하는 연대 책임제를 시행하도록 하였다. 그리고 시경과 서경 같은 경전들을 불

---

52) 한비자는 다섯 가지 막힘－오옹(五壅)이라 하여 군주는 다음과 같은 오옹에 대하여 스스로 경계하지 않으면 안 된다고 하였다. ① 신하가 자기 임금을 폐하는 것, 즉 신하가 자기 임금의 총명을 가려서 그를 어리석게 만드는 것. ② 신하가 재리(국가 재정)를 관장하는 것, 나라의 재정이란 임금이 그것으로 백성들에게 은혜를 베푸는 것이므로 만약 신하가 재정을 마음대로 사용할 수 있게 한다면 임금은 은혜를 베풀 수 없게 되고 종래는 덕을 잃게 됨. ③ 신하가 함부로 영(令)을 행하는 것, 영은 임금이 백성들을 통제하는 수단인데, 신하가 이를 행사하게 된다면 임금은 통제 수단을 잃게 됨. ④ 신하가 의(義)를 행하는 것, 의라고 하는 것은 임금이 의로 이름을 드날리게 하는 것인데, 신하가 의를 행하게 되면 임금은 유명하게 될 수 없게 됨. ⑤ 신하가 사람을 세우는 것, 신하가 사람을 자기 마음대로 기용하게 되면 임금은 자신의 당(조직)을 잃게 된다는 등 이 다섯 가지는 임금의 권한을 강화할 수 있는 특권이자 수단이므로 신하가 이를 장악하도록 해서는 절대로 안 된다는 것이다.

53) 是故力多則人朝 力寡則朝於人 故明君務力(『韓非子』 顯學).

> 태우게 하고 법령을 밝히고 권세가들의 사사로운 이익을 막고 나라를 위해 공로를 다하게 하였다. 벼슬을 구하는 떠돌이 백성을 금하고 평시에 농사짓고 전시에는 싸우는 사람들을 표창하게 하였다. 효공이 이를 행하니 임금은 존귀하고도 안락해졌고, 나라는 부강해졌다.[54)]

이 같은 한비자의 이야기는 농전을 통한 부국강병책으로 농(農)은 경제 역량으로 부국을, 전(戰)은 군사 역량으로 강병을 가리킨다. 바꿔 말하면, 농전은 무력의 방법으로서 백성으로 하여금 몸을 다 하여 농과 전에 힘쓰게 하는 것이었다. 왜냐하면 근농(勤農)은 경제력을, 습전(習戰)은 군사력을 각각 배양할 수 있었으므로, 이것이야말로 당시 열국의 침탈로부터 자국을 보호하고 부강을 기할 수 있는 최선의 안보책이었기 때문이다.

한비자의 근농과 습전은 당시 제후들이 한결같이 추구하고 있던 부국강병의 구체적인 실천 방안이기도 했다. 그가 이 같은 직접적이고도 적극적인 부국강병책을 제시한 이유는 이렇다.

> 내정을 엄격히 하고 법령과 금령을 분명히 하며 상벌을 반드시 실행하여야 한다. 토지는 개발할 수 있는 한 개발하여, 재화의 축적을 증가시킨다. 백성들은 사지에 이르러서도, 그 성곽을 굳게 지키도록 가르친다. 그렇게 되면, 타국이 그들 나라를 탈취해도 그 이익이 적을 것이며, 공략한다면 오히려 많은 사상자를 낼 것이니, 비록 강력

---

54) 商君教秦孝公以連什伍 設告坐之過 燔詩書而明法令 塞私門之請而遂公家之勞 禁游宦之民而顯耕戰之士 孝公行之 主以尊安 國以富强(『韓非子』 和氏).

> 한 군대를 가진 대국이라 하더라도 감히 그들의 병졸을 견고한 성 아래에 두어 자멸케 하지 않을 것이다. 이는 결국 망국의 책략이 아니다.[55)]

한비자의 정치적인 목표는 경제적인 역량과 군사적인 역량의 배양을 통해 일차적으로는 자국의 안전을 도모하고, 나가서는 여러 나라를 통합하여 천하를 하나로 만드는 데 있었다. 한비자는 진나라에서 이사의 모함으로 죽었지만, 그의 학술은 진나라에 의해 채택되었고, 채택된 효과 또한 커서 후일 6국을 통일하는 기반이 형성되었다. 그러므로 한비자의 정치적 이상은 일차적으로는 부국강병을 실현하는 데 있고, 궁극적으로는 천하를 통일하여 하나의 세계를 이룩하는 데에 있었다. 그는 어찌 보면 법으로 법을 그치게 하고(以法止法), 전쟁으로 전쟁을 그치게 하는(以戰止戰) 그런 세상-법이 필요 없고 전쟁이 없는 안정되고 통일된 천하를 이상으로 하고 있었는지 모른다.

---

55) 而嚴其境內之治 明其法禁 必其賞罰 盡其地力以多其積 致其民死以堅其城守 天下得其地則其利少 攻其國則其傷多 萬乘之國 莫敢自頓於堅城之下 而使強敵裁其弊也 此必不亡之術也(『韓非子』五蠹).

제8장 진 · 한의 천하통일과 동중서의 공헌

1. 진의 천하통일과 법가의 득세

춘추시대라 함은 노 은공(魯隱公) 원년인 기원전 722년으로부터 노 애공(魯哀公) 14년인 기원전 481년에 이르는 242년간을 말한다. 이 시대는 『춘추 春秋』에 기록되어 있기 때문에 그렇게 부르게 됐고, 전국시대라 함은 춘추 말인 기원전 481년으로부터 진시황이 6국을 통일한 기원전 221년에 이르는 약 240년간을 말하는데 이 기간에는 전쟁이 줄지어 일어났다고 해서 그렇게 부르게 된 것이다.

춘추전국시대에는 비록 전쟁은 연이어 일어나기는 했지만, 사람들의 행위는 예에 의해 규제되었다. 예는 봉건시대의 규범으로써 개인의 행위를 규제했을 뿐만 아니라, 국가도 예에 의해 다스려졌다. 예는 주로 평시에 실행되었으나 어떤 경우에는 전시에도 적용되었다.

그래도 춘추시대에는 국제관계에 예를 지키는 사람들이 있었다. 『좌전 左傳』은 기원전 638년 초(楚)와 송(宋) 두 나라 사이에 있었던 홍(泓)에서의 유명한 전쟁을 기록으로 남기고 있는데, 당시 비교적 낡은 사고방식을 지니고 있던 송 양공(宋襄公)은 자기가 직접 군을 지휘하여

전역을 치르려 했다.

적군인 초의 군사가 대오를 정비하고 도강하려는 순간, 양공은 휘하의 장군 대사마고(大司馬固)가 강을 건너려는 동안 공격할 수 있게 허락하여 달라고 하자, 양공은 초군이 진을 치기 전에는 군사를 공격하지 않겠다고 했다. 그 결과 송의 군대는 참담한 패배를 맛보아야 했고, 양공 자신도 부상을 입어야 했다.

그러나 양공은 원래의 결심을 버리지 않고 지키면서 "군자는 부상당한 사람에게 두 번 다시 상처를 입히지 않으며 반백의 머리를 한 사람은 포로로 잡지 않는다(君子不重傷 不禽二毛)"고 했다. 물론 그의 이 같은 태도와 주장은 대사마고를 격분시켰을 뿐만 아니라, 장병들의 분노를 사기에 충분했다. 대사마고는 양공에게 이렇게 말했다.

> 만일 다시 상처를 주지 않는 것이 좋다면 안 입히지는 못할까? 반백을 포로로 잡지 않는 것이 좋다면 왜 적에게 항복하지는 못할까.[1)]

대사마고는 양공을 힐난했다. 당시 양공의 주장은 봉건시대의 전통적인 예의 정신에 충실하려 한 것이고, 대사마고의 격분은 전쟁을 승리로 이끌기만 하면 된다는 승전 논리에 따른 것이었다.

전국 말년 중국의 정치상황은 매우 복잡했고, 국가간의 이합집산도 빈번했다. 마치 오늘날 지역안보 차원에서 국제간의 협력이 논의되고 있는 것과 같은 유사한 사실이 중국의 고대에 있어 흥미롭다. 예를 들면, 기원전 551년에 이른바 군비축소회담(양공 27년)이 개최되었다. 그

---

1) 若愛重傷 則如勿傷 愛其二毛 則如服焉(『春秋左傳』 僖公 22年).

후 그 제안은 당시의 천하를 두 세력권으로 나누어 놓았다.

> 동쪽에는 제 선왕(齊宣王)이 동제가 되고, 서쪽에서는 진 소왕(秦昭王)이 서제가 되었다.[2)]

그리고 군소 국가들 사이에 서로 여러 가지 동맹을 맺기도 했다. 전국시대에는 이 동맹이 '종(縱)'과 '횡(橫)' 두 가지의 형태로 고착되었는데 '종'은 북에서 남으로 맺었고, '횡'은 서에서 동으로 맺었다.

당시 7국 중 진이 가장 공격적이었고, 종적인 형태의 동맹은 6국이 진에 대항하기 위해서였다. 지역적으로도 진은 가장 서쪽에 있었고, 기타 6국은 남북에 걸쳐 진의 동쪽에 산재하여 있었기 때문에 종이라 부르게 되었던 것이다. 반면에 횡적인 형태의 동맹은 진이 한 국가 또는 몇 국가와 결합하여 나머지 나라를 공격하기 위한 것이었다.

진의 연횡은 점차 서쪽에서 동쪽으로 영토를 넓혀 나갔다. 마침내 진은 6국을 하나씩 정복하고 마침내 전 중국을 통일하기에 이른나(기원전 221). 이로부터 진왕은 스스로 진시황제라 칭함으로써 그는 역사상 유명한 인물이 되었다. 동시에 그는 봉건제를 폐하고 중앙집권적인 군현제를 세웠다.

당시 적지 않은 대관들은 주나라의 봉건제도를 그대로 실시하자고 했지만, 이사는 그들과 견해를 달리하고 있었다. 그는 봉건제를 폐하고 군현제의 실시를 강력히 주장하였다.

이사는 전국을 36개의 군(郡)으로 나누고 군에는 민정의 장관으로는

2) 三十六年 王爲東帝 秦昭王爲西帝(『史記』 田敬仲完世家 第16).

군수(郡守)를, 군사의 장으로는 군위(郡尉)를, 그밖에 감찰관인 군감(郡監)을 두어 중앙관청을 대표하여 군수와 군위의 세력균형을 유지토록 하였다. 군 아래에는 현(縣)을 두어 현령(縣令)·현위(縣尉)·현승(縣丞)을 임명하여 민정(民政)·군사(軍事)·감찰(監察)의 3권을 분담케 하였다.[3] 동시에 지방관의 임면은 모두 황제에 의해 결정케 함으로써 임면권자인 황제 중심의 권력 집중을 가능케 하여 행정상의 중앙집권체제를 확립하였다.

천하를 통일한 진시황은 중앙집권체제만을 가지고 광대한 정복지를 통일하려는 데에 만족하지 않았다. 그는 도량형을 통일하고, 화폐를 통일하고, 차량의 규격까지 통일하였다. 뿐만 아니라, 군현제 이전에는 봉건제였으므로 지역에 따라 서체(書體)와 문체(文體)도 달랐다. 때문에 이사는 서법(書法)의 통일까지 시도한 결과 기원전 2세기에 이르러서는 문자와 문체의 통일이 이루어지게 되었다.

이사는 시황을 진시황이라 부르며 군주는 지존무상의 존재라면서 존군을 주장하였다. 아울러 그는 사학은 그릇된 법교(法教)를 좇는다고 하여 일체의 사학을 금했다. 또한 그는 임금이 엄존하면 독책은 반드시 이루어지고, 독책이 반드시 이루어지면 구하는 것을 얻을 수 있고, 구하는 것을 얻으면 나라는 부강하여 진다면서 독책을 시행하였다.

이렇듯 법가는 시대적인 요청에 부응함으로써 일시적인 성세를 누릴 수가 있었다. 이러한 과정에서 한비자가 법가이론을 발전시킨 이론가

3) 진의 군현제는 이사에 의해 창안된 것이 아니라, 기원전 350년 상앙이 진의 전 지역을 31현으로 나누고, 각 현에는 현령이라고 하는 중앙정부의 관리로 하여금 지배케 한 데에서 유래한다.

라면 이사는 법가의 정술을 실행한 실천가라 할 수 있다.

비록 진은 단명으로 끝났지만 과격하고도 전반적인 개혁을 단행하였다. 그 같은 개혁은 법가의 이론에 근거하였으므로 법가 이외의 모든 서적은 모두 금지되었다. 특히 정부를 비판할 목적으로 유교 경전을 이용하는 사람은 처형될 것이라는 법령이 공포되기도 했다. 이러한 공포 속에서 서적을 불태우고 학자들을 생매장한 이른바 분서갱유(焚書坑儒)가 자행되었다.

분서갱유는 동아시아의 정치사에서는 물론, 세계에서도 그 유례를 찾아볼 수 없는 야만적인 사건으로 비판받고 있지만, 전반적인 통일을 추구하고 있던 진황에게 사상적 통일을 위해서는 불가피한 조치라고 진언한 사람은 이사였다. 비록 선철들의 저작이라고 하더라도 시대에 뒤떨어진 서적(『서경 書經』이나 『시경 詩經』)유와 같은 책들이거나 다른 왕실의 역사서와 같은 것들은 나라의 안정과 통일을 파괴하는 것으로 간주하고 기원전 213년 '분서'를 자행하였다. 이때 분서를 모면한 서적으로는 의서·복서·농서와 같은 실용적인 것과 진나라의 역사적 기록 및 왕실 서고의 장서와 70여 명의 궁중학자들이 소장하고 있던 장서뿐이었다.[4)]

분서 당시 반항하는 학자들은 유배 또는 사형에 처했고, 그 다음 해에는 수백 명에 달하는 학자들을 함양(咸陽)에 생매장하는 갱유도 자행

4) 이사는 분서시 박사관이 주관하는 서적이나 의약(醫藥)·점복(占卜)·종수(種樹)에 관한 실용적인 서적과 진나라의 역사에 관한 전적 등은 분서에서 제외시킬 것을 진시황에게 진언하였다.(臣請史官非秦記皆燒之 非博士官所職 天下敢有藏詩書百家語者 悉詣守尉雜燒之. 『新校自治統鑑』 卷7, 臺灣: 世界書局, 民國 61年, 244쪽).

되었다. 갱유로 희생된 학자는 460명이었는데 그들 모두가 유학자들은 아니었다. 왜냐하면 분서갱유는 법가를 버리고 유가를 채택한 한나라의 유학자들에 의해 사용되었다는 사실을 감안할 때 그렇다.[5)]

분서갱유는 그 규모가 문제가 아니라, 그것을 통해 추구한 정치적 이유가 문제이다. 모든 면에서의 통일을 기도한 혁명세력들은 국론의 통일이 없이는 천하의 안정은 기대할 수 없다고 보고 이를 위해서 사상적 통일은 불가피한 것으로 인식하고 있었다. 그리하여 사상적 통일을 분서와 갱유에서 찾았던 것이다.

2. 한의 재통일과 유가의 부흥

천하를 통일한 진시황은 진나라의 모든 정책결정권을 한 몸에 지니고 있었다. 그는 그 많은 정무를 처리하기 위해 의욕적으로 일했다. 그는 매일 1백 근이 넘는 죽간(竹簡)이나 목간(木簡)의 서류를 밤늦게까지 처리하였는가 하면, 피로에도 불구하고 전국을 순회하였다고 한다.

5) 진시황이 갱유를 자행한 직접적인 이유는 불사약을 구하던 방술사인 후생(侯生)과 노생(盧生)이 도망가자 이에 격분한 그는 "나를 비방하고 나의 부덕을 가중시키고 있다"는 이유를 들어 어사를 시켜 요괴한 말로 백성들을 미혹케 하는 자들을 고발케 하자 서로 고발되어 법령을 어긴 자가 460여 명이었다는 사실과 관련이 있다(侯生盧生相與譏議始皇 因亡去 始皇聞之 大怒曰 盧生等 吾尊賜之甚厚 今乃誹謗我 諸生在咸陽者 吾使人廉問 或爲妖言 以亂黔首 於是使御使悉案問諸生 諸生傳相告引 乃自除犯禁者 四百六十餘人 皆阬之咸陽 使天下知之 以懲後 益發謫徙邊. 『新校自治統鑑』卷7, 臺灣 : 世界書局, 民國 61年, 246쪽).

아마 그가 50세의 나이로 죽은 것은 격무에 시달린 과로 때문이었을 것이다.

진시황은 스스로 만대(萬代)를 존속할 제국을 건설하였다고 믿고 있었지만, 그 제국은 그가 죽은 지 4년을 넘기지 못한 채 단명으로 끝나고 말았다. 그러나 지금까지도 서양인들의 중국에 대한 명칭(China)이 아직도 진(秦)의 명칭(Chin)에서 유래되고 있다는 사실은 진나라가 중국 역사에서 차지하는 위상과 무관하지 않다는 점에서 흥미롭다.

기원전 213년에 종말을 고한 진을 계승한 나라는 한이었다. 기원전 203년 유방은 군사적으로는 우수하나 정치적으로는 주도하지 못한 자기의 경쟁자들을 전멸시키고 천하를 통일하니 이것이 한에 의한 재통일이다. 유방은 기원전 206년 항우로부터 한왕이라는 칭호를 받았는데, 이 해를 한왕조의 건국으로 삼고 있다. 유방이 세운 제국을 전한이라 하고, 그 후예들이 재통일함으로써 세운 제국을 후한이라 하는데 이 두 한제국을 합쳐서 한(漢 기원전 206~서기 220)이라 한다. 오늘날에 있어서도 중국인들은 스스로를 한인(漢人)이라고 하고, 동아시아인들은 중국의 글자를 한자(漢字)라고 부르는 것은 한나라에서 유래하였다.

한은 진의 정치적 통일 이념을 받들어 미완사업을 추진함으로써 새로운 정치·사회적 질서를 수립하려 하였다. 그 같은 질서는 유교의 교의에 따라 수립하려 했다. 물론 한초의 사상은 유동적이기는 했으나, 제 6대 무제의 시대에 이르자 법가 유의 사람들에게는 출사의 길이 허용되지 않았다. 그리하여 법가사상이 공식화된 진의 사상적 상황은 무제의 치하에서는 새로운 전환을 겪지 않으면 안 되게 되었다. 흔히 이러한 '전환'을 일러 '유가의 승리'라고 한다.

6국을 통일한 진시황은 법가 위주에다 유가는 그의 보조적인 역할을 하는데 불과했었다. 그러나 그 같은 상황은 한대에 이르러 역전되었다. 특히 한무제 때에는 유가는 크게 성행하였는데 이를 시대별로 보면,

제 1기 : 고・혜・문・경 4조 60년간은 황로사상이 성행하던 시기로 유가는 그 영향을 받지 않을 수가 없었는데 그 대표적인 사상가는 가의(賈誼)라는 인물이다.

제 2기 : 무제로부터 왕망에 이르는 약 60여 년간 유가는 이미 황로로부터 벗어나 그 독존적인 지위를 확립하기는 했으나, 그 내용은 이미 선진의 순수 유가는 아니었다. 처음에는 음양오행설에도 접근하더니 나중에는 참위의 미신에 빠지기도 했다. 그 대표적인 사상가가 동중서(董仲舒 : 기원전 176~104)이다.[6)]

제 3기 : 후한 2백 년간에 있어 조정에서까지 도참설을 믿었으나 일부 유학자들은 반감을 가지고 실제를 추구했다. 그러나 이미 쇠약한

---

6) 동중서는 한나라 경제(景帝)와 무제(武帝) 때 지금의 호남성(湖南省) 남부인 광천(廣川) 지방 인물이지만, 그의 정확한 생년월일은 알 수가 없다. 다만 기원전 179-서기 104년경으로 추정하고 있을 뿐이나 그것도 확실치 않다. 동중서는 평소 학문연구에만 전심전력한 나머지 3년 동안이나 자기 집 정원도 내다보지 않았다고 하기도 하고 제자들과 강론할 때는 가운데 발을 내렸기 때문에 누구도 그의 얼굴을 보지 못했다고도 한다. 동중서는 제자백가 중 유가만을 한나라의 정통사상으로 받아들이도록 하는데 지대한 공을 세웠는가 하면, 유가의 정통성을 확립하기 위하여 제도적인 기반을 만들어내기도 하였다. 그리고 그 제도는 동아시아 정치제도사에서 2천년에 이르는 존속과 권위를 누리기도 하였다. 한 사람에 의해 고안된 제도, 특히 고시제도(과거제도)가 그처럼 장구한 세월에 걸쳐 존속할 수 있었던 예는 인류 역사상 일찍이 없었을 것이다.

유술을 가지고는 그 시대를 바로 잡기란 어려웠다. 더욱 전제정치에 대해서는 비관적 태도를 면키가 어려웠다.

그러나 제자백가 중에서 유가를 승리시킴으로써 한조의 정통사상을 정립하는데 대공을 세운 인물은 뭐니 뭐니 해도 동중서이다. 그는 유가의 정통성을 확립하고 수호하기 위하여 제도적인 기반을 마련하였다. 그리하여 일정 기간에 전국적으로 실시되는 고시제도를 특정 계층에게만 적용시키지 않고, 각계각층의 모든 사람에게 공개적으로 실시하였다.

동중서에 의해 창안된 이 제도는 수세기 후에야 비로소 보편화될 수 있었지만, 그가 최초로 제창했다는 사실은 중요하다. 아울러 과거제도의 경우도 그가 생존했을 당시 이미 윤곽이 잡히기는 했지만, 그 운영 방침에 있어 이념적 토대를 유가의 경전에서 찾은 그의 의도는 매우 중요한 의미를 지닌다. 왜냐하면 이 같은 제도적 수립에 있어 이론적인 당위성을 유가에서 찾음으로써 유가의 독존적인 지위의 확립이 가능했기 때문이다. 물론 그러한 당위성을 유가에서만 찾지는 않았다.

동중서는 인간이란 천의 일부이므로 인간 행위의 정당성은 천의 운행에 달려 있다고 믿고 있었다. 그리하여 그는 천과 인간 사이에는 밀접한 상호관계가 있다고 보고 음양가에서 끌어낸 형이상학적인 이론과 유가의 정치·사회적인 사상을 한 데 결부시켰다. 이러한 그의 시도는 '유가의 승리'로 나타났고, 유가의 승리는 지난 2천여 년 간 중국 내지 동아시아에서 유가의 절대적인 지위 획득은 물론 정통신앙으로 작용할 수 있게 하였다.

3. 동중서의 우주론과 재상문제(災祥問題)

동중서에 의하면 우주에는 음양의 기가 있는데 이는 마치 물고기가 언제나 물 속에 잠겨 살고 있듯이 인간은 언제나 기 속에 잠겨 살고 있다고 했다. 그런데 그는 음양의 기가 물과 다른 것은 보이는 것과 보이지 않는 것뿐이라고 하였다.[7)]

이처럼 천에 음양이 있는 것과 같이 천의 짝(副)인 인간의 마음에도 성(性)과 정(情)을 가지고 있다고 했다. 동시에 그는 인간의 성은 천의 양에 해당되고 정은 음에 해당된다고 하면서 그 기본 바탕이 선한가 악한가에 대해서는 맹자의 성선설에 동의하지 않고 훌륭한 성왕의 가르침-'왕교(王教)'가 있은 후에야 비로소 선하여 진다고 하였다. 이처럼 왕교가 없이는 인성의 완전한 개발은 이루어질 수 없다는 데에 그의 정치적 사유는 기초하고 있다.[8)]

동중서가 주장한 '천인상여(天人相與)'설은 한대 유가의 핵심적인 우주론이라 하여도 과언이 아니다. 물론 이 설은 천도와 인도의 융합을 말한 것으로 그 기원은 춘추 이전으로 소급된다.[9)]

그러나 '천인상여'란 4자를 말한 최초의 인물은 동중서이다.[10)] 그에

---

7) 天地之間 有陰陽之氣 常漸人者 若水常漸魚也 所以異於水者 可見與不可見耳(『春秋繁露』天地陰陽).

8) 정치에 대한 유가의 기본적인 태도는 인간성의 합리적인 계발로 보는 데 있어서는 거의 일치하고 있다. 공자가 정치란 바로 잡는 것이다(政者 正也)라고 한 것이나, 맹자가 진성(盡性)을, 그리고 성리학자들이 한결같이 존심양성(存心養性)을 강조한 것도 같은 맥락에서의 인식이라 할 수 있다.

9) 蕭公權, 『中國政治思想史』上, 臺北, 華岡出版有限公司, 民國 60年, 293쪽.

따르면 우주에는 10대 요소, 즉 천(天)·지(地)·음(陰)·양(陽)·목(木)·화(火)·토(土)·금(金)·수(水)와 인(人)이 있다고 했다.[11]

동중서는 천지 사이에 있는 음과 양은 소장성쇠를 거듭하나 그것은 일정한 괘도에 따라 진행된다고 하였다. 또 그는 오행에는 상생상극의 순서가 있다고도 했다.[12]

특히 동중서는 천에도 인간과 마찬가지로 희로(喜怒)의 기(氣)와 애락(哀樂)의 심을 가지고 있으므로 천과 인간은 서로 부응한다고 함으로써 이른바 '천인상여'를 말하였던 것이다. 그러므로 인간은 생리적인 면에서나 정신적인 면에서도 천의 묘사 내지 축소로 만물의 영장이라고 했는가 하면, 천·지·인(天地人)은 만물의 근원이라고도 했다

그러나 하늘은 만물을 낳고, 땅은 기르고, 사람은 완성시키는데 그것은 인긴에 의해 이루어진 문화와 문명의 힘으로 완전하게 된다고 했다.[13] 그러므로 문화와 문명이 없게 되면 우주는 불완전하게 된다고 본 동중서는 천·지·인 3자는 마치 손과 발처럼 서로 연관되어 일체를 이룬다는 것이다.[14] 우주에 대한 이러한 그의 인식이 곧 '천인상여'설의 성립을 가능케 하였던 것이다.

동중서는 '천인상여'설에 대하여 매우 자세히 논했을 뿐만 아니라, 그것을 가지고 유가사상의 진수로 삼기도 했다. 그 결과 한대 이후의 유가사상에 끼친 영향은 거의 절대적이었다. 특히 정치사상에 끼친 영

10) 錢基博, 『漢儒顯眞感論』, 北京, 淸華大學, 淸華學報, 第3卷 第1期, 726쪽.
11) 『春秋繁露』 天地陰陽 참고.
12) 『春秋繁露』 五行相生, 五行相順逆 두 편 참고.
13) 天地人 萬物之本也 天生之 地養之 人成之(『春秋繁露』 立元神).
14) 三者相爲手足 合以成體 不可一無也(『春秋繁露』 立元神).

향에 있어 그러했다.

한초의 학자들은 앞에서 언급한 바와 같이 향리에서 추천을 받아 궁정에 가서 황제로부터 시문(試問)을 받는 것이 하나의 관례처럼 되어 있었다. 동중서는 무제의 통치 초에 그러한 시험-'현량대책(賢良對策)'으로서 천거되었다. 무제가 그에게 질문한 것은 치란성쇠의 이치에 관한 것이었고, 동중서의 대답은 '천인상여'설을 바탕에 깔고 한 것이었다. 모두 세 번 묻고, 세 번 대답했다고 해서 '천인삼책(天人三策)'이라고 한다.

무제는 삼대는 천명을 받았다고 하는데 그 증거가 어디에 있는가? 재이(災異)의 변이 무슨 연고로 일어나느냐고 물었다.[15] 이 같은 무제의 질문 속에는 이미 음양오행과 재이지변에 대한 신앙이 깔려 있음을 알 수 있다. 이에 대해 동중서는 춘추의 사료는 천인의 관계를 설명하기에 넉넉하며, 정치가 좋지 못하면 재해와 변이가 있다고 했다. 또 그는 재이는 하늘이 경고를 주는 것으로 해석하였다.

이러한 그의 대답은 인격적 내지 의지적인 천의 신앙에 바탕을 두고 있었다.[16] 이처럼 재이를 천의에 따른 것으로 설명한 동중서의 정치적인 목적은 실도(失道)한 군주에게 하늘의 이름을 빌어 경고하려는 데 있었다. 그에 따르면 천지만물에 비정상적인 변화가 있을 때, 이를 일러 '이(異)'라 하고, 규모가 작은 것을 '재(災)'라 하는데 전자는 하늘의 위용이라면, 후자는 하늘의 견책이라고 하였다.[17]

---

15) 三代受命 其符安在災異之變 何緣而起(『漢書』 董仲舒本傳).

16) 臣謹案春秋之中 視前世已行之事 以觀天人相與之際 甚可畏也 國家將有失道之敗 而天迺先出災異以譴告之(『漢書』 董仲舒本傳).

이처럼 재이를 설명한 동중서는 한 걸음 더 나아가 공자가 『춘추』를 지은 목적에 결부시켜 이렇게 설명하고 있다.

> 춘추에서 비난하는 것은 재해가 가해진 것이며, 춘추가 싫어하는 것은 괴상한 이변이 생긴 것이다. 국토와 왕실의 과실을 적어놓고, 재해의 변괴를 겸하여 그것을 가지고 사람의 행한 바를 본다. 그 아름다움과 미움의 끝은 곧 하늘과 땅과 유통, 왕래하여 서로 응한다.[18]

이처럼 재이의 관념은 마침내 공자의 사상이 되었고, 『춘추』를 지은 목적이 그것을 밝히는 데 있는 것 같이 왜곡되었다. 그 결과 원시유가의 변질은 동중서에 의해 불가피하게 되었다.

'상서(祥瑞)'의 경우도 '천인상여'의 인식에 근거하여 설명하고 있다. 상서의 징후는 유덕한 사람만이 부를 수 있는 것이기는 하지만, 그렇다고 해서 반드시 그렇지만도 않다고 하였다. 상서가 일어나는 것은 원한다고 해서 이르는 것이 아니라, 스스로 이르는 것이다. 그러나 상서를 바란다면 덕을 닦지 않고는 부를 수 없다고 하였다. 이처럼 재상(災祥)은 천도와 인도의 접촉점에서 이루어지는 것으로 천도는 인도의 바탕이 된다고 하였다.

---

17) 天地之物 有不常之變者謂之異 小者謂之災 災常先至 而異乃隨之 災者 天地譴也 異者 天之威也 譴之而不知 乃畏之以威(『春秋繁露』 必仁且智).

18) … 故春秋之所譏 災害之所加也 春秋之所惡 怪異之所施也 書邦家之過 兼災害之變 以此見人之所爲 其善惡之極乃與天地流通而往來相應(『漢書』 董仲舒本傳).

동중서가 재상설을 강조한 주요 목적은 군주에게 심리적인 부담을 줌으로써 스스로 근신케 하는 데 있었다. 군주가 재이를 보면 스스로 과오가 있는가를 반성하고, 상서를 보아도 더욱 선정에 힘쓰도록 하는 데에 정치적인 이유가 있었다. 그는 인간의 모든 행위는 '천인상여'의 원리에 따라 재상이 결정된다고 하였다. 그의 재상설은 비경험적이고 비실증적인 데 근거하고 있으므로 매우 신비롭다. 그러나 비경험적이고 비실증적인 사실 때문에 더욱 큰 영향과 위력을 발휘하는 것도 사실이다.

사실상 한대의 사람들은 음양을 이야기하고 재상을 논하는 것을 유학 또는 경술로 여기고 있었다. 때문에 동중서가 정치적인 이유에서 '천인상여'를 이야기한 것은 당시의 상황으로 봐서는 자연스런 것인지도 모른다. 단, 그의 기본관념은 '사람으로 하늘에 응한다(以人應天)'는 것이므로 사람의 신체는 하늘의 상(象)과 상응한다고 하였다.

이를 보다 구체적으로 말하면, 인간사회의 모든 제도 역시 천상(天象)의 수에 반드시 따라야 하며, 정치의 득실은 하늘의 뜻에 있으므로 하늘의 뜻 역시 재이와 상서로 표현될 수밖에 없다는 것이다.

이처럼 그가 천상을 말함으로써 천에는 음과 양이 있는 것과 같이 천의 짝(副)인 인간의 마음에도 성과 정을 가지고 있다고 한 사실은 중요하다. 왜냐하면 당시의 대부분의 유가들이 음양오행설을 믿은 나머지 '우주론 중심의 철학'에 빠져 있었는데 동중서만이 인간의 심성 문제에 남다른 관심을 가지고 이를 구체적으로 언급하고 있었기 때문이다.

4. 동중서의 인성론과 왕의 가르침(王敎)

유가에 있어 인성 문제는 공자가 처음으로 밝혔다.[19] 그는 인성을 선악으로 말하지는 않고, 이른바 '성상근(性相近)'이라 하여 인간의 생래적인 성이란 선악의 가능성을 다 가지고 있음을 부정하지 않았다. 때문에 그는 선행으로서의 교화를 중시하였던 것이다.

그러나 유가를 대표하는 정통적인 성론은 역시 맹자의 성선설이다. 그는 사람이 사람된 소이를 인의예지(仁義禮智)의 성을 가진 데서 찾았다. 때문에 군자는 마음속에 뿌리박고 있는 인의예지를 성이라 한다고 하였다.[20] 그렇다고 해서 맹자가 인간의 생리적인 성을 부정한 것은 아니다.

다만 그는 성의 심리적인 면을 중시함으로써 그 속에 선단이 있음을 중시하였고, 그것을 확충함으로써 생리적인 성 즉, 악에 기울어질 수 있는 부분을 선하게 할 수 있다고 했을 뿐이다.

그러나 그는 생리적인 면에서 오는 요구보다는 정신적인 면에서 오는 요구, 다시 말하면, 유한하고 국한된 것보다는 영원하고 보편적인 것을 사람의 참된 성으로 이해함으로써 성선을 주장하였던 것이다. 그러나 동중서는 이러한 맹자의 성론에 대해 다음과 같이 정면으로 반대하였다.

---

19) 일찍이 공자는 인간의 성을 공 · 순과 같이 선악으로 말하지 않고 '性相近也 習相遠也'라고 하여 인간은 본질적으로 같다(性相近)고 하였다(『論語』 陽貨).

20) 君子所性 仁義禮智根於心(『孟子』 盡性).

어떤 이는 (인간의) 본성은 선단을 가지고 있고, (인간의) 마음은 선질(善質)을 가지고 있는데 어째서 그것이 곧 선이라고 하지 않는가? 라고 한다. 그러나 나는 그건 그렇지 않다고 대답한다. 고치에는 명주실을 만드는 성분이 있으나, 고치가 곧 명주실이 아니요, 달걀 속에는 병아리가 될 요소가 있으나, 달걀이 곧 병아리는 아니다. 만일 이 비유로 보면, 무슨 의심이 있을 수 있겠는가.[21)]

그가 여기서 말한 '어떤 이'라고 지칭한 사람은 맹자를 가리킨 것으로 그가 말한 성론은 곧 맹자의 성선설과의 차이를 밝힌 것이기도 하다. 그는 또 다음과 같이 맹자와의 차이를 말하기도 했다.

맹자는 아래로 금수의 행위와 비교하여 인간의 기본 바탕을 평가하므로 인간의 본성은 이미 선(已善)하다고 하였다. 그러나 나는 위로 성인의 행위와 비교하여 인성을 평가하므로 인간의 본성은 아직 선하지 않다(未善)고 말한다.[22)]

이처럼 인간의 본성에 대하여 맹자와의 차이를 '이선'과 '미선'으로 구별하여 말한 동중서는 성에는 선질이 있기는 하지만 그것이 곧 착한 것은 아니라는 것이다. 그것은 마치 착한 것은 쌀과 같고, 성은 벼와 같다면서 벼는 쌀을 산출하지만 벼가 곧 쌀이 아닌 것과 같이 성이 선을 산출하지만 성 그 자체가 선한 것은 아니라는 것이다. 쌀과 선은

---

21) 或曰性有善端 心有善質 尙安非善 應之曰 非也 繭有絲 而繭非絲也 卵有雛 而卵非雛也 此 類率然 有何疑(『春秋繁露』 深察名號).

22) 孟子下質於禽獸之所爲 故曰性已善 吾上質於聖人之所爲 故謂性未善(『春秋繁露』 深察名號).

천의를 인간이 계승함으로써 밖에서 완성되었다.[23] 그래서 그는 밖에서 완성되기 위해서는 교화가 필요하다고 하였다.[24] 동중서는 교화의 주체에 대하여 다음과 같이 말한다.

> 하늘이 백성을 냄에 선한 바탕을 마련하였지만 백성 스스로가 스스로의 힘으로 선하게 되지는 못한다. 이에 임금을 세워 백성을 선하게 하니 이것이 하늘의 뜻이다. 임금은 하늘의 뜻을 이어받아 백성의 선한 성품을 이루는 것을 책임으로 한다.[25]

그러므로 임금의 교화, 즉 '왕교(王教)'가 없이는 성은 완전히 개발되지 않는다고 하였다.[26] 이처럼 동중서는 백성은 임금의 교화가 있은 후에야 선하게 된다고 하였다. 그리고 임금의 교화는 곧 천의의 이행이므로 백성에 대한 교화는 곧 하늘이 임금에게 부과한 책임을 수행하는 것에 불과하다고 했다.

때문에 임금에게 있어 위정의 중요한 부분은 백성을 교화시켜 선으로 나가게 하는 데 있다고 하였다. 이는 동중서를 전후한 유가들이 정치란 다름 아닌 인간성의 합리적인 계발로 인식하고 있는 것과 일맥상통하는 것이기도 하다.

---

23) 善如米 性如禾 禾雖出米 而禾未可謂米也 性雖出善 而性未可謂善也 米與善人之繼天而成於外也(『春秋繁露』 實性).

24) 性非教化不成(『漢書』 董仲舒本傳).

25) 天生民 性有善質 而未能善 於是爲之立王以善之 此天意也 民受未能善之性於天 而退受成性之教於王 王承天意以成民之性善爲任也(『春秋繁露』 深察名號).

26) 王教在性外 而性不得不遂(『春秋繁露』 實性).

임금이 천의를 받들어 백성을 교화시키기 위해서는 학교를 세워 왕교를 넓히지 않을 수 없을 것이다. 그러므로 학교란 기질을 변화시키고 지식을 배양하는 곳으로 한대 이전에도 학교 교육은 중시되었다.[27] 무제가 즉위한 후 동중서의 건의에 따라 태학을 일으켰는데 그 목적은 천도를 밝히고 교화시키는 것 외에 인륜을 바로 하여 지치(至治)를 이루는 데 있었다.[28]

본래 유가에 있어 정치란 도덕적인 주체성을 확립시키는 데 필요한 '도(道)'를 깨닫고 실천하는 것이었다. 이로 인해 이미 도덕적으로 주체성이 확립된 치자로 하여금 아직 자각마저 이루어지지 못한 일반 대중에 대한 교화 작업을 정치로 인식한 것이 유가였다. 그러므로 동중서가 한대를 대표하는 유자이고 보면 그가 임금의 가르침의 궁극적인 목표를 지치에 둔 것은 당연한 논리적 귀결이라 하겠다.

5. 동중서의 사상적 혼합과 정치적 사유

동중서의 사상은 기본적으로 유가와 음양가에 그 배경을 두고 있다. 때문에 어떤 사람은 그를 일러 유가와 음양가의 결합자라고 하기도 한다. 그의 도덕철학 내지 정치사상은 음양사상에 근거하고 있으므로 좀 지루하더라도 그의 음양사상에 관한 기록을 옮기면 다음과 같다.

27) 夏曰校 殷曰序 周曰庠 學則三代共之(『孟子』 藤文公上).
28) 明天道 正人倫 致至治(『漢書』 儒林傳).

하늘에는 오행이 있으니 목·화·토·금·수(木火土金水)를 일컫는다. 목은 오행의 처음이요, 수는 그 끝이다. 이것이 하늘이 명한 순서이다. 목은 수를 낳고 화는 토를 낳고 토는 금을 낳고 금은 수를 낳고 수는 목을 낳는데 이것은 아버지와 아들의 관계이다. 목은 왼편에 위치하고, 화는 앞에 위치하고 수는 뒤에 위치하고 토는 중앙에 위치하니 이는 그 부자의 순서가 서로 주고 전하는 것을 말함이다. 그러므로 목은 수를 받고 화는 목을 받으며, 토는 화를 받고 금은 토를 받고, 수는 금을 받는다. 주는 자는 모두 아버지이고 받는 자는 모두 아들이다. 언제나 그 아버지로 인해서 아들을 부리는 것이 하늘의 도이다.

이런 까닭으로 나무가 이미 태어나면 불에 의해 길리운 바 되고 금이 이미 죽으면 물이 감추어주고 불은 나무를 즐거워하여 양의 기운으로 이를 기르고 물은 금을 이기되 음의 기운으로 이를 잃는다. 땅이 하늘을 섬김에 그 충성을 다하기 때문에 오행이란 곧 효자·충신의 실행인 것이다 ….

성인은 이를 앎으로 사랑하기를 많이 하고 엄격하기를 늦추며, 삶을 두텁게 기르고 장사를 삼가서 지냄으로서 하늘의 세노에 따른다. 아들로서 아버지를 즐거이 봉양함은 불이 나무를 즐거워하는 것과 같고, 아버지를 잃으면 물이 금을 이김과 같으며, 임금을 섬김은 흙이 하늘을 공경함과 같이 하는데 이는 가히 사람에게 행하게 하는 것이 있다고 이를 것이다. 오행을 따르는 것이 각기 그 순서를 따라가는 것처럼 오행의 기능(관직)도 각기 그 능력을 이루게 하는 것이다.[29]

---

29) 天有五行 一曰木 二曰火 三曰土 四曰金 五曰水 木五行之始也 水五行之終也 土五行之中也 此其天次之序也 木生火 火生土 土生金 金生水 水生木 此其父子也 木居左 金居右 火居前 水居後 土居中央 此其父子之序 相愛之布 是故木受水而火受木 土受火 金受土 水受金也 諸授之者 皆其父也 受之者

동중서는 오행을 과학적으로 논증하려 하였다. 그는 자연현상과 정치적 사건과의 관계를 인과관계로 인식하고 이를 논리적으로 분석하려고 하였다. 그가 이 같이 하려는 데는 당시 선진 제자백가의 사상은 각기 특출하기 때문에 유가 사상만을 받아들인다는 것은 현실적으로 불가능하였다. 특히 동중서는 자신의 정치적 이념이나 이상을 유가사상만 가지고 구성하는 데는 한계를 느끼고 그것을 합리화하고 정당화하기 위해서 당시 유행하고 있던 음양오행사상 외에도 법가사상까지 유가사상에 결부시키는 데 주저하지 않았다.

당시 동중서가 기울인 사상적 노력은 새로운 정치적·사회적 질서에 이론적인 당위성을 부여하는 것이었다. 이를 위해 그는 많은 저술을 남기고 있으나 그 중에서도 『춘추번로 春秋繁露』라는 책은 유명하다.[30] 이 책은 법전과도 같은 의미를 지니고 있는데, 이는 유가가 법가화한 또 하나의 예증이기도 하다.[31] 특히 동중서는 '존군비신(尊君卑

皆其子也 常因其父以使其子 天地道也 是故木已生而火養之 金已死而水藏之 火樂木而養以陽水剋金而喪以陰 土之事天竭其忠 故五行者 乃孝子忠臣之行也 五行之爲言也 … 聖人知之 故多其愛而少嚴 厚養生而謹送終 就天之制也 以子而迎成養 如火之樂木也 喪父 如水之剋金也 事君 若土之敬天也 可謂有行人矣 五行之隨 各其如序 五行之官 各致其能(『春秋繁露』 五行之義).

30) 『춘추번로』는 모두 17권 82편으로 이루어진 두툼한 책이다. 『춘추번로』에서 춘추는 공자가 지은 『춘추』라는 춘추시대의 노(魯)나라 은공(隱公) 원년부터 노나라 애공(哀公) 13년에 이르는 242년간의 노나라의 역사를 기록한 역사서이다. 번은 번(蕃)과 같은 의미로 '많다' 또는 '무성하다'라는 뜻이며, 로는 '드러내다', '윤택하게 하다'의 뜻으로 공자가 지은 『춘추』를 많이 윤택하게 하였다는 것을 의미한다.

31) 동중서는 이미 당시의 제사상을 상당 정도 수용하고 있는데, 그 중에서도 법가와 음양가의 이론을 받아들여 그의 정치사상을 구체화시킴으로써 원

臣)'의 원칙을 모든 사회관계에 적용시킴으로써 이른바 '삼강(三綱)'이라고 하는 새로운 규범을 만들었다. 삼강이란 천하가 통일된 후 중앙의 군주 일인에 의한 천하 통치라는 새로운 상황에 따라 성립된 윤리 규범인 것이다. 그러므로 그것은 군주의 절대적인 권력 행사를 전제로 성립된 규범이기 때문에 일방적이고도 절대적인 성격을 띨 수밖에 없었다.

한나라 이전, 즉 선진유가에 의하면 인간사회에는 다섯 가지의 중요한 인간관계－오륜(五倫)이 있다고 하였다. 다시 말하면, 군신유의(君臣有義)·부자유친(父子有親)·부부유별(夫婦有別)·장유유서(長幼有序)·붕우유신(朋友有信)이 그것이다.

동중서는 이 오륜 중에서 세 가지를 뽑아 삼강이라 하였다. 여기서 강(綱)이라고 하는 것은 고기 잡는 그물의 벼리로서 그물의 모든 고는 벼리에 꿰여 있다. 그물이 열 발이라도 벼리가 없으면 그물은 그물로서 존재가치가 없게 된다. 마찬가지로 임금은 신하의 벼리(君爲臣綱)가 되고, 아버지는 아들의 벼리(父爲子綱)가 되며, 남편은 아내의 벼리(夫爲婦綱)가 될 때라야 각기 존재의 의미와 가치가 있게 된다는 것이다.

혹자는 유가에서 말하는 '삼강'설은 한비자의 「충효편」에 그 연원을 두고 있다고 한다. 그러나 한비자는 '순(順)'을 말했을 뿐, '강(綱)'은 말한 바 없다.[32] 비록 유가의 삼강설이 한비자의 「충효편」에 근거했다고 단언할 수 없지만, 동중서가 법가인 한비자의 영향을 다분히 받았

시 유가로부터 벗어나서 한당 유가(학)로의 변용을 보여주고 있다.

32) 臣事君 子事父 妻事夫 三者順則天下治 三者逆則天下亂 此天下之常道也 明王賢臣而弗易也(『韓非子』 忠孝).

을 것이라는 사실은 당시의 사상 내지 정치적인 상황을 고려할 때 부정하기는 어렵다.

일찍이 묵자는 '천지명귀(天志明鬼)'를 말함으로써 '겸애'를 백성들로 하여금 보다 효과적으로 실천하도록 하기 위해서 종교적이면서도 정치적인 천의 의미를 강조한 바 있다. 묵자보다 후대의 인물이었던 동중서는 천이야말로 '존이고(尊而高)'한 것이요, 인(仁)을 곧 천심으로 인식하고 있었다. 때문에 그는 사람들은 모름지기 하늘의 운행을 본받고 하늘의 뜻에 따라 선행을 하면 하늘의 도움을 받을 수 있다고 했다.[33]

이 같은 인식에 따라 동중서는 군주는 하늘의 움직임에 따라 백성에게 은혜를 베풀어야 한다고 했다. 만일 그렇지 않으면, 하늘은 재해로 견고하는데 그래도 스스로 반성치 않으면 괴이한 현상으로 경고하고 그래도 그 같은 변화를 모르고 반성할 줄 모르면 상패(傷敗)에 이를 수 밖에 없다고 하였다.[34]

이 같은 동중서의 하늘에 대한 인식은 마치 묵자가 무고한 사람을 하나라도 죽이게 되면 하늘은 반드시 하나의 불행한 일을 내린다고 한 것과 같이 묵자와 동중서 두 사람은 천심을 인으로 인식하고 있었다. 때문에 그들은 한결같이 천자는 인후한 하늘의 마음으로 백성을 다스려야 한다는 천도관념에 있어 서로 일치하고 있다. 그러므로 동중서의 천도관념이 묵자의 그것을 그대로 받아들였다고 할 수는 없어도 묵자의 영향을 받지 않았다고 하기는 어렵다.

---

33)『春秋繁露』天道無二 참고.

34) 天乃先出災害以譴告之 不知自省 又出怪異以警懼之 尙不知變 而傷敗乃至(『漢書』董仲舒本傳).

또한 동중서는 종래의 오행설에다 사시를 배합시킴으로써 오행설을 더욱 구체화하였다.[35] 그는 목화금수와 춘하추동을 합치시켰고, 토는 그 가운데를 주재하면서 나머지 사시의 기에 도움을 준다고 함으로써 토를 가장 중요시하였다. 특히 음양에 관한 동중서의 설명은 매우 구체적이다.[36] 그는 사시의 운행을 음양의 작용으로 설명할 뿐 아니라, 음양의 소장과 성쇠가 일정한 궤도에 따라 두루 통하여 다닌다고 하였다.

그러므로 사시의 연속은 곧 음양의 연속에 의하여 이루어진다고 하였다. 그는 또 천지의 상도는 음양의 연속이라고 하면서 양이 천의 덕이라면 음은 천의 형이다. … 그러므로 천의 도는 세 계절(봄·여름·가을)로써 생성되고 한 계절(겨울)로써 잃고 죽어버린다고 하였다.[37] 동중서에 따르면 그의 음양론은 사회질서 내지 정치질서의 형이상학적인 설명이다.

> 대체로 만물은 반드시 짝(합)이 있어 상이 있으면 반드시 하도 있고, 좌가 있으면 반드시 우도 있고, … 추위가 있으면 반드시 더위가 있고, 낮이 있으면 반드시 밤도 있다. 이 모든 것은 짝을 이루고 있다. 음이란 양의 짝이요, 아내는 남편의 짝이요, 아들은 아버지의 짝이요 신하는 군주의 짝이다. 이와 같이 만물은 짝을 이루지 않은 것이 없고, 또 짝을 이루면 그것은 모두 음양이다.[38]

---

35) 『春秋繁露』 五行之義 참고.
36) 『春秋繁露』 天地陰陽 참고.
37) 天地之常 一陰一陽 陽者天地之德也 陰者天地之刑也 … 是故天之道 以三時成生 以一時喪死(『春秋繁露』 陰陽義).
38) 凡物必有合 合必有上 必有下 必有左 必有右, … 有寒必有暑 有晝必有夜 此皆其合也 陰者 陽之合 妻者 夫之合 子者 父之合 臣者 君之合 物莫無合

이처럼 동중서는 사회 내지 정치구조를 양분시키고 이의 균형과 조화 속에서 질서와 안정을 구하려 하였다. 특히 그는 조화와 균형의 원리와 강령을 '도(道)'로 처리하고 그것을 하늘에서 찾았다.[39] 사실상 군주전제시대에 있어 정치는 군주 중심이었고, 그의 지위는 절대적이었다. 그것은 현실적으로 필요했고, 또 불가피하기도 했다. 봉건시대의 모든 군주는 그들의 권위를 조상으로부터 물려받았다. 심지어 진시황도 예외는 아니었다.

그러나 한조는 그렇지 않았다. 고조의 경우만 하여도 평민 출신이었기 때문에 그에게는 절대적인 지위와 권위에 대한 합리적인 설명이 필요하였다. 동중서는 이러한 요구에 철학적인 설명과 이론적인 제공을 하는 데 성공한 대표적인 인물이다.

군주는 천명을 받아 다스린다고 함으로써 군주의 권위를 옹호함과 동시에 제한도 가했다. 임금은 항상 천의 재상을 지켜보면서 행위하여야 한다. 이상한 자연 현상이 군주에게 불안을 야기할 때, 자기 자신과 자기의 정책을 반성하고 수정하는 것은 한대 제왕에게 있어서는 공통된 관습이었고, 정도의 차이는 있지만 후대의 군주도 예외는 아니었다.

하늘이란 모든 만물의 조상이라고 믿은[40] 동중서는 하늘과 인간은 매우 밀접하고도 친근하다고 하였다. 그에 따르면 인간은 통치상 어떤 과오를 범하게 되면 필연적으로 하늘의 불쾌와 분노를 야기하게 된다. 그러한 불쾌와 분노는 지진·일월식·한재·홍수 등과 같은 천재지변

而合各有陰陽(『春秋繁露』 基義).

39) … 王道之三綱 可求於天(『春秋繁露』 基義).

40) 天者 群物之祖也(『漢書』 董仲舒本傳).

을 통하여 표현되는데 이는 통치자로 하여금 과오를 시정토록 경고하는 것이라고 했다.

또 그는 이처럼 모든 사물은 자기와 이질의 것을 버리고, 동질의 것을 서로 쫓을 뿐만 아니라,[41] 자기와 유사한 것을 서로 부른다고 했다.[42] 그러므로 인간의 이상은 필연적으로 천의 이상을 불러일으킨다는 것이 동중서의 주장이자 믿음이었다.

그러나 통치상 이상이 없다고 하더라도, 다시 말해서, 아무리 훌륭한 황실이라고 할지라도 그 통치 기간은 한정되어 있다는 것이 동중서의 주장이다. 이를 일러 동중서의 '삼통교체(三統交遞)'설이라고 한다. 그에 따르면 왕조의 교체는 오덕의 운행에 일치하는 것이 아니라, 삼통의 결과에 의한 것이라고 주장하였다.

삼통이란 흑통(黑統)·백통(白統)·적통(赤統)으로 각기 그 자신의 통치체계를 가지고 있으며, 각 왕조는 일통을 대표한다. 예를 들면, 하왕조는 흑통을, 상왕조는 백통을, 주왕조는 적통을 대표하는데, 이것이 역사 발전의 한 주기라는 것이다.[43] 이는 역사 발전을 순환적인 논리에 따라 설명하려는 동아시아적인 인식뿐만 아니라, 절대 왕정의 권력을 제한하려는 데 그 정치적 의도가 있다고도 하겠다.

'삼통교체'설에 따라 한 왕조의 통치 기간은 한정되어 있다고 믿은 동중서는 백성은 스스로 자기의 본성을 계발할 수 없다고 했다. 때문

41) 百物去其所與異 而從其所與同(『春秋繁露』 義證 同類相動).

42) 物故以類相召也(『春秋繁露』 義證 同類相動).

43) 오늘날에도 상이한 정치체제를 흔히 칼라(色)로 말하는데, 이는 동중서의 3색 이론과 흡사하다. 마치 파시즘을 흑색으로, 자본주의를 백색으로 그리고 공산주의를 적색으로 나타내는 것과 같다.

에 그것을 계발할 수 있게 도와주는 것이 국가의 기능이라고 하였다. 그리고 그 같은 기능을 수행하는 주체가 곧 제왕이라는 것이다.[44] 제왕은 그 같은 기능을 수행하기 위하여 이른바 4정(四政)－경(慶)·상(賞)·벌(罰)·형(刑)으로 다스리는데 4정은 '인간은 하늘의 부본(人副天數)'이라는 관념에 따라 모방된 것이라는 것이 동중서의 설명이다.

마치 하늘에는 4시(춘하추동)가 있고 제왕에게는 4정이 있어 사시와 통하는 것과 같은 것은 천과 인간이 공통됨을 갖고 있기 때문이라는 것이다. 이처럼 4정은 춘하추동과 끼리끼리 상응하여 부합시킨 것으로 4정의 임무는 각기 다르나 기대하는 효과에 있어서는 같다고 했다. 4정은 바로 제왕된 소이를 성덕(聖德)에서 구한다는 데서 그렇다. 그렇다고 해서 4정이 똑같이 중요한 것은 아니다. 왜냐하면 제왕은 천의를 받들어 정치를 하기 때문에 덕교(德教)에 따르기는 해도 형벌을 쫓지는 않기 때문이다.[45]

그리고 인군은 모든 법제를 천상에 따라 정하므로 국가의 조직 또한 4시를 본 따서 만든다고 했다.[46] 동중서에 의하면, 관직이 4등급으로 나뉜 것도 4시를 본뜬 것이며, 그 밑에 3보좌관이 있는 것은 각 계절에 3개월이 있음을 본 땄기 때문이라는 것이다.[47] 또한 인간은 자기의

44) 天生民性 有善質而未能善 於是爲之立王以善之 … 此天意也(『春秋繁露』 深察名號).

45) 蕭公權, 『中國政治思想史』 上, 317쪽.

46) 爲人君者其法取於天象(『春秋繁露』 天地之行).

47) 천자(天子) 밑에 삼공(三公)이 있고 일공(一公) 아래 삼경(三卿)이 보좌하고, 일경(一卿)마다 삼대부(三大夫)가 보좌하고 일대부(一大夫)마다 삼원사(三元士)가 보좌하는 것이 바로 '이인응천(以人應天)'의 형식을 뜻한다.

능력과 덕행에 따라 4등급으로 구별되기 때문에 관리의 등급이 생긴 것이므로 제왕은 유능한 인재를 뽑아서 그들의 능력과 덕행에 따라 임명하게 된다는 것이다. 그러므로 제왕에게는 생살여탈(生殺與奪)의 권위가 있는가 하면, 천지와 인주는 동일하다고 하리만큼 임금의 지위는 지존한 것이라고 하였다.[48]

이처럼 중앙집권화된 한제국에 적합하도록 다듬어진 동중서의 정치사상은 당시 제왕의 권위에 절대적인 지지를 제공해야만 했던 정치적 요구에 따른 결과였는지 모른다. 그러나 그 권위는 천의에 근거한 것이었으므로 동시에 제왕에 대한 천으로부터의 제한 또한 불가피하였다.

그리하여 동중서는 군권에 대한 천권의 제한으로써 첫째, '삼통교체' 설에 따른 국조(國祚)의 여탈을 말했고, 둘째, 재이로 정사의 감시를 합리화시켰다. 전자를 혁명수명(革命受命)의 사상이라면, 후자는 재이견고(災異譴告)의 이론으로써 이는 동중서 정치사상의 중요한 이론이자 특징이기도 하다.

일찍이 호적은 무세시대의 유가들에 대하여 "그들은 도저히 피할 수 없는 통일된 제국의 통치자들의 절대주의를 견제하기 위한 수단을 암암리에 모색하고 있었다"고 했다.[49] 분명 동중서의 정치사상은 제왕의 권위를 옹호하면서도 그것을 어떻게 제한할 것인가에 대한 형이상학적인 노력을 포기하지 않았다는 데 그 특징과 장점이 있다고 하겠다.

48) 人主立於生殺之位 天地人主一也(『春秋繁露』 基義).
49) H. G. 크릴 / 李東俊·李東仁 譯, 『中國思想의 理解』, 經文社, 1986. 191쪽.

부 록

핵심개념으로 본 유가정치사상의 전개

1. 제자백가의 등장과 유가

주나라의 귀족들은 통치자인 동시에 지주였고, 교육을 받을 수 있는 계급이었다. 그러므로 주나라 왕실이야말로 정치·경제의 중심이었을 뿐만 아니라, 지식의 중심지이기도 했다. 때문에 주나라 왕실에 속했던 관리들은 여러 분야의 지식을 가진 전문가들이었다. 동시에 그들은 실제적인 정치가였다.

행정상의 증대와 번잡은 많은 교양 있는 인물들의 참여를 요구하였고, 상황의 악화와 정세의 급변은 대담하면서도 투철한 정신을 가진 사람을 소중하게 여기게 하였다. 그리하여 위대한 사상가들은 발전하는 관료주의의 정화였고, 세습적인 지배자들의 훌륭한 교사들이었다.

그러나 봉건제도의 붕괴는 그들로 하여금 생존을 위해 민간 사이로 흩어지게 하였다. 이처럼 전직 관리 또는 귀족들이 전국으로 흩어졌을 때, 그들은 자신의 사상이나 지식을 다른 사람들에게 주는 직업적인 교사가 되었다. 그 결과 왕실이 지식의 주심지라는 사실은 과거사가 됐고, 지식은 지방으로 확산되었다.

그런데 그들의 사상과 지식은 그들이 속했던 분야와 관심에 따라 같지 않았다. 그 결과 여러 분야의 사람들이 등장하게 되었다. 흔히 이런 사람들을 통칭하여 제자백가라 하는데 여기에는 두 개의 낱말이 포함되어 있다. 그 하나는 '자(子)'이고 다른 하나는 '가(家)'이다. '제(諸)'는 여럿을, '백(百)'은 다수를 뜻한다. 이렇듯 제자백가라는 말은 두 개의 낱말로 되어 있으나, 흔히 우리는 제자가 백가요, 백가가 제자로 알고 있다.

어떤 이는 제자는 사상가에 대하여 말한 것으로 철학가를, 백가는『주례 周禮』속의 전문지식을 가진 전문가를 가리킨다고 하기도 한다.[1] 또 어떤 학자는 '가'에 대하여 비교적 자세히 말하고 있는데, 가라는 용어는 학파를 뜻하는 동시에 가족 또는 가문을 지칭할 때도 사용되며, 따라서 사적 내지 개인적이라는 뜻도 포함되어 있다고 했다. 사실상 개인적 자격으로 자신의 지식이나 사상을 가르친 인물이 나타나기 이전에는 사상가는 존재하지 않았다.[2]

이들 제자백가를 사마천(司馬遷 : 기원전 145~서기 86)은 그의『사기 史記』마지막 장에서 음양(陰陽)·유(儒)·묵(墨)·명(名)·법(法)·도덕(道德) 등 6가로 분류했고, 유흠(劉歆 : 기원전 46~서기 23)은 10가로 분류했는데 그중 6가는 천과 같고, 종횡(縱橫)·잡(雜)·농(農)·소설(小說) 등 4가 만이 다르다.

그러나 사상의 레벨에서 볼 때, 체제와 내용에 있어 일가를 이루고, 그것을 상고할 수 있는 문헌을 지금까지 가지고 있는 학파는 유·묵·도덕·법 등 4가에 불과하다. 뿐만 아니라, 이들 학파가 2천여 년에 이르는 동아시아의 정치사상사에 미친 영향에 있어, 그 우열은 있어도

1) 鄭仁在·鄭炳碩 共譯,『中國哲學特講』, 螢雪出版社, 1985, 62쪽.
2) 鄭仁在 譯,『中國哲學史』, 螢雪出版社, 1977, 65-66쪽.

단절은 없었다는 점에서도 같다고 하겠다.

이들 선진 4대 학파를 대표하는 공자(맹자·순자)와 묵자, 노자(장자)와 한비자는 지난 2천 5백여 년 동안 동아시아인의 영원한 정신적 지도자들이었다. 그들의 철학적인 주장은 곧 동아시아인들의 좌우명이 되었고, 그들은 삶에 지혜를 제공한 인생의 안내자들이었다. 과거는 현재와 긴밀히 얽혀져 있기 때문에 오늘의 동아시아를 이해하기 위해서는 과거에 대한 이해는 필수적이다. 이들 선진 4대 학파를 대표하는 그들의 사상은 얼마 전까지만 해도 동아시아의 한 농부의 품성을 형성하는 데에 직·간접적으로 영향을 미치고 있었다. 특히 유가와 도가가 그러했다.

그러므로 이들에 대한 이해는 현재의 우리들에게도 여전히 중요하다고 하겠다. 그 중에서도 유가의 영향은 절대적이었다. 사마천의 『사기史記』에 실린 6가의 요지 중 유가에 대한 설명은 이렇다.

> 유가는 광막한 것을 탐구하되, 요점은 파악하지 못한다. 또 힘은 많이 들이지만 공은 오히려 적다. 그러므로 그들이 하는 일을 모조리 다 따르기는 힘들다. 그러나 그들은 군신 부자의 예절을 정하여 놓았으며, 부부 장유의 차별을 구분하여 놓았는데, 이것은 바꿀 수 없다.[3)]

그리고 사마천보다 한 백년 후생인 유흠은 또 이렇게 말하고 있다.

---

3) 儒者博而寡要 勞而少功 是以其事難盡從 然其序君臣父子之禮 列夫婦長幼之別 不可易也(『史記』 四, 台北 : 鼎文書局, 民國 66年, 3289쪽).

> 유가학파는 대체적으로 주나라 관리의 사도 출신들이다. 그들은 군주를 도와 음양에 순응하였으며, 교화를 밝히는 것을 직분으로 여겼다. 이 학파는 6경을 즐겨 연구하였으며, 인의와 도덕에 뜻을 두었고, 요순을 조술하고, 문무를 본받아 밝히고, 중니를 종사로 삼아서 자기의 학설을 높이어 도술상 가장 지위가 있는 일파가 되었다. 공자는 만일 명예로운 일이 있으면, 시험된 바가 있을 것이다 라고 말하였는데, 당우의 태평, 은주의 번성, 그리고 중니의 사업은 이미 시험을 거쳐 나타났다.[4)]

그러나 무엇보다도 유가의 특색과 공헌은 하(夏)・상(商 또는 殷)・주(周) 3대의 문화에 대한 반성에 있다고 하겠다. 그들은 이러한 반성을 통하여 '인(仁)'의 개념을 도출해냄으로써 도덕적인 자각, 즉 객관적인 주체성을 확립하려 하였다.

이들 유가의 대표적인 인물은 말할 것도 없이 공자(孔子 : 기원전 551~479)이다. 제자백가 중 생졸년대가 분명한 사람은 공자 한 사람뿐이다. 공자 자신은 비록 '술이부작(述而不作)'하고 '신이호고(信而好古)' 한다고 했지만, 그는 저술생활을 통하여 동주(東周)[5)] 이전의 모든 사상을 종합・집대성함으로써 유가의 사상체계를 성립시켰음은 물론, '종

---

4) 儒家者流 蓋出於司徒之官 助人君順陰陽明教化也 游文於六經之中 留意於仁義之際 祖述堯舜 憲章文武 宗師仲尼 以重其言 於道最爲高 孔子曰 如有所譽其有所試 唐虞之隆 殷周之盛 仲尼之業 已試之效者也(『漢書』 藝文志).

5) 주나라의 정치는 유왕・려왕대에 이르러 더욱 부패하여 민심은 이반되더니 여왕은 마침내 견융에게 살해되었다. 그러자 그 아들 평왕이 국도를 호경에서 동쪽에 있는 낙양으로 옮겼다고 해서 동천이라 하고 이 때의 주나라를 동주라고도 한다.

주(從周)'와 '정명(正名)'으로 당시의 혼란한 정치 질서를 바로잡을 수 있다고 주장한 최초의 인물이란 점에서 유가를 포함하여 동아시아정치사상사의 개산조가 되었다.

공자의 정치사상은 선진유가의 대표적인 인물인 맹자와 순자를 통하여 유가정치사상으로 형성·발전하였다. 비록 그들의 사상은 시대에 따라 타가로부터 혹독한 비판과 도전을 받기도 했고, 통치자의 사상적 성향과 시대적인 상황에 따라 기복이 없지도 않았지만, 언제나 정상을 차지하고 있었다.

그 같은 사상적 위상을 누릴 수 있었던 것은 유가정치사상의 특성이라 할 수 있는 시대적인 요구와 필요에 따라 스스로 수정하고 보완하였기 때문이었다. 본고에서는 이 같은 사실을 유가정치사상의 핵심개념을 중심으로 고찰하고자 한다.

2. 가장 오래된 개념 – 천(天)과 그 변용

흔히 동아시아인들이 말하는 요순 이전의 일은 알 길이 없다. 앞에서도 언급한 바와 같이 동아시아의 사상을 말하려면, 요(堯)·순(舜)·하(夏)·상(商)·주(周)까지 소급해서 말해야 하겠지만, 이를 말할 만한 증빙자료가 없어 상론할 수가 없다. 「요전 堯典」과 「순전 舜典」도 있기는 하지만, 그것도 후세의 사람들이 전설에 따라 지난 일들을 미루어 말한 것에 불과할 뿐이다.

그러나 전설은 신화와는 달리 어떤 근거를 가지고 있다. 그러므로 복희(伏羲)로부터 요에 이르는 관직의 소임은 주로 영농에 필요한 절기와 시기를 밝히는 데에 있었다는[6] 점을 감안할 때, 당시의 생활이 수렵이든 농경이든 간에 일월성신의 운행을 중요시하였다는 점은 쉽게 알 수 있다. 이는 당시의 정치적 관심사가 계절의 변화를 살피는 데 있었음을 뜻한다.

이처럼 계절의 변화를 중요시하던 상고인들에게 있어 하늘은 하느님(上帝)의 거소로 알았고, 상제는 인간의 길흉화복을 주재하는 존재로 경외시하였다. 동시에 그들은 상제를 경외하는 의미에서 상제의 거소인 하늘도 숭배하였던 것이다.[7]

당시 문화의 기본 관념은 신권이었다. 특히 하·상대에 있어 신권사상은 매우 짙었던 것 같다. 공자도 은나라 사람들이 신을 존중하는 것에 대하여 말한 바 있다.[8] 그런데 이러한 신권 관념은 최초 다신관념이던 것이 유사시대에 이르러 비로소 일신관념이 되었다. 이 때의 신을 일러 천(天) 또는 상제라고 한다. 여기서 종래의 신의정치는 천의 정치로 발전하였으므로 이를 천치주의(天治主義)라고도 한다.[9]

천은 인간은 물론 만물을 창조하고 총괄하는 창조주로서의 의미를 가지고 있다.[10] 그리고 이러한 천의 관념은 가족 관념과 결합함으로써 정치상 천자라고 하는 새로운 개념을 낳았다. 천자는 천의를 대행하며

6) 太古法制簡略 不可得而詳知 然以經典所載考之 則伏羲而至堯舜 其所命之官大率爲治曆明時而已(『文獻通考』 卷49, 管制 總論).
7) 皇矣上帝 臨下有赫 監觀西方 求民之莫(『詩經』 皇矣).
8) 殷人尊神 率民以事(『禮記注疏』 卷54, 表記).
9) 梁啓超, 『先秦政治思想史』, 北京 : 東方出版社, 1996, 23쪽.
10) 天生蒸民 有物有則 民之秉 好是懿德(『詩經』 蒸民).

일체의 정치를 감독하는 최고의 통치자로 군림하였는가 하면, 후일 국가와 가정, 정치와 윤리가 결합하는 시단이 되었다.

통상 동아시아인들은 정치의 호불호를 천에 의거하여 평가하였다. 치자와 피자의 관계에 있어서도 천은 제 3자로 그 사이에 개입되었다. 치자는 한편으로 백성을 통치하고, 다른 한편으로는 천의 지시를 받는 것으로 알았다. 피치자인 백성은 치자에 통치되지만, 다른 한편에 있어서는 그들의 의사(민의)는 곧 하늘의 뜻으로 인식되었다. 이는 치자란 천명을 대표하는 인물임을 뜻하는 것이다. 그러므로 이러한 정치 관계는 교호적인 삼각 순환관계로 인식되었다.

이 같은 인식은 선진 제가들에 있어서는 크게 다르지 않았다. 그들은 한결같이 천에 근거하여 사고하고 행동하였으므로 천이야말로 일체의 사고와 행위의 준거였다. 이로 인해 천의와 민의를 동일시하기도 하였다.

> 하늘은 우리 백성이 소리를 듣는 것으로부터 듣고, 하늘은 우리 백성이 보는 것으로부터 본다.[11)]

이것은 곧 치자의 초월적인 태도에서 내려와서 백성을 보라는 것이다. 때문에 백성이 보고(民視), 백성이 듣는 것(民聽)이 옳지 못하다고 느끼면, 백성은 곧 반역하고, 그를 타도하려 할 것이다. 그러므로 통치자는 항상 경계하고 조심하라고 했던 것이다.[12)]

---

11) 天聽自我民聽 天視自我民視(『書經』 泰誓).

12) 이는 통치자의 눈은 하늘로 향하지만 말고, 백성이 보고 듣고 하는 것이

이 같은 천은 본래 서구의 Nature와 God의 복합적인 의미를 지니고 있었다. 이런 의미를 지니고 있는 천은 시대와 사람들의 지적인 발달에 따라 다음과 같은 다양한 천으로 이해되었다. ① 물질의 천 ② 주제의 천 ③ 운명의 천 ④ 자연의 천 ⑤ 의리의 천 등과 같이 적어도 다섯 가지로 이해되었다.[13)]

앞에서 이미 지적한 바와 같이 인지의 발달은 의지적이고 인격적인 천의 관념을 동요시켰다. 그리하여 종래의 종교적인 천은 철학적인 의미로 변했고, 그것은 후일 모든 사상이 형성하고 발전하는 데 있어서 핵심적인 근거가 되었다. 왜냐하면 종교적인 천의 철학적인 자연화는 인격신과 자연법이 일치하는 관념의 확립을 가능케 하였기 때문이다.

이 같은 관념의 변화는 천에 대한 회의와 실망으로 표시되었는가 하면, 심지어는 천에 대한 원망으로도 나타났다. 예를 들면, '하늘은 믿을 만한 것이 못 된다'든지 '호천이 편치 못하여 우리 왕이 편치 않으시다'는 등과 같은 표현이 그런 것들이다. 이러한 천은 이제 경외의 대상으로 보기보다는 오히려 인간의 정성과 근면 그리고 노력을 더 중시하는 인간 중심으로 사고하기에 이르렀다. 이 같은 종래의 천에 대한 원시적인 인식은 공자 이전에 이미 동요하고 변화하였다.

그러나 천에 대한 공자의 태도는 여전히 주제의 천, 운명의 천 내지 자연의 천이라고 하는 3개의 복합적인 의미로 이해되고 있었다. 예를 들면, 주제의 천으로는

무엇인가를 조심하고 두려워해야 함을 뜻한다. 동시에 천명을 얻으려면 하늘만 쳐다보는 것으로는 완전치 못함을 시사하고 있다.

13) 馮友蘭, 『中國哲學史』, 香港, 文蘭圖書, 1967, 54-55쪽.

하늘이 싫어할 것이다. 하늘이 싫어할 것이다.[14]
하늘이 나를 망쳤구나! 하늘이 나를 망쳤구나.[15]

운명의 천으로는

내가 기도한 지는 오래다.[16]
백성의 뜻에 힘쓰고,[17]

그리고 자연의 천으로는

낮과 밤이 쉬지 않는구나.[18]
하늘이 무슨 말을 하느냐.[19]

이상과 같은 것들이 공자가 인식하고 있던 천의 의미들이었다. 다만 공자는 천의 입장에서 천을 보기보다는 인간의 입장에서 천을 보려는 경향을 띠고 있었다. 이런 이유로 공자는 비록 천을 포용하고 있었지만, 그것을 별로 말하지는 않았다. 때문에 그는 괴력난신을 말하지도 않았고, 오히려 이를 경이원지하였다.[20] 그리하여 공자는 이렇게 말하

14) 天厭之 天厭之(『論語』 雍也).
15) 天喪予 天喪予(『論語』 先進).
16) 丘之禱久矣(『論語』 述而).
17) 務民之義(『論語』 雍也).
18) 不舍晝夜(『論語』 子罕).
19) 天何言哉(『論語』 陽貨).
20) 夫子之言性與天道 不可得而聞也(『論語』 公冶長).

기도 했다.

> 하늘을 원망하지 않으며, 사람을 허물하지 않으며, 아래로부터 배워 위로 달하니 나를 아는 자는 그 하늘일 뿐이다.[21]

여기서 우리는 하늘을 원망하지도 않고, 남을 허물하지도 않으며, 오직 자기를 반성하고 인간사에 충실한 것만이 하늘을 아는 방법이라는 공자의 인간 중심 내지 자아 중심의 사고와 태도를 볼 수 있다. 이러한 공자의 사고와 태도는 다음과 같은 백성 중심의 관념상의 변화를 가능케 하였다.

> 백성이 하고자 하는 것을 하늘도 반드시 따른다.[22]

또한 이 같은 변화는 하늘의 아들인 천자는 동시에 백성의 부모가 된다고[23] 한 것처럼 국가와 가정, 정치와 윤리가 결합하는 계기가 되었던 것이다.

그러나 이러한 관념의 변화는 천의 지위를 약화시킨 반면, 상대적으로 인간의 지위를 향상시켰다. 그 결과 종래의 하늘이 다스린다고 하는 권위에 대치될 수 있는 인간 중심의 권위가 시대적으로 필요하게 되었다. 이 같은 시대적 요청에 따라 등장한 것이 공자사상의 핵심이라고 할 수 있는 '인'이라는 개념이다.

21) 子曰 不怨天 不尤人 下學而上達 知我者 其天乎(『論語』 憲問).
22) 民之所欲 天必從之(『論語』 泰誓).
23) 天子作民父母 以爲天下王(『書經』 洪範).

3. 혼돈의 시대적 상황과 인(仁)

동아시아의 고대문화는 주대에 와서 크게 발전하였다. 문왕의 아들 무왕이 주(紂)을 벌하여 천하를 통일하였고, 그 동생 주공은 예악을 제정하여 봉건사회의 질서를 확립했는가 하면, 피정복자들을 노예로 사용하여 농업에 투입, 상당한 부를 이루었고,[24] 학교를 세워 덕행을 숭상함으로써 민심은 착하고 온후하여져서 형벌을 쓰지 않았다고 한다. 이렇듯 주나라의 문화는 크게 발달하여 공자는 주나라를 좇겠다는 '종주(從周)'와 꿈에 주공을 볼만큼(夢見周公) 주나라 문화를 동경하였는가 하면, 주공에 대해서는 대단히 경모하고 있었다.

이렇듯 찬란한 문화를 발전시켰던 주나라도 동천 이후, 왕실은 쇠미하여 나라의 호령은 제후에게 미치지 못했다. 초기의 주나라 왕실은 영토를 확장한 제후들로부터 더 많은 공물을 받았기 때문에 제후들의 세력 확장에 반대하지 않았다.

더욱 적의 세력이나 반대 세력을 격퇴하고 제거하기 위해서 군비확장에 필요한 조치가 제후들에 의해 자의적으로 이루어 졌다.[25] 그 결과 제후들은 봉건영주인 주나라 천자로부터 독립적인 지위를 강화시킴으로써 정치적인 독자성을 띠게 되었다.

춘추 240년간에는 36차의 신하가 임금을 죽이는 시군(弑君)이 있었는가 하면, 자식이 부모를 죽이는 시부(弑父)도 비일비재하였다. 그리

---

24) 『史記』 卷4, 周本紀 第4, 臺北 : 中華書局, 民國 66年, 120쪽.
25) 위의 책 『史記』 卷32, 齊太公世家 第2, 1477쪽 이하 참고.

하여 공자는 그 시대상을 이렇게 말한 바 있다.

> 탁류가 천하에 넘쳐흐르는 것처럼 어지러운데 누가 이것을 바로 잡겠는가.[26)]

공자의 이 말만 보더라도 당시의 정치 사회적 혼란을 미루어 알 수 있다. 공자가 살았던 시대의 정치는 통일에서 분열로, 전통의 존중에서 전통의 파괴로, 질서에서 혼란이라는 사회적·경제적 대변동이 일어난 그런 시대였다. 실로 공자의 말처럼 그 시대는 천하무도(天下無道)의 혼란 상태였다. 그는 천하무도의 사회를 천하유도(天下有道)의 사회로 만드는 것을 자신에게 부과된 사명으로 인식하고 있었다.[27)]

공자는 시대적 사명을 실천하는 방법으로서는 현실 정치에 의거하는 것이 가장 효과적이라고 생각했기 때문에 현실에 대한 그의 관심은 매우 컸다. 물론 생존 문제를 해결하기 위한 수단으로서의 현실 참여도 없지 않았을 것이다. 그는 당시 권세가였던 계씨의 집에서는 미곡 출납의 위리(委吏)와 가축 관리의 승전(乘田)이란 말직으로부터 노나라에서는 지방관리인 중도재(中都宰) 그리고 농공 담당의 사공(司空)을 거쳐 사법대신에 해당되는 대사구(大司寇)까지 승진하더니 나중에는 재상의 일까지 섭행하여 노나라의 내치와 외치를 도맡아 처리하기도 했다.

공자에 있어 정치는 그의 이상을 실천하는 하나의 방법인 동시에 구

---

26) 滔滔者 天下皆是 而誰以易之(『論語』 微子).

27) 文王既沒 文不在茲乎 天之將喪斯文也 後死者 不得與於斯文也 天之未喪斯文也 匡人 其如予何(『論語』 子罕).

현코자 하는 목표이기도 했다. 그는 현실 정치에 대한 관심 못지않게 비판적이고 저항적이었다. 그가 말직으로 있던 계씨라는 사람은 노나라의 대부로서 부와 권력 모두를 소유하고 있었다. 그렇다고 해서 일개 대부로서 천자만이 출 수 있는 팔일무(八佾舞)를 그의 뜰에서 추었다고 해서, 이는 자기의 권세를 믿고 국법을 유린하는 것이라 하여 통렬히 비난한 바 있다.[28]

공자는 그의 제자 염구가 이런 계씨에게 벼슬하면서 그의 온당치 않은 세금 징수를 도와줬다고 해서 다른 제자들에게 이렇게 분부했다.

> 구는 우리의 무리가 아니니 제군들은 북을 울리어 이를 성토하라.[29]

당시 탐욕스런 정치가 중 한 사람인 계강자가 도적이 생기는 것을 근심하여 그 방지책을 묻자 공자는 다음과 같은 힐난성의 면박까지 마다하지 않았다.

> 그대 자신이 도적질을 하려 아니한다면 백성들은 상을 주면서 하라 해도 아니할 것이다[30]

자공이 공자에게 당시 정치에 종사하는 사람들이 어떠냐고 묻자 공자는 도량이 좁은 사람이 한 둘이 아니니 어찌 헤아릴 수 있겠느냐면

28) 孔子謂季氏 八佾舞於庭 是可忍也 熟不可忍也(『論語』 八佾).
29) 子曰 非吾徒也 小子 鳴鼓而攻之 可也(『論語』 先進).
30) 季康子 患盜 問於孔子 孔子對曰 句子之不欲 雖賞之 不竊(『論語』 顔淵).

서 무시해 버렸다.[31] 심지어 그는 노의 사구(司寇)가 된 지 7일 만에 대부 소정묘(少正卯)를 죽인 바 있는데, 이유인즉 사설을 꾸미고 백성을 미혹했다고 해서였다.

앞에서 언급한 바와 같이 공자가 살았던 시대는 사설과 폭행이 난무했던 무도의 사회였다. 공자는 이러한 무도한 사회 상황을 인간 본성의 보편적 동정심인 '인(仁)'에 근거하여 해결하려 하였다. 인간에 대한 천의 통제적 관념이 약화되고, 인간 중심적인 사고와 의식이 강화되던 당시 공자의 이러한 발상은 시대적인 요청에 따른 것이었다. 『논어 論語』에서는 인이란 사람을 사랑하는 것이라 했고, 『중용 中庸』에서는 인이란 사람이라고 했는가 하면, 맹자는 인이란 사람의 마음이라고 한 것을 보면, 인이란 인간 누구나 가지고 있는 동정의 마음이라고 할 수 있다.

『논어』 이전의 전적 중에 '인'자는 별로 나오지 않았다. 『시경 詩經』에 단 2번, 『서경 書經』에는 단 1번 나오지만, 『논어』에는 인을 말한 곳만도 58장 105자에 달한다. 그러므로 『논어』 일서는 '인'자를 중심으로 한 사상서라 하여도 무방할 것이다. 그가 인을 이처럼 강조하였던 것은 인간이란 본질적으로 사회적 존재로 보았기 때문이다. 비록 인간은 전적으로 그런 것은 아니라고 하더라도 다분히 사회에 의해서 인간이 되는 것이 사실이다. '인'자의 구성이 그렇고, 인간이란 표현 또한 사람과 사람 사이에 존재한다는 점에서 그렇다.

그러나 공자는 이처럼 인을 중시했으면서도 그것을 체계적으로 설명하지는 않았다. 이는 동아시아사상의 특색인 동시에 공자적인 방법이

31) 曰 今之從政者 何 如子曰 噫 斗筲之人 何足算也(『論語』 子路).

기도 하다. 때문에 인을 알기란 쉽지가 않다. 공자 자신도 인에 대해서는 묻는 사람에 따라 달리 대답하였다. 하기야 인간관계란 그 관계 여하에 따라 여러 형태로 나타나므로 그럴 수밖에 없을 것이다.

인에 대한 공자의 여러 가지 해답을 종합해 보면, 그것은 모든 덕목을 총괄한 인격의 표징임을 알 수 있다. 그러므로 인의 정치적 의미는 그 당시 정치의 주체인 군주가 먼저 인간다운 인간이 되어 정치의 객체인 백성을 교화하여 인류 전체의 생활을 가장 원만한 이상에 도달케 하려는 지도 이념이라 하겠다. 때문에 유가를 일러 수기치인(修己治人) 또는 내성외왕(內聖外王)의 학문이라 한다.

그런데 공자는 인을 매우 중시하였으면서도 동시에 효제와 충서를 강조하고 있었다. 예를 들면, 『논어』 둘째 줄에 효제가 인의 근본이 된다고 한[32] 것이나, 공자의 도는 충서뿐이라는 기록이 그렇다.[33]

공자가 효제와 충서를 강조한 것은 그가 살았던 시대의 정치적 상황 때문이었다. 이미 언급한 바와 같이 춘추 시대란 시군과 시부가 자행되던 시대였다. 특히 당시의 정치적 상황은 천자와 제후는 상징적인 존재일 뿐, 실질적인 정치권력은 '가(家)'라고 하는 정치 조직의 경·대부들이 장악하고 있었다. 본래 가란 주나라 왕실로부터 받은 채지를 말한다.

그런데 그들 대부들은 그 본래의 채지에 만족하지 않고, 보다 많은 백성과 토지를 소유하려는 채지 확대책을 꾀하고 있었다. 그 결과 가

32) 其爲人也孝悌 而好犯上者 鮮矣 不好犯上 而好作亂者 未之有也 君子務本 本立而道生 孝悌也者 其爲人之本與(『論語』 學而).

33) 夫子之道 忠恕而已矣(『論語』 里仁).

와 가의 충돌은 불가피했고, 정치적인 혼란과 불안은 갈수록 심각하여졌다. 그러므로 그들 간의 평화스런 관계는 물론, 그들 내부의 안정과 질서 유지는 당면한 정치적 과제가 되었다.

공자는 이러한 과제를 해결하기 위한 방법으로써 가의 내부 문제는 효제에, 외부 문제는 충서라고 하는 윤리와 정치를 연결시킨 이중적 방법을 강구하였다. 다만 효제는 가정에 국한되어 사회 일반에 통용되지 못하는 경우가 있으므로 남과 나 그리고 가정과 사회를 완전히 관통할 수 있는 동정심(仁)의 무한한 확대인 충서를 강조하였던 것이다. 그러므로 공자가 중시한 '인'은 윤리 근거인 동시에 정치 원칙으로서 춘추라고 하는 사회 및 시대의 지도 이념으로서의 성격을 띠고 등장하게 되었던 것이다.

4. 불탈불염(不奪不饜)의 정치적 상황과 의(義)

공자는 그가 앉았던 자리는 더울 겨를이 없다(孔席不暇暖)하리만큼 열심히 무려 14년간이나 열국을 주유하였다. 그러나 그 시대의 정치적 추세는 평화나 통일보다는 투쟁과 분열의 힘이 압도하는 시대였다. 그러므로 공자의 주장은 빠른 길이 아니라하여 쉽게 받아들여지지 않았다.

아울러 당시의 정치사회의 기반이었던 가(家)는 점차 몰락하고, 종래의 가와 가에서 보다 큰 정치 조직인 국(國)이라고 하는 새로운 정치 단위가 하나 둘 등장하였다. 이러한 추세는 전국시대에 이르러 더욱 두드러지게 나타났다. 그리하여 신흥왕조는 그들이 투쟁 과정에서 획득한 권력의 유지·확대를 위해서 이른바 부국강병책을 금과옥조로 여겼다. 그 결과가 본위의 정치는 이제 국 본위라는 정치 주체상의 변화를 가져다주었다.

부국강병은 언제나 타국의 희생을 전제로 하고 있는데, 당시가 더욱 그랬다. 그러므로 국가간의 투쟁은 그칠 날이 없었고, 그것은 더욱 치열하게 확대되었다. 사회는 문자 그대로 상하는 이익을 다투었고, 빼앗기를 싫어하지 않는 혼란의 악순환이 계속되었다. 이제 정치는 혈연 중심의 가로부터 권력 중심의 국으로 옮겨갔고, 그들은 철저한 국가 이익 위주의 권력만을 강화·행사하고 있었다.

이 같은 국가 간의 투쟁 아래서는 하늘(天)의 관념은 더욱 약화되어 맹사는 주로 의리 내지 운명의 천민을 말하였을 뿐, 주제의 천은 말하지 않았다. 뿐만 아니라, 혈연 중심 사회의 지도 이념으로 제시했던 공자의 인도 그 한계성을 들어낼 수밖에 없었다.

이러한 시대에 유가의 대표적 인물로는 공자보다 약 백년 후에 태어난 맹자를 들 수 있다. 지금까지 맹자는 주나라의 안왕(安王) 13년인 기원전 389년에 출생해서 사왕(赦王) 5년인 기원전 310년에 졸했다고 전해지고 있으나 기원전 372년에 나서 기원전 289년에 졸했다고 보는 견해도 있다.

공자의 손자인 자사의 문하에서 수학한 맹자는 그가 처했던 시대를 일러 제후는 방자하고, 처사는 횡의하며, 사설과 폭행이 자행되던 난세라고 하였다. 그는 이러한 난세를 바로잡을 수 있는 요체는 제후들의 마음을 바로잡는 데 있다고 믿고 있었다.

맹자가 제후들의 마음을 바로잡을 수 있다고 생각하게 된 데에는 인간성(성선설)의 신뢰에 기인한다. '인심(仁心)'이란 생래적인 인간의 본심이므로 치자가 정치를 함에 있어 '인심'을 발휘하여 그것을 구체화하는 것이 다름 아닌 정치라고 이렇게 말하고 있다.

> 사람에게는 남에게 차마하지 못하는 마음이 있다. 선왕에게 남에게 차마하지 못하는 마음이 있어서 곧 남에게 차마하지 못하는 정치가 있다.[34]

이 같은 인식이 맹자가 말하는 정치의 시발인 것이다. 이른바 '불인인지심(不忍人之心)'이란 '인심'이요, '불인인지정(不忍仁之政)'이란 '인정'이니, 이 '인정(仁政)'을 그는'왕도'라 하여, 그가 만나는 군주들에게 언제나 왕도정치를 권유하고 있었다.

맹자가 주창한 왕도정치란 그의 성선설에서 연역된 것이기는 하지만, 그가 왕도정치를 주창하게 된 이면에는 그가 살았던 시대적인 상황과도 무관하지 않다. 왜냐하면 당시 백성들은 극도의 민생고에 허덕이고 있는데도 제후들은 부국강병을 추구하면서 공벌을 일삼았는가 하면,[35] 부한 자는 더욱 부하게 되고 가난한 자는 더욱 가난하게 되어 생존이 불가능하였기 때문이었다.[36] 그리하여 백성들은 부모를 섬길 수도 없었고, 처자식을 양육할 수도 없어서 풍년이 들어도 일년 내내 고통스러웠고, 흉년이 들면 죽음을 면하기가 어려웠다.[37]

---

34) 人皆有不忍人之心 先王有不忍人之心 斯有不忍人之政矣(『孟子』 公孫丑上).
35) 老弱者轉乎溝壑 壯者散之四方 君之倉廩實(『孟子』 梁惠王下).
36) 庖有肥肉 廏有肥馬 民有饑色 野有餓莩(『孟子』 梁惠王上).

이 같은 당시의 정치적 상황을 맹자는 '패도정치'라 하여 비난·반대하고 있었다. 노약자들을 구렁텅이(溝壑)에 굴러다니게 하고, 젊은이들을 사방으로 흩어지게(散之四方) 하는 것이야말로 토지를 가지고 '인육(人肉)'을 먹는 것으로,[38] 이는 분명히 백성들을 도적질하는(民賊) 행위로 '패도정치'의 전형으로 이해하고 있었다. 왜냐하면 패도란 군주본위의 정치로써 군주의 의사를 백성들에게 강요하는 정치를 뜻하기 때문이다. 아울러 패도는 힘에 의한 정치로 타국의 희생 위에 자국의 부강을 추구하는 오늘날의 패권정치와도 같은 것이다.

당시 맹자의 관심은 서상한 바와 같은 시대적인 상황 속에서 허덕이고 있는 백성들을 구제하는 데 있었다. 그 구제 방법이 '인정'인 '왕도정치'인 것이다. 이처럼 '왕도정치'는 백성들을 구제하는 데 있었기 때문에 그가 백성의 입장에서 정치를 설명하고 해결하려 했으므로 자연히 백성을 귀하게 여기는 귀민론자가 될 수밖에 없었다.

> 성이 가장 귀하고, 사직은 그 다음이고, 임금은 가볍다.[39]

때문에 그는 제후에게는 토지·백성·정사 등 세 가지 보배가 있지만, 주옥을 보배로 여기는 자는 재앙이 반드시 몸에 미칠 것이라고 했는가 하면,[40] 제후가 사직을 위태롭게 하면 바꾸어 앉히게 된다고도

---

37) 仰不足以事父母 俯部足以育妻子 樂歲終身苦 凶年不免於死(『孟子』 梁惠王上).
38) 率土地而食人肉(『孟子』 離婁上).
39) 民爲貴 社稷次之 君爲輕 『孟子』 盡心下).
40) 孟子曰 諸侯之寶三 土地人民政事 寶珠玉者 殃必及身(『孟子』 盡心下).

했고,[41] 심지어는 치자로서의 자질과 덕성을 상실했을 경우, 그를 내쫓거나 죽이는 '방벌(放伐)'을 당연시하기도 했다.[42]

이러한 맹자의 정치적 태도는 공자의 정명론에 따라 치자로서의 자격을 상실한 군주는 '일부(一夫)'에 지나지 않는다고 믿은 나머지, 역사상 치자로서의 덕성을 상실한 군주를 죽인 바 있는 사실(史實)을 묵인함으로써 이른바 '방벌'을 합리화시켰다.

맹자의 이 같은 정치적 인식은 동아시아의 긴 정치사에서 수많은 군주들에게 말할 수 없는 심리적인 압력으로 작용했고, 피치자들에게는 정치적인 반항을 합리화시킬 수 있는 '역성혁명(易姓革命)'의 이론적인 근거를 제공하여 주기도 했다.

공자가 치자의 입장에서 정치를 논했다면 맹자는 피치자의 입장에서 정치를 거론하였다. 때문에 그를 민본주의자라고 하여도 잘못되지 않을 것이다. 다만 그의 민본사상이 서구와 같은 민주주의로 발전할 수 없었던 것은 ① 후세 군주들에게 등용된 유학자들이 존군(尊君)을 강조한 반면 맹자의 '민귀(民貴)'를 소홀히 했다는 점, ② 후세의 군주들이 겉으로는 왕도정치를 내세우면서도 실제로는 패도정치를 추구했다는 점, ③ 맹자의 민본사상에 근거하여 후세의 유학자들이 위민(爲民)·애민(愛民)·보민(保民) 등을 지나치게 강조함으로써 백성들의 정치적인 주체성을 약화시키는 결과를 초래하였다는 점 등을 들 수 있

41) 諸侯危社稷 則變置(『孟子』 盡心下).

42) 齊宣王問曰 湯放桀 武王伐紂 有諸 孟子對曰 於傳有之 曰 臣弑其君 可乎 曰 賊仁者 謂之賊 賊義者 謂之殘 殘賊之人 謂之一夫 聞誅一夫矣 未聞弑君也(『孟子』 梁惠王下).

을 것이다.

비록 맹자의 정치사상이 현실적으로 효과를 거두는 데는 한계가 있어 부국강병만을 추구하는 당시 제후들의 마음을 돌려놓는 데는 실패했지만, 그는 공자와 마찬가지로 만일 평천하하려 한다면 이 시대에 나 말고 누가 있겠느냐 하리만치 대단한 자부심과 사명감을 가지고 있었다.[43] 하기야 내게 소원이 있다면 공자를 배우는 것이라고 한 것을 보면 당연한 믿음이기도 하다.[44]

맹자는 『맹자』 머리 장에서 '인의'밖에 없다고 강조하고 있다.[45] 그는 공자의 인의 정치를 시행함에 있어서 인심으로 발전시켰지만, 당시 양주의 극단적인 개인주의나 묵자의 절대적인 박애주의를 배격하는 데는 인(仁)만으로는 부족하다고 보았다. 그리하여 그는 '의(義)'라는 새로운 개념을 가지고 양자와 묵자를 배격하는 이론적 근거로 삼았다. 동시에 공리주의와 강권주의를 신봉하고 있던 당시 제후들의 마음을 바로잡는 데는 인은 이미 한계가 있다고 보고, 그들이 한결같이 추구하는 이익의 상대적인 개념으로서의 '의'를 제시하였던 것이다.

그러면 '의'의 근거는 무엇인가? 그것은 사람의 마음(人心)으로 인간의 도덕적인 마음이라 할 수 있다. 그래서 맹자는 인이란 사람의 마음이요, 의란 사람이 마땅히 가야 하는 길이라고 하였다.[46] 그가 인과 의를 같이 논한 까닭도 인은 의의 내용이며, 의는 인의 외적인 표현으

43) 如欲平天下 當今之世 舍我其誰也(『孟子』 公孫丑下).

44) 皆古聖人也 吾未能有行焉 乃所願 則學孔子也(『孟子』 公孫丑上).

45) 何必曰利 ? 亦有仁義而已矣(『孟子』 梁惠王上).

46) 仁人心也 義人路也(『孟子』 告子上).

로 이해하고 이었기 때문이다. 이 때의 의는 이미 백성을 이롭게 하는 이민(利民) 내지 세상을 이롭게 하는 이세(利世)의 의미를 지닌다.

맹자는 이 같은 논리에 따라 정치도 인심의 외적인 표현으로 이해했으므로 표현 내용에 준하여 그것을 왕·패 두 형태로 구분하였고, 이상으로서의 정치를 인정, 즉 왕도라 하였다. 그러므로 왕도의 실현은 논리적인 면에서나 방법적인 면에서 볼 때, 인심을 바로 잡는 문제로부터 출발하지 않을 수 없었다.

그러나 당시의 정치적인 상황이란 국내적으로는 상하가 이익을 다투고, 국제적으로는 약한 나라를 겸병하고 어리석은 나라를 공략하면서 빼앗기를 싫어하지 않는 악순환이 계속되는 그런 상황이었다. 때문에 맹자는 사사로운 이익의 상대적인 개념으로서의 공공의 이익(公利), 즉 이익의 공정한 처리만이 국내 안정은 물론, 국가 간의 평화도 유지할 수 있다고 믿고 있었다.

특히 의를 보편적 가치로 이해한 맹자이고 보면, 이익이라는 특수성을 가지고 가치 규범의 기초로 삼을 수는 없었을 것이다. 왜냐하면 이익만을 위한 결과는 갈등과 전쟁만을 촉발하는 것으로 그는 인식하고 있었기 때문이다.

공자의 '인'은 내부적 규범으로 '가'시대의 경·대부들에게 제시된 지도 이념이었다면 맹자의 '의'는 외부적 규범으로서 전국시대의 제후들에게 제시된 지도 이념이었다. 그러므로 공자는 천하를 주유하면서 주로 경·대부들을 만났지만, 맹자는 국왕들을 만날 수 있었다.

그러나 사상적 레벨에서 볼 때, 공·맹자가 제시한 지도 이념이 그 시대의 문제를 해결하는 데는 만족할 만한 성공을 거두지 못했다고 하더라도 유가의 정치사상을 시대적인 요구와 필요에 따라 수정하고 보완하는 선례를 만들어 놓았다는 점에서 그 의미는 크다고 하지 않을 수 없다.

5. 망국난군(亡國亂君)의 시대적 상황과 예(禮)

순자(荀子 : 기원전 314~228)의 학설은 정통 유가의 성선설과 완전히 상반되는 성악설을 취하고 있었기 때문에 그는 배척되었다. 특히 유가의 형식주의적인 학자들에 의해 비정통적인 인물로 비난받았다. 그의 저술인 『순자』는 『논어』와 『맹자』가 대화체로 구성된 데 비하여 상당히 높은 수준의 논리적 진술을 보이고 있다. 이런 점으로 보아 순자는 논리적인 문제에 관심을 가지고 있었던 것 같은데, 인간의 본성은 비인격적이고 초도덕적인 천에 연유하고 있다고 보는 데서 그의 사상은 출발하고 있다.

그러나 그는 맹자 이후를 대표하는 유가로서 중국은 물론 동아시아 사상계에 지대한 영향을 미친 인물임에는 틀림이 없다. 순자는 그가 살았던 시대를 이렇게 평가하고 있었다.

> 순경은 혼탁한 세상의 정치로 망하는 나라와 난폭한 임금이 꼬리를 물고 일어나 대도는 수행되지 않고, 미신에 미혹하여 속이는 말을 믿으며, 비속한 선비들은 작은 일에 구애되고, 장자와 같은 무리들은 우수개소리로 풍속을 혼란케 함을 미워하여, … 수만 어의 저

서를 내고 졸했다.[47]

이처럼 순자는 당시의 많은 사상가들의 주의와 주장을 강력히 비난하고 있다. 순자의 유가 비판은 후세의 유가들로 하여금 그를 이단 내지 유가의 좌파적인 인물로 간주하게 하였다.

사실상 그의 저술에 나타난 유가들에 대한 비판적인 언설과 제가들에 대한 태도로 보아 그는 유가의 순수한 입장을 유지하지 않았을 뿐만 아니라, 제가들의 정화까지 흡수했다는 것을 부인할 수 없게 함으로써 그를 잡가와 상당히 유사하다고 보고, 순자는 유가와 제가를 집대성한 인물로 보는 사람도 있다.[48]

순자를 이렇게 평가하는 것은 어디까지나 개인적인 견해에 불과하지만, 그의 저서를 주의 깊게 살펴보면, 그 속에 유가 사상은 물론, 여러 사상가들의 사상적 편린이 혼재되어 있는 것을 발견할 수 있다. 때문에 호적은 일찍이 그의 학문은 매우 넓어 그가 살았던 시대의 기존의 학설을 두루 섭렵했다고 했다.[49]

이미 지적한 바와 같이 순자는 그의 저서에서 유가의 대표적인 인물까지 서슴없이 비판하고 있는가 하면, 제가들의 사상마저 적지 않게 수용하고 있기 때문에 정통 유가임을 자처하는 사람들로부터 이단시되었다. 그러나 무엇보다 중요한 사실은 유가의 정통적인 인성론인 성선

47) 荀卿嫉濁世之政 亡國亂君相續 不遂大道而營於巫祝 信禨祥 鄙儒小拘 如莊周等又滑稽亂俗 於是推儒墨道德之行事興壞 序列著數萬言而卒(『史記』 孟子荀卿列傳).

48) 조성을 역, 『고대사상사』, 3249쪽.

49) 胡適, 『中國古代哲學史』, 臺北 : 商務印書館, 1958, 331쪽.

설을 정면으로 부정한 데 그 이유가 있다고 하겠다.

전국 말 진나라의 세력이 강화되어 6국을 통합하려는 기운이 표면화 됨으로써 통일천하의 전야가 임박했음을 알리고 있었다. 이 시대를 대표하는 유가의 인물로는 선진 유가의 3대 인물 중 한 사람인 순자를 들 수 있다.

앞에서도 언급한 바와 같이 그의 시대는 '세정이 혼탁하고 망하는 나라와 난폭한 임금이 꼬리를 물고 일어났다(亡國亂君)'는 것을 보면, 맹자의 시대와 별 차이가 없었던 것 같다.

다만 맹자는 그런 시대에 처하여 도덕적인 가치를 소중히 여긴 데 반하여 인간의 사회적 존재성을[50] 인정한 순자는 사회적 통제인 행위규범을 강조했다는 점에서 다르다. 순자는 '망국난군'이 줄지어 일어나는 까닭, 즉 정치·사회적인 혼란의 원인을 가치의 희소성에 있다고 하였다.[51]

그러므로 그는 욕망 자체를 죄악시하지는 않았다. 다만 욕망을 조절할 수 있는 능력과 구별(度量分界)이 필요하다고 했다. 이러한 필요가 예의 기원이며, 이의 사회적 통제가 순자 정치사상의 핵심인 예의 기능으로, 그것은 한계를 정하는 데 있다.

그러면 예란 어떤 것인가? 예란 이(異)와 분(分)을 그 속성으로 하고 있다. 『예기 禮記』에 예는 이를 판별하는 것이라 하였고, 순자는 예란 이를 구별하는 것이며 분은 예보다 큰 것이 없다고 했다. 예는 악한

50) 力不若牛 走不若馬 而牛馬爲用 何也 曰人能爲群 彼不能群也 … 和則一 一則多力 多力則强 强則勝物(『荀子』 王制).

51) 欲惡同物 欲多而物寡 寡則必爭矣(『荀子』 富國).

사람의 본성을 고치기 위한 것으로 이는 마치 병을 고치기 위해서는 입에 쓴 약을 먹지 않으면 안 되는 것과 같다는 것이 순자가 주장하는 예이다.

그는 또 구별이 없는 것(無分)은 사람에게 큰 해가 되고 구별이 있는 것(有分)은 천하의 근본적인 이익이 된다고도 하였다. 순자가 그 시대에 유분으로서의 예를 강조한 까닭은 무엇일까? 그것은 무엇보다도 정치사회의 질서 회복 내지 확립이라는 시대적 요청 때문이었다.

더욱 혼탁한 정치는 하늘(天)과는 무관한 인간의 일로만 인식한 그는 이미 의리의 천은 물론, 운명의 천도 부인하고 있었다.[52] 그러므로 그는 철저하게 인간 중심으로 당면한 문제를 해결하려 하였다.

성악설을 주장한 순자는 인간을 아주 멸시한 것 같으나, 사실 훌륭하고 가치 있는 것은 모두 인간의 노력의 결정이라는 것이 그의 일관된 논조이므로 순자의 사상은 인간 본위의 사상이라고 하여 틀리지 않을 것이다. 그에 따르면 모든 가치는 인간문화의 소산이며, 문화는 인간이 이룩해 놓은 치적이라는 것이 순자의 주장이다.

이런 생각을 갖고 있던 순자는 천명과 재이(災異)를 정치인사와 무관한 것으로 이해하고 있었기 때문에 우 임금이 다스리고, 걸이 어지럽게 한 것은 인사일 뿐 하늘과는 무관한 것이라고 하였다.[53]

이 같이 그가 하늘과 인간은 무관한 것(天人之分)으로 본 것은 지금에서 보면 대수로운 것 같지 않지만, 당시로는 매우 과학적인 사상이

52) 疆本而節用則天不能貧 養備而動時則天不能病 修道而不貳天不能禍(『荀子』 天論).

53) 禹以治 桀以亂 非天也(『荀子』 天論).

라 하지 않을 수 없다. 이러한 그의 사상은 당시의 미신적인 사상과 노·장자의 자유방임적인 사상을 배격하기 위해서 취해진 사상 태도란 점에서는 큰 의미를 갖는다고 하겠다.

'인'이나 '의'는 객관적인 형식을 갖고 있지 않은 데 약점이 있었다. 때문에 모종의 표준 형식을 갖춤으로써 객관적인 평가가 가능한 '예'를 강조하게 되었던 것이다. 아울러 예는 정치 사회적인 구속력에 있어서 인이나 의보다는 훨씬 강하다. 여기에 사회적 혼란이 극심했던 전국 말년이라는 시대적 요청에 따라 순자는 예라고 하는 지도 이념을 제시하게 되었던 것이다.[54]

그러나 예는 앞으로 그렇게 될 것(將然)을 구속할 수는 있으나, 이미 그렇게 된 것(已然)을 막을 수 없다는 약점이 있다.[55] 이것이 예가 법에 접근하는 이유이기도 하다. 그러므로 순자를 유가의 좌파라고 하는 것은 순자의 예가 이미 법가의 '법(法)'에 상당히 접근하고 있기 때문이다. 이러한 사실은 순자의 문하에서 법가의 대표적인 인물인 한비자와 이사와 같은 인물이 배출되었다는 사실만으로도 쉽게 알 수 있다.

시대적 지도 이념으로 제시된 순자의 예는 정치 사회의 질서를 유지하고 확립하려는 예에 의한 통치, 이른바 '예치'를 통하여 이루려 한 사회는 유덕하고 유능한 사람이 대우받는 그런 사회였다.

이 같은 순자의 주장은 이른바 귀속적인 요인이 아닌 획득적인 요인에 의한 인사와 계층 분류라는 데서 그 의미는 크다고 하겠다. 그가 예 또는 지위에 따르는 능력과 업적을 강조한 것은 그의 사상이 후대

54) 人無禮則不生 事無禮則不成 國家無禮則不寧(『荀子』 修身).
55) 禮者禁於將然之前 而法者禁於已然之後(『大戴禮記』 禮察).

에 미친 영향만큼이나 권위주의가 되는데 기여했을 것이라는 데는 의심의 여지가 없다.

이처럼 사회가 지극히 공평하여 상하가 맡은 바 직분에 충실한 '지평'의 세계를 이상으로 했다. 이 같은 순자의 지평 세계는 객관적 규범으로서의 예치를 통해 이루려 했다는 점에서는 공자의 '정명'과 사상적인 연계성을 갖고 있다고 하겠지만, 형식적인 규범이 더 강조됐다는 점에서는 다르다고 하겠다.

본래 예의 정치적 기능이란 질서를 확립하는 것이지만, 질서를 확립하다 보면, 화해와 협력을 유도해야 할 또 다른 정치적 기능을 기할 수 없을 뿐만 아니라, 사회적인 소원을 초래하는 역기능이 있다. 그러므로 예에는 사회적 분화(social differentiation)를 일으키므로 이를 완화하고 해소하는 기능으로서의 음악이 강조되었던 것이다. 왜냐하면 음악에는 사회적 결속(social solidarity)이라는 중요한 기능이 있기 때문이다. 그래서 동양에서는 인의가 항상 붙어 다녔는가 하면, 예악은 언제나 함께 있었던 것이다.

6. 일일백전(一日百戰)의 시대적 상황과 법(法)

춘추시대로부터 전국시대에 이르는 사이 통일을 원치 않는 사람은 없었다. 왜냐하면 주나라의 동천으로부터 진나라가 6국을 통일하기까지는 혼란과 분열의 연속이었기 때문이다. 당시의 인심은 차라리 강력한 제후가 나타나서 천하를 통일하여 주기를 바라고 있었다.[56] 통일에

의 염원은 전국 말기에 이를수록 더욱 절실하였다. 사람들의 이러한 요구에 편승하여 이른바 전국 7웅들은 한편으로는 힘으로 싸우고 다른 한편으로는 지략으로 다투었다. 실로 '공전(攻戰)'과 '상전(尙戰)'이 거듭되는 '일일백전'의 시대가 되었다.

그들에게 있어 유가의 도덕주의는 우활하다기보다는 오히려 공허한 것으로 평가되었다. 왜냐하면 유가들은 원대한 이상과 포부를 가지고 현실 문제에 대한 근본적인 해결을 도덕에 호소하였기 때문이었다. 이에 반하여 통치자에게는 군자와 같은 유덕한 인물이 되는 것이 중요한 것이 아니라, 통치 방법을 어떻게 운용할 것인가를 아는 것이 무엇보다 중요하다고 강조하는 일군의 사람들이 있었는데 이들을 일러 법가라 하였다.

선진 4가 중 가장 늦게 성립된 법가는 순자가 예를 주장하고 있을 무렵, 이미 하나의 학파를 이루고 있었다. 그러나 이들 사상을 종합·발전시킨 대표적인 인물은 순자에게 수학한 한비자(기원전 281~234)이다. 한비자는 법가의 대표적 인물이라는 데는 의심의 여지가 없다. 일찍이 진시황은 한비자가 쓴 「고분 孤憤」과 「오두 五蠹」라는 두 편의 글을 얻어 보고 이렇게 탄복하였다.

> 아! 과인이 이 사람을 만나 같이 노닐 수 있다면 죽어도 한이 없겠다.[57)]

---

56) 天下惡乎定 吾對曰定于一(『孟子』 梁惠王上). 興利除害 誅暴禁邪 匡正海內 以尊天子(『漢書』 卷64, 嚴安傳).

57) 嗟乎 寡人得見此人 與之游 死不恨矣(前揭 『史記』 卷63, 老子韓非列傳 第3, 2155쪽).

희대의 폭군 진시황이 탄식할 만큼 한비자는 뛰어난 사상가이자 저술가였다. 사실상 법가 최후의 인물인 동시에 최고의 이론가였던 한비자는 통치자의 공정성에 대해 누누이 강조한 바 있다. 비록 공정하다고 하더라도 집행자로서 권위 또한 중요하기 때문에 위세를 부려 엄하게 실시할 것을 요구하고 있다.

그러나 공정과 권위라고 하는 것은 현실에 대한 정확한 진단이 없으면 효과를 기대할 수 없기 때문에 한비자는 법의 시행은 현실에 대한 철저한 인식에 근거하지 않으면 안 된다고 했다.

이와 같이 한비자는 오직 '당세의 일을 논하고 그것을 위해 대비해야 된다'고 주장하면서 '세상이 달라지면 일도 달라진다. 일이 달라지면 대비함도 바뀐다'고 하는 현실주의적인 입장으로 말미암아 옛날의 성인이나 선왕을 따를 수 없다고 하였다.

이러한 입장을 견지하고 있던 한비자는 진일보하여 진보적인 태도를 지니고 있었다.

> 고대와 현대의 사회 풍속이 다르므로 신시대와 구시대는 일에 대한 대비가 틀리게 된다. 만약 너그럽고 느슨한 정치로써 다급한 세상의 백성들을 다스리려 한다면, 그것은 마치 말고삐와 채찍이 없이 사납게 날뛰는 말을 부리려는 것과 같으니, 이는 무지에서 오는 환난인 것이다.[58)]

우리는 여기서 '백성을 다스리는 데는 고정된 원리가 있는 것이 아니

58) 夫古今異俗 新故異備 如欲以寬緩之政 治急世之民 猶無轡策而御馯馬 此不知之患也(『韓非子』 五蠹).

라, 오직 다스리는 것이 법이다. 법이 때에 맞추어 바뀌면 잘 다스려진다. 다스림이 세상에 합당하면 공적이 있게 된다. 시대는 바뀌는데 다스림을 바꾸지 아니하면 어지러워진다'고 하는 한비자의 상황 논리를 쉽게 읽을 수 있다.

한비자의 스승이었던 순자는 인간의 본성은 악하다고 했지만, 인위적인 교화(化性起僞)가 가능하다고 한 데 반하여[59] 한비자는 인간의 본성은 악하다는 전제하에서 도덕적인 교화는 불가능한 것으로 이해하고 있었다.[60] 그리하여 전자는 교화의 수단으로 예를 주장했지만, 후자는 통제의 수단으로 법을 강조한 것이 이들 사제간의 기본적인 차이라면 차이다.[61]

앞에서 언급한 바와 같이 예는 객관적인 기준을 가지기 때문에 합리성과 타당성을 요구한다. 이런 점에서 볼 때, 예의 법은 비슷하다고 하겠다. 그러나 전자가 주관적인 합리성을 요구할 뿐만 아니라, '분화(分化)'의 속성을 지니고 있는데 반하여, 후자는 객관적인 합리성을 요구하면서도 '제일(齊一)'을 강조한다는 점에서 다르다.

사실상 당시 순자의 예가 가지는 시대적인 한계성은 획일적인 통제의 결여에 있었다. 왜냐하면 통일을 요구하는 시대적인 요청을 충족시키기 위해서는 통일의 기준으로서 절대적이면서도 객관적인 기준 설정은 물론, 획일적인 제일성도 필요했기 때문이다.

---

59) 人之性惡 其善者僞也(『荀子』 性惡).

60) 好利惡害 夫人之所有也 … 喜利畏罪 人莫不然(『韓非子』 難二).

61) 韓非子는 '法이란 펴서 널리 알리는 문서로서 관부에 설치되어 백성에게 공포되었다'고 했고(『韓非子』 難三) 그 까닭은 '明分止爭'에 있다고 했다.

이러한 필요에서 예를 더욱 구체화하고 객관화시킨 것이 이른바 한비자의 법이다.[62] 때문에 정치적인 통일을 이룸으로써 종전의 봉건제를 군현제로 개편하고 사상적인 통일 방안을 모색하고 있던 진시황은 한비자를 경모하였다. 그 후 진나라는 법가의 주장을 받아들여 통일과업을 완수하려 했다. 진의 뒤를 이은 한나라는 진나라의 통일 이념을 받들어 미완사업을 진행시킴으로써 정치·사회적인 질서를 수립하였다.

진나라는 법가 이외의 사상은 일체 허용치 않았다. 그러나 한나라는 유가를 관학으로 받아들이기는 했어도 사학으로서의 타가를 금지하지는 않았다. 특히 진나라에 의해 수립된 군주제를 유지·강화시키기 위해 종전의 상대적이며 쌍무적인 윤리규범(五倫)을 절대적이면서도 일방적인 정치윤리 규범(三綱)으로 변화시켰다. 이러한 과정에서 이론적·사상적인 공헌을 한 사람이 동중서(董仲舒 : 기원전 179~서기 104)이다. 그는 정치사회의 질서에 이론적인 당위성을 제공하기 위해서 반드시 유가에 근거하지만은 않았다.

동중서는 많은 저술을 남기고 있으나 그 중에서도 『춘추번로 春秋繁露』는 유명하다. 이 책은 법전과도 같은 의미를 지니고 있는데, 이는 유가가 법가화한 하나의 예증이기도 하다.[63] 특히 동중서는 '존군비신(尊君卑臣)'의 원칙을 모든 사회관계에 적용시킴으로써 이른바 '삼강'이

62) 禮者 法之大分(『荀子』 勸學). 非禮是無法也(『荀子』 修身).

63) 동중서는 이미 당시의 제 사상을 상당 정도 수용하고 있는데, 그 중에서도 법가와 음양가의 이론을 받아들여 그의 정치사상을 구체화시킴으로써 원시 유가로부터 벗어나서 한당 유가(학)로의 변용을 보여주고 있다.

라고 하는 새로운 규범을 만들었다.

삼강이란 천하가 통일된 후 중앙의 군주 일인에 의한 천하 통치라는 새로운 정치적 상황에 따라 성립된 윤리규범인 것이다. 그러므로 그것은 군주의 절대적인 권력 행사를 전제로 성립된 규범이기 때문에 일방적이고도 절대적인 성격을 띨 수밖에 없었다.

혹자는 유가에서 말하는 '삼강'설은 『한비자』「충효편」에 그 연원을 두고 있다고 한다. 그러나 한비자는 '순(順)'을 말했을 뿐, '강(綱)'은 말하지는 않았다.[64] 비록 유가의 삼강설이 한비자의 충효편에 근거했다고 단언할 수 없지만, 동중서가 법가인 한비자의 영향을 상당 정도 받았을 것이라는 사실은 당시의 사상 내지 정치적인 상황을 고려할 때 부정하기 어렵다.

그리하여 중전의 인시유는 한대에 와서는 혼합유로 변질하게 되었다. 또한 공·맹자 이후, 법에 의거 나라의 부강을 모색하려던 방법은 한나라에 들어오면서부터 독서인(유가)들에 의해 전문적으로 연구됨으로써 법전이 간행되었다.

그 결과 한나라 이후는 진정한 법가도 진정한 유가도 없으며 독서인들은 유가를 정종으로 그리고 법가를 부수로 받아드렸다. 이러한 유가의 법가화는 '법은 예로부터 나온다는 이른바 '법출어예(法出於禮)'라는 관자의 말에 따르면 자연스런 현상인지 모른다. 동시에 '법'이야말로 새로 등장한 통일제국에 있어서는 무엇보다도 효과적인 지도 이념이 되었던 것이다.

---

64) 臣事君 子事父 妻事夫 三者順則天下治 三者逆則天下亂 此天下之常道也 明王賢臣而弗易也(『韓非子』 忠孝).

7. 전제천하의 시대적 상황과 이(理)

진나라 이전의 봉건사회는 천자·제후·대부들로 이루어진 혈연 중심의 귀족사회였다. 그러므로 천자는 가의 원수이자 국의 원수이며, 동시에 천하의 원수이기도 했다. 그러나 후일의 제왕들은 기존의 혈연관계 때문에 독립적인 지위를 누릴 수가 없었다. 법가는 그들로 하여금 초연한 독립적인 지위를 누리게 하기 위해서는 봉건제를 폐지하지 않으면 안 된다고 믿은 나머지 이를 폐지하였다.

그 결과 귀족들의 채지는 국가의 객관적인 행정 단위로 편입되었다. 진나라의 군현제는 한나라의 보강으로 동양 사회에서는 전형적인 정치제도로 정착되었고, 그것은 '존군'사상으로 합리화되었다.65)

많은 사람들은 진나라의 단명은 유가의 인의를 무시한 법가의 냉혹함 때문이라고 했다. 한나라의 군주들은 진나라의 극단적인 조치만은 좋아하지 않았지만, 정치적인 통일을 위해서는 사상적인 통일이 시급하다고 했다.

한무제는 동중서의 제의에 따라 사상 통일을 시도하였다. 그리하여 관직에 등용되고 싶은 사람은 유가의 경전을 공부하지 않으면 안 되었다. 이때부터 유가는 관의 보호 아래 독존적인 지위 획득이 가능하게 되었다. 아울러 법가로부터 소외되었던 도가도 유가와 더불어 득세하였다.

---

65) 尊君思想은 法家에 의해 주창되었으나, 漢儒들이 이를 받아들임으로써 孟子의 君輕論을 버리고 尊君卑臣論을 취하게 되었다.

동한(東漢)말에 전래된 불교는 유·도 양가와 함께 당대(唐代)에 이르러 표면상 3교정립의 형세를 이루었지만, 대부분의 독서인들은 도·불에 경도되어 있었다. 심지어 유가의 경전을 그들의 입장에서 해석하기도 했다. 이에 대한 반동이 당말 한유(韓愈 : 786~824)와 그의 제자 이고(李翱 : ?~844)에[66] 의하여 일어났다.

한유와 이고의 사상적 움직임은 당이 망한지 약 2세기가 지난 후 송유(宋儒)들에 의해 체계화되었다. 그들 중 대표적인 인물로는 주희(朱熹 또는 朱子 : 1130~1200)를 꼽을 수 있다. 그는 철학적인 사색과 학문적인 연구를 통해 이른바 성리학(性命義理之學의 약칭)이라고 하는 사상 체계를 완성하는 데 성공하였다.[67]

성리학은 혼합유와 다르고 원시유와도 구별된다고 하여 서양인들은 신유학(Neo-Confucianism)이라고도 한다. 사실상 한유와 이고의 반동은 도·불의 영향권 아래 있던 정통사상인 유가사상에 대한 주체적인 자각이었다. 그리고 송유들의 학문적인 지향은 그들의 생리에 적합한 생활 이념을 확립하려는 지적인 움직임이었다.

주체적 자각 속에서 성립된 성리학의 중심 개념은 그 명칭이 말하여 주듯이 '이(理)'이다. 주자는 이는 형이상의 도체로서 만물의 본체라고 하였다.[68] 통상 성리학자들은 이를 가지고 우주의 본체를, '기(氣)'로

---

66) 韓愈는 그의 「原道」에서, 李翱는 그의 「復性書」에서 儒家의 道統 문제를 언급함으로써 道·佛을 이단시했다.

67) 朱熹의 학문적인 업적은 그의 『四書集註』라는 저서 하나만 보아도 알 수 있다. 그것은 1313~1905년 사이 중국에서 실시된 과거시험에 공식적인 주석으로 통용됨으로써 무려 7백여 년간 절대적인 권위를 인정받고 있었다.

68) 理也者 形而上之道也 生物之本也(『朱子大全』 卷58, 答黃道夫).

우주만물의 현상을 설명하였다. 그렇다면 이라는 개념이 등장하게 된 정치적 의미는 무엇일까? 진나라 군주제는 송나라에 이르기까지 무려 1천년에 이르렀다.

항상 인의 도덕을 강조한 유가의 정치적 이상은 인정을 이상으로 하고 있었다. 현실은 왕도를 지향하는 패도에 불과한 것이었다. 원래 선진의 독서인들은 제후를 도와서 정치를 효과적으로 하는 데 그들의 역할과 존재 이유가 있었다.

그러나 군주 정치가 실시된 이래 군권이 강화되면 될수록 백성들의 권익은 축소되었다. 이로 인해 치자와 피치자 간에는 조정 역할자가 필요했는데, 그들 역할자가 다름 아닌 독서인들이었다. 그들의 진정한 역할은 치자에 대항하는 데 있었다. 대항의 목적은 정치가 잔학무도에 흐르지 않도록 하는 데 있다.

이를 위해 그들은 임금의 그릇된 마음을 바로잡는다는 이른바 '격군심지비(格君心之非)'와 군심을 바로 한다는 '격군심(格君心)'을 위정의 기초로 알고 실천하였다. 그렇게 함으로써 선정은 물론, 치자와 피치자 간의 권익도 어느 정도 조정될 수 있다고 믿고 있었다. 이러한 정치적 역할을 위한 개념적 근거는 '이'였다. 이로 인해 '이'는 성리학적 담론의 개념적 기초가 되었는가 하면, 사상적 내용을 구성하는 데 있어서는 핵심이 되었다.

또한 '이'는 보편적인 것이어서 치자의 것과 피치자의 것을 구분할 수 없으며, '이'는 영원한 것이어서 이 때는 이렇고 저 때는 저럴 수 없는 것이다. 그리고 그것은 공통적인 것이기 때문에 누구나 함께 말할 수 있는 것이다. 천자가 말하는 '이'와 백성이 말하는 그것은 같은 것이다. 뿐만 아니라, 만물은 자연적이든 인위적이든 간에 그 나름대로의 까닭－소이연(所以然)의 이를 갖춤으로써 개체성(개별성)을 가진다. 그러므로 '이'는 '천'·'인'·'의'에 비하여 치자에 대한 항거용으로는 훨씬 효과적이다. 여기에 성리학자들이 '천'보다는 '이'를 즐겨 거론한 이유가 있다. 그리고 항거의 방법과 수단으로는 간쟁과 상소 등 여러 가지가 있었고, 이를 위한 수양과 이론적인 강화로는 '주경(主敬)'과 '궁리(窮理)'와 같은 것이 있다.

보편성·평등성·영원성·개별성을 그 속성으로 하는 '이'는 치자에 대한 제한적 내지 항거적 의미를 갖고 있기 때문에 '수기치인(修己治人)'의 문제를 무엇보다 중요하게 다루지 않으면 안 되었다. 수기와 치인에 대한 유가적 인식은 논리적인 연속성을 전제로 하고 있다는 점에서는 성리학적 인식과도 다르지 않다.

그러나 한 가지 중요한 사실은 후기 성리학자들이 '이'의 개념을 변조시켰다는 점이다. 그들은 '이'의 본래 의미를 '예'에 결부시킴으로써 '이'를 '분(分)'과 동일한 것으로 해석하였다. 이 때의 분은 구별과 차별의 의미를 가지는데, 그것은 상하·귀천·장유의 분별을 엄격히 함을 뜻한다.[69]

그러므로 전기 성리학자들의 경우 '이'는 권력에 대한 대항과 시정의 의미가 강한 데 반하여, 후기의 경우는 오히려 그것을 인정하고 옹호하려는 경향이 있었다. 그러므로 '이'라는 개념은 본래 치자에 대한 항거 이념이었던 것이 옹호 이념으로 작용한 예도 적지 않았다. 조선조

---

69) 禮者貴理之不可易也 禮者貴賤有等 長幼有序 貧富輕重皆有稱者也(『荀子』 禮論).

중기 이후 예송과 예론도 같은 레벨에서 논구될 수 있을 것이다.

8. 내우외환의 시대적 상황과 실(實)

동아시아 사회는 무수한 왕조의 교체는 있었어도 정치 구조상에는 이렇다할 만한 변화가 없는 그런 사회였다. 실로 조정은 있어도 국가는 없는 사회였다. 특히 중국의 경우가 그러했다. 조정 중심의 군주 정치는 표면적으로는 왕도를 표방하고 있었지만, 안으로는 패도를 지속하고 있었다.

더욱 지나친 중앙 집권은 천하는 군주 한 사람의 가산(家産)이나 다름없이 되었고, 법은 있었어도 일가(一家)의 법에 불과했으며, 천하의 시비는 조정에서 나오지 않은 것이 없다고 하리만큼 조정 중심이었다.[70)]

그런데 한족 중심의 중국이 문화적으로 그리고 정치적으로 무시했던 만주족의 침략으로 명나라는 망하고, 청나라가 섰지만 민생은 말이 아니었다. 사실상 명·청 교체기의 내우외환은 그 어느 때보다도 극심하였다. 명말청초의 독서인들은 다른 종족이 들어와 주인이 되었다는 '외족입주(外族入主)'라는 정치 현실 속에서 심각한 좌절을 느끼고 있었다. 왜냐하면 치자에 항거함으로써 정치가 잔학무도에 흐르지 않도록 하는 것을 도덕적인 사명으로 알고, '격군심지비'와 '격군심'을 그들에

70) 黃宗羲 / 全海宗 譯, 『明夷待訪錄』, 서울 : 三省出版社, 1971, '原君'과 '原法' 참조.

게 부여된 정치 내지 사회적 소임으로 자임하고, 그 같은 소임 수행을 꺼리지 않았던 그들 자신들의 소임이 현실적으로 불필요하게 되었기 때문이다.

더욱 과거 성리학자들에 의해 수백 년간 강조되어 온 '화이지변(華夷之辨)'은 그들 청유(淸儒)들로 하여금 외족의 충신이 될 수 없게 하였고, 외족 또한 청유들의 간쟁을 필요로 하지도 않았다. 그리하여 그들 독서인 계층은 현실적으로 존재하면서도 정치·사회적인 사명은 완전 소멸되고 말았다.

이제 살신성인의 충간이 필요 없는 정치 현실은 그들로 하여금 수기의 필요성보다는 현실적인 생존 문제에 더 관심을 갖게 하였다. 특히 생존을 위해 미관말직에 있는 사람들은 그들이 하는 일이 그렇게 불합리하거나 부노력하지 않으면 양심상 그렇다할 가책을 받지도 않았다. 그 결과 청대의 사상은 인욕(人欲)을 경멸하지 않을 만큼 내부적 규범 문제를 중요하게 생각하지 않기에 이르렀다.

더욱 서구문화의 동점은 그들에게 새로운 지식에의 접촉은 물론, 학문에 대한 새로운 인식과 관심을 낳게 하였다. 특히 서양의 과학과 종교가 중국에 유입되면서부터 외래문화가 주는 충격은 대단하였다. 그들은 과거의 성리학자들이 도·불의 허무에 대하여 느꼈던 것처럼 성리학의 심성에 대한 논의가 민생을 구하고 국난을 해결할 수 없다는 것을 알았다.

심성의 내재적인 수행이 내우외환을 다스릴 수 없다는 것은 망국으로부터 얻은 생생한 그들의 경험이었다. 더욱 무비(武備)가 없이는 외적을 막을 수 없다는 경험적 사실은 그들로 하여금 자연히 실질적인 것을 강구하게 하였다. 왜·호에 의한 국난과 양이침탈(洋夷侵奪)을 겪은 조선조 후기의 독서인-유학자들의 경우도 차이는 있어도 예외는 아니었다. 그리하여 그들은 '실사구시(實事求是)'와 '무징불신(無徵不信)'을 치학(治學)의 기본 정신으로 삼게 되었다. 이로 인해 실증적인 학문으로서의 이른바 '실학'이 성립하게 되었다.

시대적인 요청에 따라 등장하게 된 실학의 핵심개념은 말할 것도 없이 '실'이라는 개념이다. 그것은 관념 문제의 탐구에 시간과 에너지를 낭비할 것이 아니라, 국난과 민생과 같은 현실적인 문제를 이해하고 해결할 수 있는 실제적인 학문을 하지 않으면 안 된다고 해서 실학을 논구하게 되었던 것이다.

그러므로 지금까지 실학은 경세치용·이용후생·실사구시 등과 같은 것을 개념의 요인으로 문제 삼아왔다. 이 같은 요소들은 수기치인 중, 치인의 면을 강조한 결과라 하겠다. 이러한 시각은 흔히 실학을 성리학의 대립적인 입장에서 이해할 때 그렇다.

그러나 실학이 하나의 학으로 성립하려면 상술한 바와 같이 경세적(經世的)인 면에만 머물러서는 안 된다. 왜냐하면 경세, 즉 실용적인 면을 지나치게 강조하다 보면, 지식 특히 이론적인 지식까지 경시하거나 무시하게 되는데, 이렇게 되면 하나의 학문으로 성립할 수 없기 때문이다.

그러므로 경세란 실학의 반면으로 그것은 실학이 등장하게 된 시대적 요청에 따른 문제일 수는 있어도, 또 다른 일면인 수기의 면을 간과해서는 안 될 것이다. 왜냐하면 실학자들이 실용적인 면을 중시하기는 했지만, 인간의 내면적인 면을 경시하지는 않았기 때문이다.[71]

71) 한국 실학의 대표적 인물이라 할 수 있는 다산 정약용은 그의 『목민심서』

다만 실학의 개념 규정이 어려운 것은 '실'이라는 개념이 가지는 함축성과 다양성 때문이다. 그러나 실학이 성리학의 반동인 사상 체계란 점을 고려할 때, 성리학자들이 공통적으로 관심을 갖고 탐구했던 심성과 같은 내부적 규범 문제보다는 내우외환을 해결하기 위한 이른바 경세치용이라는 현실적인 문제에 더 큰 비중과 관심을 갖는 학문 체계인 것만은 분명하다.

그러므로 '실'이란 내우외환의 문제는 결코 관념적 레벨에서는 해결할 수 없다는 경험적 사실에 근거하여 시대적인 요구에 따라 제시된 지도이념이라는 데는 의심의 여지가 없다.

9. 맺는 말

내면적인 통일을 지향하고 있는 유가의 천하사상은 타가를 포섭할 수 있는 여지를 가지고 있다. 특정 국가나 민족에 구애되지 않고, 모든 국가와 민족을 포섭하는 대동세계를 이상으로 하고 있다. 초극할 수 있는 그리고 역사 발전의 과정에서 극단을 피하면서 타가와의 절충을 할 수 있는 유가의 중용적 태도는 유가의 사상을 스스로 수정·보완할 수 있었다.

유가가 말하는 중용은 흔히 과불급(過不及)의 중간적인 개념 아니면

에서 '군자의 학은 修身이 반이며, 다른 반은 牧民'이라고 지적한 바와 같이 군자학으로서의 실학은 수신, 즉 존심양성의 면과 목민, 즉 치인의 면을 동시에 중시하였다.

산술적인 개념으로 이해하고 있으나, 고도의 적응성을 요구하고 있다는 점을 잊어서는 안 된다. 시대적 변화나 상황적 한계에 대해 최적(最適)의 판단과 그에 따른 최선(最善)의 대응으로 보는 것이 옳다. 이러한 유가의 정신과 태도는 역사상 시·공간적 변화와 상황에 능동적으로 대처할 수 있는 가능성을 지니고 있었다. 이 점이 유가가 지니고 있는 특성이자 장점이기도 하다.

공자가 주나라의 문화를 동경했다는 사실은 유가는 근본적으로 귀족주의적인 성향이 짙음을 말한다. 그런 점에서 유가는 보수적이지만, 그 같은 역사적 사실에 새로운 평가와 해석을 내렸다는 점에서는 혁신적이고 진보적이다. 그들의 이러한 성격은 정치 사회적인 적응 능력을 증가시켜 주었다. 동시에 그것은 그들로 하여금 동아시아 정치사상사에 있어서 주류로의 지위를 가능케 하였다.

과거 유가는 하·상대에서 선진에 이르는 신학적 단계에서 양한으로부터 송·명에 이르는 형이상학적 단계를 거쳐 명말 청초에서는 청말에 이르는 실증적 단계로 발전하였다. 이 같은 단계를 거치면서 유가의 정치사상사에는 수많은 개념들이 등장하지만, 개념적인 맥락에서 볼 때, 시대를 대표하는 핵심적인 개념으로는 '천'으로부터 '인'→'의'→'예'→'법(法 또는 智)'→'이'에 이르러 다시 '실'로 이어지는 개념사적인 문맥을 이루었다고 하겠다.

이들 개념들은 시대적 상황 변화에 따른 유가의 의식 반응으로서 이른바 전환기에 처하여 당면한 정치 문제를 설명하고 해결하기 위해 제시한 유가적 해법이었다.

그러나 이 같은 개념들은 단순한 개념적 레벨에 머물지 않고, 그 자체에 상당한 내용과 이론을 갖춤으로써 각 시대의 지도 이념으로서 역할하면서 영향을 미쳤다. 물론 이들 개념들이 유가 정치사상의 상위 개념으로 포괄성을 띠면서도 시대적 상황에 따라서는 개별적으로 강조되었다.

시대적 상황 변화에 따라 제시된 지도 이념들은 개인적 도덕으로부터 사회적 도덕으로의 변용인 동시에 주관적 실천으로부터 객관적 실천으로의 발전이었다.

그리고 일체의 정치는 그 주체인 인간의 내부적인 규범(修己)으로부터 시작되었다. 이러한 유가의 태도는 모든 인간은 착한 본성(性善)을 가지고 있다는 인간성에 대한 신뢰에 연유하고 있었다.

그러므로 유가정치사상의 내재적 본질이란 도덕적인 주체성의 확립이라 하겠다. 다시 말해서, 이는 객관적 주체성으로써 유가정치사상의 정신적 기반이 윤리에 있음을 뜻한다. 그리고 이의 외적 실천이 곧 정치인 것이다. 이로 인해 국가는 도덕적 기구에 불과하고, 그 수반(군왕)도 도덕적인 지도자야만 한다는 것이다. 때문에 수양이 극치에 달한 사람이 왕이 되어야 한다는 뜻에서 유가를 일러 '내성외왕지학(內聖外王之學)'이라고 한다. 실로 객관적 문제의 처리는 자기교육으로부터 시작되어야 한다는 유가의 논리와 주장은 시사하는 바 크다고 하겠다.

유가가 제시한 이상으로서의 도덕 정치는 비록 감각되지는 않지만 사유할 수 있다. 그러므로 우리는 오늘날과 같은 전환기적 상황 아래서 있어야 할 정치의 '그 무엇'을 논리적으로 사유하고 실천한다고 할 때, 이 점이 바로 유가사상이 오늘의 우리에게 주는 시사요 교훈이라 하겠다.

만필로 본 동아시아의 문화전통

1. 동아시아인들의 생업과 자연관

동아시아인들의 삶의 터전은 대지였고, 활동무대는 토지였다. 생업은 농업이었고, 땅은 중요한 자산이었다. 때문에 그것의 넓고 좁음에 따라 빈부가 갈리었다. 그리고 농업문명의 중심에는 중국이 있었고, 중국은 오랜 세월에 걸쳐 문화 선진국으로 선진문화를 수출하는 나라였다.

역사상 중국의 농업문명이 동쪽으로 전파되는 데 있어 지리·기후·문화적 장벽에 부딪치지 않았기 때문에 한국과 일본의 생업도 자연스럽게 농업이 되었다. 더욱 한국과 일본은 농업문화에 적합하였다. 그 결과 이들 국가들이 산업정책－공업화 정책을 추진하기 이전까지만 해도 농업에 종사하는 인구는 전체의 70~80%를 차지하고 있었다.

농업을 중시했던 동아시아에서는 그 밖의 생업은 경시한 나머지 본말(本末)사상이 발생했는데 본이란 농업을, 말이란 상업을 지칭하고 있었다. 그 까닭은 농업은 생산에 관련이 있는데 반하여 상업은 단지 교역에 관련되어 있는 것으로 인식됐기 때문이다. 전통적으로 동아시아인들은 본말관계를 매우 중요시하였다. 그리하여 본말이 전도되는 경우 경악을 금치 못했고, 때로는 생존적인 위기로 인식하기도 하였다.

농업국에서는 농업이 중요한 생산양식이었으므로 동아시아의 정치사상 내지 경제사상의 이론이나 이상은 한결같이 토지문제를 중심으로 성립·발전하였다. 까닭에 농업은 중시되고 상공업은 경시되었다. 이 경향은 본말사상에 따른 분류이자 평가였다. 심지어 상·공업에 종사하는 상공인들은 경시되거나 천시되기도 했다. 특히 상인들은 전통사회의 4계층인 사·농·공·상(士農工商) 중 가장 말단에 속했고, 사대부는 대체로 토지의 주인이었으며, 농부는 토지를 경작하는 소작인이었으나 사대부나 농부는 명예로운 직업이었다.

동아시아의 전통사회에서 학문을 하면서 농사를 짓는 이른바 경독세가(耕讀世家)는 더할 나위 없이 자랑스러운 가문이었다. 비록 사대부들은 직접 경작하지는 않았지만, 지주의 신분으로 그들의 운명은 농업에 매여 있었고, 한 해의 풍작과 흉작은 그들의 행불행을 좌우하기도 했다. 때문에 그들의 우주관과 인생관은 근본적으로 농부들의 그것을 대변하고 있었다. 뿐만 아니라, 그들은 교육을 통하여 농부들이 느끼기는 하지만, 표현하지 못하는 것을 표현할 수 있는 힘을 길러주는 역할을 담당하기도 했다.

그리하여 사대부와 농부는 서로 돕고 의지하는 관계에 있었을 뿐만 아니라, 사대부는 정신적인 지주로서의 역할도 담당하였다. 그리하여 농업사회에서의 그들은 언제나 상위에 있었으며 직업상 도덕성을 지니기 어려운 상공인들은 하위에 있었다. 그러므로 사·농·공·상은 도덕성을 근간으로 농업을 중시했던 사회에서의 계층 구분이었을 뿐 계급을 뜻하지는 않는다.

동아시아에서 농업이 중시된 이유는 그것이 생존과 직결되어 있다는 사실 외에 도덕성의 문제와 관련하여 인식된 데도 원인이 있다. 기원전 3세기의 여러 학파들의 사상을 집약한 『여씨춘추 呂氏春秋』 상농편(上農篇)에서 저자는 본에 종사하는 사람(농부), 말에 종사하는 사람(상인)들의 차이를 대략 다음과 같이 비교하고 있다. 농부들은 순박하고 단순하여 언제나 명령을 받아들일 태세가 되어 있고, 그들은 어린이같이 순진하고 이기심이 적었다. 상인들은 이사하기 간편한 재산을 가지고 있었기 때문에 전쟁이 발생하면 제 고장을 버리기가 일쑤였다고 적어 놓고 있다.

그리고 또 『여씨춘추』는 농업이 경제적으로 상업보다 중요할 뿐만 아니라, 농부의 생활양식이 상인의 그것보다 우월하다고 지적하고 있다. 바로 이것이 농업을 숭상하는 이유인 것이다.[1] 사실상 물질적인 자원 중 가장 위대한 것은 의심할 나위도 없이 토지이며, 토지를 가장 자연스럽게 이용하는 산업은 농업이다. 물론 그렇지 않은 경우도 있다. 그리고 더욱 중요한 것은 농업은 언제나 주(主)이고 공업을 포함해서 상업은 종(從)이라는 사실이다. 인간은 공업이나 상업이 없이도 생존이 가능하지만 농업이 없이는 절대로 살아갈 수 없다. 영국의 경제사상가 슈마허는 그의 저서인 『작은 것이 아름답다』에서 이렇게 말하고 있다.

> 농업은 주이고, 공업은 종임에는 변함이 없다. 인간은 공업이 없

---

1) 古先聖王之所以導其民者 先務於農 民農非徒爲地利也 貴其志也 民農則樸 樸則易用 易用則邊境安 主位尊 民農則重 重則少私義 少私義則公法立 力專一 民農則其產復 其產復則重徙 重徙則死 處而無二慮 舍本而事末則不令 不令則不可 不可以戰 民舍本而事末則其產約 其產約則輕遷徙 輕遷徙則國家有患 皆有遠志 無有居心(『呂氏春秋』 上農).

이도 살아갈 수 있지만, 농업이 없으면 살아갈 수 없기 때문이다. … 농업과 공업의 기본적인 차이는 삶과 죽음의 차이만큼 크지만, 이 차이를 인식할 수 없게 되어 농업을 공업의 일종으로 간주하게 되었을 때 이 균형은 반드시 깨져 버리는 것이다.[2)]

그간 근대화의 물결 속에서 우리들은 농업을 공업의 일종으로 간주하면서 성장과 효율만을 최고의 가치로 삼고 달려온 것이 사실이다. 그 결과 자원을 남용하면서 자연을 파괴하는 생산 체제와 인간을 불구로 만드는 사회를 만들어 놓고 말았다.

그러나 농업에 있어 무엇보다 중요한 것은 건강한 땅이다. 토지뿐 아니라, 건강이란 본질적으로 생물에게 공통적으로 요구되는 가치이다. 사실상 동아시아인들은 과거 토지라는 것은 더할 나위 없이 귀중한 자산이며, 그것을 다스리고 지키는 것을 인간의 임무며 행복으로 인식하고 있었다. 본래 임무라는 것은 사물이 어떠한 상태에 있는지를 아는 사람만이 할 수 있는 것이고, 행복이란 만족할 줄 아는 사람이 할 수 있는 느낌이다.

땅이야말로 부의 원천이요 삶의 터전으로 믿고 살았던 동아시아의 농부들은 자연을 찬미하고 인간의 기교를 불신하며 원초적인 생활에 쉽게 만족하였다. 그들은 어떤 새로운 변화를 바라지 않았으며, 또 어떤 새로운 변화를 생각할 수도 없었다.

그리하여 농부들에게는 자연(天)을 숭상하고 인간의 기교를 불신하는 사상이 있었다.[3)] 왜냐하면 농부들의 생활방식이란 자연의 질서에 순응

2) 金鎭郁 譯, 『작은 것이 아름답다』, 범우사, 1990. 119쪽.

하는 것이었기 때문이다. 농부뿐 아니라, 땅을 삶의 터전으로 알고 산 동아시아인들은 자연을 찬미하고 이상화하려 했다.

이와는 달리 서양인들은 자신을 자연의 일부로 여기지 않고, 자연을 지배하고 정복할 임무를 띤 자연 밖의 존재라고 생각하고 있었다. 더욱 그들은 자연과 싸운다는 따위의 말을 곧잘 입에 올리고 있지만, 그 싸움에서 이기면 자연의 일부인 그들 자신이 병들고 있거나 생존 그 자체를 위협받고 있다는 사실조차 모르고 있었다.

> 당신의 모습대로 사람을 지어내셨다. 하느님의 모습대로 사람을 지어 내시되 남자와 여자로 지어내시고. 하나님께서는 그들에게 복을 내려 주시며 말씀하셨다. '자식을 낳고 번성하여 온 땅에 퍼져서 땅을 정복하라' 바다의 고기와 공중의 새와 땅 위를 돌아다니는 모든 짐승을 부려라.[4)]

『성경』의 이 구절은 서구인들로 하여금 모든 창조물을 다스릴 권리와 함께 자연을 파괴하고 정복하는 권리까지 부여받은 것으로 인식케 하였다고 단언할 수는 없지만, 기독교 문명이 서구를 대표하는 것이라면, 이 말은 서구인들에게 상당한 영향을 주었을 것이 분명하다.

또한 서양인들은 자연을 매개로 인간이 스스로 깨닫고 인식하는 이

---

3) 여기서 말하는 자연이란 사물이 스스로 그러함을 의미하며, 비인위적인 것으로 저절로 그렇게 됨을 의미한다. 특히 도가적인 자연은 그 목적이 외재적인 것의 간섭을 배제하는 데 있으며, 어떤 사물이든 간에 자신의 본래적 추세에 따라야 한다는 데 그 특징이 있다.

4) 『구약성경』, 창세기 1장, 27-28절.

성적 존재로 여겼다. 인간은 개념적 사유능력을 가지고 있을 뿐만 아니라, 이성적 명령에 따르는 행위를 하기 때문에 '인간은 이성적 동물이다'라고 함으로써 이성적인 인간중심 사상을 가지고 있는 데 반하여 동아시아인들은 자연의 질서와 섭리를 인정하고 그것에 순응하는 직관적인 자연중심 사상을 가지고 있다.

2. 동아시아인들의 자연관과 생활태도

동아시아인들은 천지인(天地人)을 삼재(三才)라 하여 이 세 가지를 동등한 중요성을 지니고 있는 조화의 대상으로 여겼다. 서양인들은 자연을 인간에 예속시켰지만, 동아시아인들은 자연의 일부로 간주하였다. 그리고 이 같은 인간관과 자연관의 차이는 넓게는 동·서양의 의식구조와 사회형태를 다르게 만드는 중요한 원인이 되기도 했다.

그리하여 동아시아인들은 서양인들처럼 자연을 정복의 대상으로 보거나 우주의 중심이 인간이라는 오만한 태도를 가지지 않았고, 자연에 대해 끝없는 경외심을 가지고 자연이 주는 혜택을 말할 수 없는 은총으로 여겼다. 뿐만 아니라, 우주와 인간을 하나의 유기체로 인식함으로써 천인상관(天人相關) 또는 천인합일(天人合一)을 신앙처럼 받아들였다.

그 결과 자연은 인간과 떠나서 말할 수 없는 그런 존재이며 대상이었다. 문학이 그렇고 회화가 그렇다. 그리하여 회화의 대부분은 산수·동물·화조·초충(草蟲)을 소재로 하지 않은 것이 없었다. 동아시아의 산수화엔 산중턱 또는 시냇가에 앉아서 자연의 아름다움을 감상하며 천인쌍망(天人雙忘)의 도를 관조하는 사람이 그려져 있는 것이 보통이다. 중국 진(晉)나라의 대시인 도연명(陶淵明 : 서기 365~437)의 다음과 같은 시에서 우리는 그러한 경지를 엿볼 수 있다.

> 사람들 모인 속에 초가를 짓고
> 거마의 소리 들리지 않네!
> 나더러 무엇 하냐고
> 먼먼 마음에 한갓져
> 동쪽 사릿가에 국화를 따다가
> 멍하니 남산을 바라보며
> 어스름 저녁 고운 산등성이
> 돌아오는 새소리
> 여기에 마음 심으면
> 말을 잊네, 말이 없네.[5)]

자연과 인간이 하나가 되어 자연이 인간이요 인간이 자연인 상태를 천인합일이라 한다. 자연과 인간이 하나 되어 내가 자연인지 자연이 나인지 모르는 상태가 곧 천인쌍망이다.

농부의 생활은 단순하고 그들의 생각은 순박하다. 도가들은 이 관점에서 사물을 관찰하였으므로 원시사회의 단순성을 이상화하고 문명을 비난하였다. 그리하여 그들은 어린이의 순진성을 합리화하고 지식을 멸시하였다. 『도덕경 道德經』에 이런 말이 있다.

---

5) 結廬在人境 而無車馬喧 問君何處爾 心遠地自偏 採菊東籬下 悠然見南山 山氣日夕佳 飛鳥相與還 此中有眞意 欲辯已忘言.

> 작은 나라 적은 백성 … 백성들로 하여금 노끈에 매듭짓는 풍습을 되찾고 그 음식을 달게 먹고, 그 옷을 곱게 입고, 집에 편히 살고, 그 일과를 즐기게 하면 비록 이웃 나라가 바로 보이고, 닭·개 짖는 소리가 들려오더라도 백성들은 늙어 죽을 때까지 서로 왕래하지 않을 것이다.6)

여기서 우리는 농업사회에서만 볼 수 있는 한 폭의 전원적인 풍경을 보는 느낌을 가지게 된다. 농부는 언제나 자연과 접촉하고 더불어 호흡하면서 살았다. 그래서 그들은 자연을 찬미하고 사랑하였다. 이 같은 그들의 찬미와 사랑은 도가에 의해 미화됐고 이론화되었다. 도가는 자연(天)과 인위(人)를 엄격히 구별하였다.

그들에 있어 자연은 인간행복의 원천이지만, 인위는 인간을 짓누르는 고통의 근원이었다. 때문에 도가는 이 같은 사상을 끝까지 전개함으로써 성인의 정신수양의 최고 목표를 자신이 대자연, 즉 우주와 합일하는 것으로 이해하고 있었다. 그 결과 동아시아사회는 자연주의적인 경향을 띠게 되었다. 그렇다고 해서 여기서 말하는 자연주의는 서구에서 말하는 생물학적인 자연주의와 같은 개념은 아니다.7)

농부들은 이동할 수 없는 대지 위에서 살아야 했고, 사대부인 지주

---

6) 小國寡民 … 使民復結繩而用之 甘其食 美其服 安其居 樂其俗 隣國相望 鷄犬之聲相聞 民之老死 不相往來(『道德經』 第80章).

7) 여기서 자연주의라고 하는 것은 서양철학에서 자연과학의 세계관에 서서 물질을 유일한 실존으로 보는 실재론과는 다르다. 따라서 실재론과 관념론을 포괄하는 동아시아 특유의 관념이나 태도로 보는 것이 옳을 것이다. 왜냐하면 동아시아에서 자연은 저절로 그렇게 되는 현상 내지 원리까지를 포함하고 있어 Nature와 God의 복합적인 의미를 지니고 있기 때문이다.

도 다르지 않았다. 그들은 특별한 행운을 가지지 못하면 자기 부모나 조부모가 살던 그 땅에서 살아야 하는 운명을 타고났다. 달리 말하면, 넓은 의미에서 가족은 경제적인 이유로 함께 살지 않으면 안 되었다. 이렇게 동거하면서 그들은 춘하추동과 같은 반복은 있어도 영원히 다시 돌아오지 않는 자연의 질서는 없다는 사실을 경험을 통해 알게 되었다.

그리하여 동아시아에 있어 시간이란 흘러 가버리는 것으로 인식되지 않았다. 왜냐하면 사회란 계층적인 질서로, 시간이란 주기적인 질서로 각기 인식되었기 때문에 전환(alternation)은 있어도 변화(change)는 없는 것으로 이해하고 있었기 때문이다.

그래서 동아시아인들은 자연의 질서가 그렇고, 인간사 또한 그렇다고 해서 이렇게 말하고 있다.

> 추위가 가면 더위가 오고, 더위가 가면 추위가 온다.[8] 해가 중천에 뜨면 기울고, 달이 차면 일그러진다.[9] 되돌아오는 것은 도의 움직임이다.[10]

사실상 모든 사물은 서로 상반되는 방향으로 가고 있는데, 이것이 바로 도의 운동 법칙이라는 것이 노자의 주장이다. '되돌아오는 것이 도의 움직임이다'라고 하는 노자의 주장은 노자 사상 전체를 관통하는 중요한 사상이다. 그는 춘추시대라고 하는 사회변혁의 시대 속에서 사

8) 寒往則暑來 暑往則寒來(『周易』 繫辭).
9) 日中則昃 月盈則食(『周易』 豐卦).
10) 反者道之動(『道德經』 第40章).

물의 대립과 통일의 관계를 발견하고, 그것을 철학적 개념으로 제시하였다.

이처럼 전환은 있어도 변화란 없는 것으로 인식한 동아시아인들은 자연과 사회의 발전을 순환·반복되는 것으로 믿고 있었다.[11] 노자는 또 이렇게 말하기도 했다.

> 회오리바람은 아침나절도 다 불지 못하고 소나기는 하루도 다 내리지 못한다.[12]

윗글 중 '회오리바람'과 '소나기'는 보는 사람에 따라 달리 이해할 수도 있겠지만, 정치적 참상을 목도했던 노자의 입장에서 볼 때는 학정이나 폭압으로 말하고 싶었을 것이다.

그리고 아무리 대단한 권력도 십 년을 가지 못한다(權不十年)고 했고, 제아무리 붉게 핀 꽃이라도 열흘을 붉지 못한다(花無十日紅)고도 했다. 이 같은 인식과 관념은 동아시아인으로 하여금 어떠한 역경과

11) 4계가 반복되는 자연 속에서 살았던 동아시아인과는 달리 망망대해에서 계속 앞으로 항해하면서 생활했던 서양인들에게는 순환이나 반복이란 개념은 생소한 것이다. 때문에 그들의 발전 논리는 직선적인 것이다. 제1차 세계대전을 전후하여 출판된 슈펭글러(Spengler, Oswald 1880~1936)의 주저 『서구의 몰락』은 몰락 이후를 말하지 않았다. 그는 어떤 민족, 어떤 문화를 막론하고 모두 생로병사의 과정을 이탈할 수 없다고 보고, 고대 바빌론, 인도, 애급, 페르샤, 희랍, 로마들이 모두 한 때는 빛나는 문화와 역사를 가지고 있었으나 지금은 무너져 없어지고 말았다고 자신의 발전 논리를 주장했다.

12) 飄風不終朝 驟佑不終日(『道德經』 第30章).

고난도 참고 견디게 하는 데에 대단한 정신적 에너지를 지니게 했다.

특히 전환하는 자연 속에서의 지나친 저축은 불필요할 뿐 아니라, 무의미한 것이기도 하였다. 때문에 과도한 소유나 과도한 작위는 오히려 부도덕한 것으로 알았고, 만족을 아는 것은 자신이 너무 지나치게 나가는 것을 막아 극단에 이르지 않도록 자신을 보호하는 일이라고 노자는 말했다.[13] 사실상 대부분의 사람들은 자기의 욕망을 만족시키는 데서 행복을 찾으려고 한다.

그러나 너무나 많은 욕망을 만족시키려 할 때, 오히려 그 반대의 결과를 초래하고 만다. 마치 아무리 좋은 음식이라도 과식하면 건강에 나쁜 것과도 같이 생존적인 소유와 생존적인 작위만을 소중히 여겼던 동아시아인들은 어떤 변화도 바라지 않았을 뿐만 아니라, 어떤 발명이나 발견을 중시하기보다는 노리어 그것을 지지히기까지 했다.

더욱 동아시아의 지식인들(독서인)은 전통적으로 관리 또는 그 후보자들이었다. 학문은 관리 등용과 관련 있는 정치·윤리에 관한 고전의 암송이었으며, 자유와 경제적 여유를 갖는 시민 사회를 배경으로 하지 않은 정부 주도형 내지 권력 지향적인 지식인 사회에서는 서구적인 의미의 과학정신이 때로는 일시적으로 싹트는 경우가 있더라도 제대로 가꾸어질 수가 없었다.

그러나 해양국의 상인들은 상이한 습관과 언어를 가진 국외인들을 만날 수 있는 기회가 많았기 때문에 새로운 변화에 익숙하여 신기한 것에 대한 두려움도 없었고, 오히려 자신들의 상품을 더 많이 팔기 위하여 제품의 신기함을 더 장려해야만 했다. 그러므로 산업을 통하여

13) 知足不辱 知止不殆(『道德經』 第44章).

번영을 누린 영국에서 산업혁명이 발생되었다는 사실은 결코 우연한 것이 아니다.

해양국의 상인들은 상업을 통하여 부를 축적하였다. 부를 축적하는 과정에서 상인들은 상업적인 필요에서 추상적인 숫자를 다루게 되었고, 구체적인 사물을 다루기도 했다. 숫자를 다루면서 수학과 수학적 추리를 발전시켰고, 구체적인 사물을 다루는 과정을 통해서는 새로운 기술의 필요와 개발을 이룩하였다.

『여씨춘추』 상농편에서 농부의 생활이 상인의 그것보다 더 우월하다고 해서 농민이 총명하다는 말은 아니다. 비록 상인이 부패하고 교활할지는 몰라도 그들은 세련되고 꾀가 많을 뿐만 아니라, 그들은 변화에의 적응 능력이나 새로운 수요에 따라가려는 정신이 과학을 발달시킨 것이 사실이다. 이 점은 높이 평가되어야 한다. 그러나 그것이 만능도 아니고 최선도 아니라는 역사적 사실에 우리는 유의하지 않으면 안 된다.

3. 동아시아의 문화와 그 특성

문화란 자연의 상대적 개념이다. 그러므로 자연 상태로부터 인위적인 개발로서의 발달 여부를 가늠할 수 있는 유일한 척도는 그들이 어느 정도 자연 상태로부터 벗어났으며, 따라서 어느 정도 동물계로부터 벗어났는가에서 찾아 볼 수 있다.

그러나 비록 자연 상태나 동물계로부터 벗어난 정도에 따라서 문화를 평가할 수 있다고 하더라도 그것이 문화적인 의미를 지니기 위해서는, 특정한 곳에 사는 사람들이나 한 무리의 사람들이 공동으로 누리거나 아니면 많은 사람들이 합리적이라고 생각해야 한다.

만일 어떤 문화가 특정 지역이나 민족과 사회단체를 뛰어 넘을 수 있는 성격을 지닌다면 우리는 그것을 문화의 보편성 또는 문화의 세계성이라고 한다. 그렇지만 문화가 세계성(보편성)을 지니기 위해서는 반드시 특수성을 지녀야만 한다.

인간은 어떤 가능성을 개척하면서 환경에 대하여 선택적으로 생활하는 가운데 이른바 문화라는 것을 형성시켰다. 환경은 수동적이고 어떤 가능성의 외형에 지나지 않으나 발전에 제한을 주기도 한다. 그러므로 발전에 능동적인 것은 오히려 문화며, 그 속에 담겨 있는 결정력이라 할 수 있다.[14]

이처럼 인간이 그들의 생존 문제를 해결하기 위해서 누적시켜 온 경험적 유산으로서의 문화는 시간·공간·인간의 3자가 상이한 데서 차이가 나기도 한다. 그러나 인간은 교류와 학습을 통해서 그 차이를 해소한다. 그러므로 상이한 문화는 상이한 생활 경험과 생활 방식 속에서 형성된다고 할 수 있다.

이처럼 시간과 공간 그리고 인간에 의해 형성·발전된 문화는 이들 3자가 구별되는 것만큼이나 차이를 가진다. 예를 들면, 우리나라에서 머리를 쓰다듬어 준다는 것은 상대방에 대한 애정을 표현하거나 칭찬하여 주는 행위이지만, 동남아에서는 상대방을 모욕하는 행위가 되며, 우리나라 아가씨들이 입을 손으로 가리고 웃는다는 것은 여성다운 정

14) 李光奎 譯, 『文化人類學入門』, 乙酉文化社, 1974, 147-148쪽.

숙한 태도가 되지만, 구미에서는 상대방을 깔보는 행위가 된다. 우리나라의 젊은이들은 술에 취했을 때 곧잘 어깨동무를 하지만, 구미에서는 동성연애를 하는 행위로 오해받기도 한다.

그리고 동아시아에서 용(龍)은 상서롭고 풍요로움을 상징하지만, 서양에서는 영웅이 나타나 퇴치해야 되는 상징물이다. 뿐만 아니라, 우리의 용은 물속 땅속 그리고 하늘을 날아가는 신비스런 존재이지만, 서양의 용은 불 또는 어둠과 깊은 관련을 맺고 있다. 그래서 동아시아의 용이 사는 곳은 물이지만, 서양은 바위의 깊은 동굴 속이다.[15)]

동아시아의 문화는 동아시아인의 생활 경험과 생활 방식에서 형성되

---

15) 韓國文化象徵辭典編纂委員會, 『韓國文化 상징사전』, 東亞出版社, 1992, 485-490쪽 참고. 또 용에 관한 재미있는 기록을 소개하면 다음과 같다. "용은 새끼 아홉 마리를 낳는데, 모두 용이 되지 못한다. 첫째는 비희(贔屭)이니 그 모양이 거북처럼 생겨 무거운 것을 잘 짊어지므로 지금 비석의 받침돌인 귀부(龜趺)가 곧 그것이다. 둘째는 치문(鴟吻)이니 성질이 멀리 바라보기를 좋아하므로 지금 지붕 모퉁이에 얹는 짐승이 곧 그것이다. 셋째는 포뢰(蒲牢)이니 울기를 잘 하므로 종을 매어다는 끈을 이루고 있는 것이 곧 그것이다. 넷째는 폐안(狴犴)이니 모양이 호랑이와 비슷하므로 옥문(獄門)에 세워 놓고, 다섯째는 도철(饕餮)이니 성질이 먹기를 잘 탐내므로 솥뚜껑에 새겨 놓고, 여섯째는 공하(蚣夏)이니 성질이 물을 좋아하므로 다리 기둥으로 세우고, 일곱째는 애자(睚眦)이니 성질이 죽이기를 좋아하므로 칼자루에 새겨 놓고, 여덟째는 금새(金猊)이니 그 모양이 사자처럼 생겼고 성질이 연화를 좋아하므로 향로에 새겨 놓고, 아홉째는 초도(椒圖)이니 그 모양이 소라처럼 생겼고 성질이 닫기를 좋아하므로 문간에 새겨 놓는다"고 했으니 우리가 주위에서 흔히 볼 수 있는 구조물들에 새겨져 있는 용의 조각을 이해하는 데 도움이 될 듯하여 좀 지루하지만, 여기에 옮겨 놓았다.(尹在瑛 譯, 『熱河日記』 제3권, 博英社, 1982, 224-225쪽) 참고.

었으므로 서양의 그것과 구별되는 특성을 지닐 수밖에 없었다. 예를 들면, 동아시아의 그림(동양화)에 있어서 전형적인 주제는 산수다. 그것은 자연 속에서 농업을 생업으로 한 것과 무관하지 않다. 그리하여 삶의 터전으로 가장 이상적인 조건은 배산임수(背山臨水)였다. 산을 등지고 물을 바라보는 위치의 집터를 제일로 여겼다.[16]

그러나 서양화의 전통적인 주제는 사람이다. 상업을 생업으로 했던 서양인들은 산이나 골짜기의 물보다는 교역으로 만나고 보내는 사람들이 더 중요했을 뿐만 아니라, 만나고 헤어진 사람들에 대해서 관심을 가지지 않을 수 없었다.

산수를 주제로 한 동아시아 회화의 형식은 저절로 자연적으로 되었고, 인물을 주제로 한 서양화의 형식은 당연히 인위적일 수밖에 없었을 것이다. 재료에 있어서도 인제나 신수는 신수었으니 간단히게 표현할 수 있었기에 단순한 묵화로 발달했다.

---

16) 우리 민족은 산과 물에 대해서는 일종의 종교적인 신앙을 가지고 있었다. 그 같은 사실은 단군신화에 잘 나타나 있다. 단군신화에서 산은 천제(하느님)가 하강한 곳이자 세계의 중심임을 상징한다. 물은 생명의 근원이며 재생을 상징할 뿐 아니라, 정화력과 생산성을 의미하기도 한다. 우리만 그런 게 아니다. 고대 중국인들은 산을 특별히 숭배하였다. 그들의 우주관에서 산은 황제와 같은 통치적 등위를 가지며, 우주의 질서와 영속성을 상징한다. 그리고 물은 그 별칭인 옥액(玉液) 또는 감로(甘露)와 같이 신이나 신선이 마시는 성스러움을 뜻하기도 한다. 일본인들도 산을 신의 세계로 인식하고 있다. 아마노카구야마(天香具山)라는 신화의 산은 신들의 공간이었고, 물은 우리의 목욕재계와 같은 미소기(禊)라는 관습이 있는 것으로 봐서 정화력 내지 생산력으로 이해하고 있는 것 같다(韓國文化象徵辭典編纂委員會, 위의 책, 산과 물 부분 참고).

그러나 서양은 동태적인 인물을 그리다 보니 처음에 복잡할 수밖에 없어서 다양한 유화를 사용하게 됐을 것이다. 창작과정에 있어서도 동아시아 회화는 몇 개의 획으로 산과 들을 표현할 수 있었으므로 결단적이지만 서양화는 한 두 번의 붓 칠로 사람의 윤곽과 표정을 나타내기 쉽지 않아 반복적이 될 수밖에 없었을 것이다.

음악의 경우도 그렇다. 동아시아 악기들은 대부분 상징적인 의미를 지니고 있다. 『문헌통고 文獻通考』라는 책에 거문고(琴)는 그 길이가 3자 6촌 6푼인데 그것은 일년 366일을 뜻하고 13줄은 1년 12달에 윤달이 있어 13개월을 상징하는 것이라고 적혀 있다. 그리고 '금(琴)'자는 '금(禁)'자와 같은 음이므로 금지의 의미가 있다고 한다. 거문고는 사악한 마음을 금지하고 몸과 마음을 청결하게 하는 악기이기에 그것을 연주하는 사람은 먼저 목욕재계하고 분향한 후, 정좌한 다음에 연주함으로써 자신의 내면을 정리하였다고 한다. 부부금슬(夫婦琴瑟)이 좋다고 할 때 남녀는 몸과 마음이 청결하게 만나야 부부 사이가 좋다는 의미를 지닌다.

또한 북은 한 번 칠 때마다 사기가 생겨나므로 축제 때나 진군할 때 단결 의지와 사기 진작의 필요에서 사용되었다. 88서울올림픽 때 7마리의 소가죽으로 만든 대형 북을 치며 스타디움으로 진입한 것도 그런 이유에서였다. 이는 서양에서 올림픽을 개최할 때 팡파르를 울리는 것과는 다르다.

그리고 금속악기인 종(鍾)은 속이 비어서 소리를 내는 악기이므로 '공(空)'과 같은 의미로 통했다. 그러므로 종은 사람들의 마음을 비우고(虛心), 화합과 성실을 가르쳐주는 악기였다.

이처럼 동아시아의 악기들은 그 하나하나가 정치사회적이면서도 수도의 의미를 지니고 있었다. 때문에 예로부터 나라를 다스리는 치자들은 마음을 다스리고 군신 간에 화합하려는 수단으로써 악기를 소중하게 여겨 궁중에서는 아악이 중시되기도 했다. 선비도 예외는 아니어서 한두 개의 악기를 다루거나 노래를 불러 거칠어진 심정을 달랬던 것이다.

뿐만 아니라, 동아시아의 음악은 서양 음악과는 달리 단조로우면서도 비인공적인 것을 특징으로 하고 있다. 때문에 동아시아의 음악은 서양 음악처럼 '심포니 홀' 같은 공간에 갇혀 있기를 거부하고 시냇가나 바위 위에서 자리를 같이 함으로써 자연과 통했다. 비록 그것은 오케스트라처럼 복잡하지도 않고 수학적인 정확성도 없지만, 듣는 사람들로 하여금 쉽게 정서적인 화해감을 공유케 한다.

그러나 화려한 심포니 홀에서 수천 명을 상대로 연주하는 서양의 오케스트라는 웅장하고 요란하다. 각종 악기는 경쾌하기도 하고 정중하기도 하지만, 들으면 들을수록 사람을 편안케 하는 동아시아의 음악과는 달리 청중을 극도로 긴장시키고 있다. 한 악장이 끝날 때까지 기침 한번 제대로 할 수 없을 만큼 사람을 구속하고 있다. 그건 서양음악이 가지는 복잡성과 수학적인 조직성 때문일 것이다.

의학의 경우에도 동아시아와 서양은 같지 않다. 동아시아의 의학에서는 인체를 하나의 우주 및 유기체로 간주하고 몸 전체의 균형을 가장 중시한다. 인체를 음과 양의 두 부분으로 이루어졌다고 파악하고 음과 양의 소통이 이루어지지 않으면 발병하는 것으로 이해하고 있기 때문에 치료란 그 기능의 평형을 회복시키는 일이었다. 때문에 이러한 평형 상태를 유지 내지 예방한다는 점에서 예방의학적 사상은 인체를 하나의 우주 내지 유기체로 파악하고 있는 동아시아인의 자연관과 분리하여 생각할 수 없는 특징을 지니고 있다.

그러나 서양의학은 신체를 각각의 기관이 모여서 이루어진 것으로 보고 있기 때문에 질병이란 각 기관에 장애가 일어나는 것으로 파악하고 있다. 그리하여 동아시아의 의학이 유기체론적인데 반하여 서양의학은 원자론적 사고에 근거를 두고 있다는 점에 다르다.

동아시아의 의학에서 가장 오래됐다고 하는 『황제내경 黃帝內經』은 전통적인 음양오행 사상을 의학에 연계시키고 있는데, 여기서는 오장육부가 서로 유기적 관계를 가지고 있으며 오장은 각각 목·화·토·금·수의 오행에 상응하는 것으로 파악하고 있다. 그리고 사람이 병에 걸리는 것도 밖으로부터 바람(風)·차가움(寒)·더위(暑)·습기(濕)·사기(邪氣)가 몸속으로 침입했기 때문이라고 풀이하고 있다. 또 인체는 경락으로 잘 연결되어 있는데 그 가운데 가장 중요한 곳은 365개의 경혈로 연결돼 있다고 한다.17)

신체를 원자론적인 사고에 의해 이해하고 있는 서양 의학에서는 진찰을 할 때도 아픈 부위를 중심으로 진단하고 있지만, 유기체적인 것으로 이해하고 있는 동아시아 의학에서는 손목 한 곳을 진맥함으로써 병인과 병상을 파악하고 있다. 그리하여 편작(片鵲)도 진찰법으로 ①

---

17) 고대 중국에서 만들어진 의서 중 가장 오래됐다는 『황제내경 黃帝內經』이란 책의 건강수칙에 관한 주요 내용은 다음 세 가지로 요약할 수 있는데, 첫째, 마시고 먹는 데는 절도가 있어야 하고(飮食有節), 둘째, 자고 일어나는 데는 일정한 시간이 있어야 하며(起居有常), 마지막은 쓸데없는 마음의 번뇌와 고민은 짓지 말라(不傸作勞)는 건강수칙은 지극히 평범한 이야기들이지만, 지키기는 결코 쉽지 않다.

안색과 혀의 검사를 포함한 환자의 신체 상태의 점검(望), ② 청진 및 냄새를 맡는 일(聞), ③ 환자의 병력을 묻는 일(問), ④ 맥 짚기(切) 등을 말하고 있다.

한편 붓과 펜은 사람이 만들었다는 점에서는 같으나 짐승의 털을 대나무에 끼워 만든 붓은 자연스러운데 반해 펜은 지극히 인공적이다. 펜은 휴대가 간편하고 편리하나 붓은 그렇지 않다. 펜은 같은 크기의 자획만을 토하는데 붓은 사용자의 뜻대로 크기와 농담 그리고 강약을 달리 한다.

조금의 오차도 허용치 않는 것은 합리주의의 특징이다. 서구에서 과학이 발달할 수 있었던 것이 정확성을 생명처럼 여기는 합리주의 덕분이라면, 정확하지는 않지만 융통성이 뛰어난 것은 온정주의라고 할까? 그러한 사실은 우리나라의 한복이나 문풍지에서도 찾아볼 수 있다. 어찌됐든 동아시아는 합리적이지 않은 것만은 사실이다. 동아시아인들은 심정적으로 정확히 따지고 조이는 것을 싫어한다. 이것이 서양과의 차이라면 차이일 것이다.

4. 동아시아의 혼례와 의식

동아시아에서는 흔히 결혼을 일러 이성의 결합이며 만복의 근원이라고 한다. 달리 말하면, 성이 다른 한 남성과 한 여성의 결합으로 이루어지는 것이 결혼으로서 결혼이야말로 인간이 추구하는 만복의 근원이 된다는 것이다. 또 결혼은 자손만대의 시작이라 했는가 하면, 군자의

도리는 부부에서부터 시작된다고도 했다.[18]

실로 부부가 없이는 부자가 있을 수 없고, 형제도 있을 수 없으며, 더 나가서는 군신과 붕우도 있을 수 없다. 그러므로 부부관계의 성립이야말로 인간이면 지키지 않으면 안 되는 도리인 윤리가 성립되는 출발점이 된다. 맹자도 남녀가 가정을 이루는 것은 사람이 되는 최대의 윤리라고 했다.[19] 그가 대륜(大倫)이라고 대자를 붙인 것은 부부의 일륜(一倫)을 다른 4륜보다 더 중요한 것으로 보았기 때문이다.

사실상 당시 사회윤리로서의 오륜[20] 중에서 만일 부부의 일륜(一倫)이 자리 잡히지 않으면, 부자와 형제의 인륜도 근본적으로 성립될 수는 없다. 인간관계(人倫)가 밝지 못한 시대에는 자녀는 단지 누가 어머니인가는 알았어도 누가 아버지인지는 분명하지가 않았다. 사실상 아버지를 통한 혈연이 어머니를 통한 혈연만큼 강하고 확실하지는 않다. 아버지와 자식간의 유대는 정신적·육체적 양면의 특성을 전해 준다는 면에서 어머니와 자식간의 유대만큼 긴밀할 수는 없을 것이다. 아버지와의 혈연은 어머니의 혈연관계만큼 명확하지 못하다. 특히 난혼의 시대와 이혼이 잦은 사회에 있어서는 더욱 그렇다.[21]

---

18) 君子之道 造端乎夫婦(『中庸』 第12章).

19) 男女居室 人之大倫也(『孟子』 萬章上).

20) 오륜은 동물의 속성에서 힌트를 얻었다는 이야기도 있다. 군신관계는 여왕벌을 위해 수많은 일벌이 꿀을 따는 데서, 부자관계는 임신한 호랑이는 사방 10리 안에서는 다른 짐승을 잡아먹지 않는다는 데서, 부부관계는 말은 절대로 새끼들과 교미하지 않는다는 데서, 붕우관계는 개미가 자기 몸보다도 더 큰 먹이를 함께 나르는 데서 그리고 장유관계는 철 따라 움직인 경험이 많은 기러기가 대오를 이루며 나는 데서 배운 것이라는 것이다.

정상적인 부부관계가 있어야 비로소 정상적이면서도 건전한 가정이 이루어질 수 있으니, 남녀가 가정을 이루는 것이 대륜이라고 한 맹자의 말은 옳다고 하지 않을 수 없다. 그래서 책 중의 책이라고 하는 『주역』에는 다음과 같이 적혀 있다.

> 천지가 있은 뒤에야 만물이 있고, 만물이 있은 뒤에야 남녀가 있고, 남녀가 있은 뒤에야 부부가 있고, 부부가 있은 뒤에야 부자가 있으며, 부자가 있은 뒤에야 군신이 있고, 군신이 있은 뒤에야 상하가 있고, 상하가 있은 뒤에야 예의가 성립될 수 있다.[22)]

그리고 『예기 禮記』는 부부의 관계가 얼마나 중요한가에 대해 다음과 같이 밝히고 있다.

> 남녀(부부) 간에 분별이 있은 뒤에야 부자 간에 친함이 있고, 부자의 친함이 있은 뒤에야 군신 간에 의리가 있고, 군신 간에 의리가 있은 뒤에야 상하의 구별이 있고, 상하의 구별이 있은 뒤에야 예의가 이루어진다. 예의가 이루어진 뒤에야 만물이 안정된다. 분별이

---

21) 아버지를 가려내는 데 치명적인 결함이 되는 풍습들이 지금도 세계 도처에 상존하고 있다. 예를 들면, 티베트는 일처다부제가 보편화되어 있고, 베두인족과 중국의 여러 지역의 남자들은 거의 매년 이혼과 재혼을 되풀이 하는 경우가 있는데, 이런 사회에서는 아버지를 가려내는 데는 치명적인 어려움이 있게 된다. 적어도 DNA검사가 그들 지역에 보편적으로 실시되기 전까지는 말이다.

22) 有天地然後 有萬物 有萬物然後 有男女 有男女然後 有夫婦 有夫婦然後 有父子 有父子然後 有君臣 有君臣然後 有上下 有上下然後 有所錯(『周易』 序卦 第10).

> 없고 의리가 없는 것은 금수의 길이다.[23]

생리적인 면에서 볼 때, 인간은 동물과 같다. 다르다면 정신적인 것뿐이다. 인간은 다른 동물과는 달리 합리적으로 사고하고 이성적으로 행동한다. 물론 그렇지 않을 때도 있다. 그러나 합리적 사고와 이성적 행동은 다른 동물의 세계에는 존재하지 않는다. 이 같은 사고와 행동은 저절로 형성되고 발전되지 않는다. 인간적인 노력을 통해서 가능하게 된다. 그래서 맹자는 교육이 필요하다고 했다.

> 배불리 먹고 따듯하게 입으며 편안히 살면서 가르치지 않으면 짐승과 가깝다. 성인은 이것을 우려하여 설(契)로 하여금 사도를 삼아 인륜을 가르쳤다.[24]

맹자는 사람이 동물과 다른 점을 윤리에서 찾고 있다. 윤리에 대한 필요성은 인류의 경험에 근거하고 있다. 최초의 남녀들은 동물과 다르지 않았다. 원초적인 성욕에 따라 남녀가 만나고, 그것이 없어지면 헤어지는 것은 동물과 같았다. 인간의 독점욕과 소유욕은 다른 동물에 비해 훨씬 강하다. 여기서 투쟁이 일어나고 심지어 살인이 발생하게 되었다.

이 같은 경험은 '남녀는 마땅히 구별이 있어야 한다'는 사실을 깨닫

---

23) 男女有別 然後父子親 父子親然後義生 義生然後禮作 禮作然後萬物安 無別無義 禽獸之道也(『禮記』 特效牲).

24) 飽食暖衣 逸居而無教 則近於禽獸 聖人有憂之使契爲司徒 教以人倫(『孟子』 滕文公上).

게 되어 비로소 남녀간의 질서와 안정을 위한 원칙과 규범을 만들게 되었다. 이것이 곧 남녀유별이 강조되게 된 배경이었다. 그리고 남녀유별을 제도화 내지 형식화시킨 것이 결혼이다.[25)]

사실상 인간은 결혼을 통해서 개개인이 가족이라는 소단위의 집단을 이룰 수 있는 권한을 부여받게 되었고, 종족이라는 대집단을 유지하는 데 적극적으로 참여하게 되었다. 인간은 먼 옛날부터 결혼을 출생이나 사망과 마찬가지로 인생의 결정적인 순간의 하나로 여겼다.

때문에 사람들은 이 중대한 결정적인 순간을 기념하기 위해 가장 엄숙한 의식을 치르게 되었다. 모르긴 해도 인간이 만들어 낸 제도 중 결혼제도야말로 가장 오래된 제도일 것이다. 그래서 『주역』에서는 부부의 도리는 오래가지 않으면 안 된다고 했는지도 모른다.[26)]

그렇다면 결혼은 어떻게 성립되는가? 이에 대한 설명은 이렇다. 혼례는 아내를 맞는 예로 아내를 맞는 데는 반드시 일몰을 택하므로 혼(昏)이라고 하는데, 그것은 양(陽)이 가고 음(陰)이 온다는 것을 뜻한

25) 이 같은 이유에서 결혼이 중요하게 여겨졌지만, 결혼에 대한 경향은 반드시 그렇지만도 않은 것 같다. 최근 연세대학교 발달심리학연구실에서 성인 821명을 대상으로 설문조사한 '한국사회의 세대집단과 라이프스타일' 연구 결과를 보면, 20·30대는 기성세대와 결혼관 및 가치관이 크게 달라졌음을 알 수 있다. '결혼을 하지 않더라도 얼마든지 남녀가 같이 살 수 있다'란 견해가 20대 63%, 30대 59%로 나타났다. 그러나 40대는 24%, 50대는 10%에 불과했다. 이에 비해 '결혼할 나이가 되면 반드시 결혼해야 한다'에 대한 동의는 20대 38%, 30대 36%에 그쳤지만, 40대 60%, 50대 73%로 조사되어 기성세대의 전통적 결혼관이 무너지고 있음을 보여주고 있다(조선일보, 2003. 1. 16 제14면).

26) 夫婦之道 不可以不久也(『周易』 序卦 第10).

다. 그리고 6례에 대한 설명은 다음과 같다.

① **납채**(納采) – 혼인을 하기에 앞서 양가가 혼인의 합당 여부를 알아보기 위해 남자 쪽에서 중매인을 여자 쪽에 보내 탐문한 결과 만일 합당할 경우 기러기를 사용하는 예이다. 기러기를 사용하는 까닭은 남녀 쌍방이 실절·실시하지 않는다는 것을 뜻하기 때문이다.

② **문명**(問名) – 납채가 끝난 후 여가에서 동의하면 재차 기러기를 가지고 여자의 생년월일 및 성명과 관향을 알아보는 예로 이 때는 동성은 아내로 들이지 않으며(不取同姓), 아내로 맞아들이지 않는 다섯 가지(五不取)를 살피는데 아내로 삼아서는 안 되는 다섯 가지는 역적 집안의 딸, 음란한 집안의 딸, 대대로 형벌을 받은 집안의 딸, 대대로 나쁜 병이 있는 집안의 딸, 아버지가 없는 맏딸 등이다.

③ **납길**(納吉) – 이미 문명의 예가 있은 후 여자 쪽의 팔자를 묻는 예이다.

④ **납징**(納徵) – 빙재(聘財)를 드리는 예로 이 절차가 이루어지면 혼약이 결정된 것을 뜻한다. 이 때 남자는 금전과 패물을 바쳐야 하는데, 이것은 여자의 몸을 사서 취한다는 것이 아니라, 의례적인 선물이었다. 그리고 자녀가 태어나서 자란 후에야 비로소 남자는 여자를 자기 집으로 데려올 수 있었는데 이것은 곧 사위가 처가에 머무는 모계사회의 유습인 것이다.

⑤ **청기**(請期) – 남가에서 결혼 날짜와 예물을 준비해서 여가에 알리면 이를 여가가 접수함으로써 결혼 날짜가 확정된다. 이상이 5례에 대한 설명이고 마지막으로 남자가 여자를 맞이하는 절차가 곧 친영이다.

⑥ **친영**(親迎)－신랑이 부모의 분부에 따라 여가에 가면 신부의 부모가 문 밖에서 맞이하는데 이때 신랑이 여가의 사당에 전안한 후 신부의 수레를 타고 문밖에서 기다리면 신부가 나오고 신랑은 신부를 태워 집으로 돌아오는 절차이다.

결혼의식과는 직접적인 관계는 없으나 남자인 경우는 16세를 전후하여 관례(冠禮)를 치렀고, 여자는 14세를 전후하여 계례(笄禮)를 치렀다. 이는 지금의 성년식과 같으며, 조선조에서는 사대부 이상에서 시행되다가 차츰 일반화되었는데, 관례란 관(冠)을 쓰는 예식이란 뜻으로 이때부터 관을 쓰고 이름 외에 자(字)를 지어 불렀다. 여자의 경우는 비녀를 꽂는 예가 계례인데 머리를 쪽지고 비녀를 꽂고 시집갈 준비를 하는 예이다. 이 외에도 정혼례라는 것이 있다.

① **배당**(拜堂)－혼례 중 남녀가 공동으로 천지신명과 조상에 제사지내는 종교적인 의례로 남녀의 결합을 고하고 이를 인정해 달라는 의미를 띠고 있다.
② **옥관**(玉盥)－부부가 목욕하여 청결케 함으로써 오욕과 악운을 씻어버림으로써 새로운 시작을 알리는 의례이다.
③ **대석**(對席)－신혼부부가 서로 절하는 교배(交拜)의 예를 마친 후 마주 앉음으로써 상대해야 하는데 상대하지 않으면 대석은 이루어지지 않는다.
④ **동뢰합근**(同牢合巹)－동뢰는 신혼부부가 함께 먹는 동식이며 합근은 부부가 같이 마시는 동음을 말하는데, 이는 부부의 공동생활을 뜻한다. 일상사에 있어 가장 중요한 것은 음식이기 때문에 음식으로써 부부가 생활상의 일신동체임을 상징하는 것

이다.

⑤ 준여설임(餕餘設衽) – 합근이 끝나면 설임으로 들어가는데 신랑이 옷을 벗으면 신부가 이를 받아 놓고, 신부의 옷은 신랑이 받아 놓고 남겨놓은 음식(餘饌)을 함께 먹은 후 화촉동방에 들어가게 된다.

혼례가 엄숙한 의식을 갖기까지는 상당한 세월이 지난 후의 일이었다. 최초 인류의 남녀생활은 자유스러웠으나 질서가 없어서 난혼(promiscuity) 상태였다. 그것은 후일 동족간의 내혼(endogamy)과 이족 간의 외혼(exogamy)으로 진행되었다. 당시의 내혼과 외혼은 그 대부분이 단체혼(group marriage)이었다.

그러나 혼속이 정착되고 혼인의 절차가 중시됨으로써 혼인의 신성성과 사회성이 강조되었다. 혼속에는 다처제가 있는데 이는 고대 왕실이나 귀족들 사이에서는 보편적으로 있었던 현상이다. 다처제의 주요 원인은 후사에 대한 원망에 기인한다. 민간에서도 아내가 출산을 못하는 경우나 남아를 출산하지 못하는 경우 재취함으로써 일부다처가 되었다.

결혼에는 남녀의 결합이 완전한 인간성의 달성에 있어서 필요불가결한 것으로 간주된 데도 그 원인이 있었지만, 종족의 계승이라는 점이 더 중시됐기 때문인지도 모른다.[27] 때문에 무후(無後)가 큰 불효로 간주됐는가 하면, 여인들은 아들을 낳지 못하면 무자거(無子去)로 출처

27) 『탈무드』에서는 "결혼하지 않은 사람은 완전한 의미에서 사람이 아니다"라고 했는가 하면, 고대 그리스와 로마에서도 결혼을 하지 않고 있는 것은 가족신에 대한 불경스런 모독으로 간주되었다. 특히 그리스의 도시국가에서는 독신생활은 법에 금지되어 있거나 모종의 형벌을 받기도 했다.

(黜妻)되기도 했다.[28)]

특히 7거 중 아들을 낳지 못하는 경우, 음란하여 낳은 자식에 대한 혈통상의 순수성을 보장할 수 없을 경우, 질투가 심해 처첩을 거느릴 수 없을 경우, 나쁜 병이 있어 건강한 아들을 낳을 수 없는 경우 등은 모두가 대를 잇는 후사 문제와 연관된 것들이었다.

그러나 오늘날의 결혼에서 이 같은 규범과 태도는 받아들여지지 않고 있다. 왜냐하면 작금의 결혼은 거의 전적으로 개인적인 선택과 결정으로써 집단 전체의 엄숙한 사건이라기보다는 개인간의 직접적인 합의에 따른 것으로 보기 때문이다. 현재는 결혼을 하나의 계약에 불과한 것으로 보고 계약자유의 원칙에 따라 결혼의 자유와 더불어 이혼의 자유도 있다는 인식이 확산되고 있는 실정이다.

---

28) 유교의 규범에 '칠거지악(七去之惡)'이라 해서 아내를 내쫓을 수 있는 다음과 같은 일곱 가지가 있다. 즉, 부모에게 순종하지 않는 것(不順父母去)·자식을 못 낳는 것(無子去)·행실이 음탕한 것(淫去)·질투하는 것(妬去)·나쁜 병이 있는 것(有惡疾去)·말썽이 많은 것(多言去)·도적질 하는 것(有竊盜去)이 그것들이다. 그리고 '삼불거(三不去)'라 해서 '칠거지악'에 해당되어도 내쫓지 않는 세 가지가 있다. 즉, 장가들 때는 거처가 있었으나 내쫓으면 돌아갈 곳이 없는 경우(有所取無所歸不去)·부모의 3년상을 함께 치렀을 경우(與更三年喪不去)·장가들 때는 가난하다가 뒤에 부귀하게 된 경우(前貧賤後富貴不去)가 그것이다. 그러나 재혼이 금지되었던 조선조에서는 내쫓긴 여인들의 양산을 막기 위해 부득이한 경우가 아니면 7거는 금지되었다. 다만 不順父母去와 淫去 외에는 거의 허용되지 않았다. 그리고 고종 때에 이르면 7거 중 無子去와 妬去가 제외되어 5거가 됐고, '三不去'도 자식이 있으면 출처할 수 없었기 때문에 4불거가 되었다. (장공자, "전통유가사상의 여성관에 대한 재조명", 「분단 평화 여성」 제16호, 민주평통 북한연구회, 2002, 참고).

그러나 후사 문제에 대한 전통적인 관념은 결과적으로 남존여비 사상과 남아선호 태도와 같은 성에 대한 편견을 야기하였는가 하면, 심지어는 기녀(棄女) 또는 폐녀(廢女)라고 하는 부도덕한 행위를 가책없이 행하게 하였다.[29)]

사실상 용감하고 사냥솜씨가 좋은 남자가 필요하고 또 그렇다 보니 건강한 남자 어린이를 가능한 한 잘 키우는 일이 모든 집단의 중요한 관심사가 됐을 것이라는 추측은 어렵지 않다. 그러나 여자 어린이를 키우는 일은 남자 어린이의 양육과 같은 관심사가 될 수 없었을 것이다. 까닭은 여자는 자급자족할 능력도 남자에 비해 훨씬 떨어지고, 몸을 움직여 집단 전체의 안전을 위한 전투나 공동의 음식물을 준비하는데 기여할 능력도 남자에 비해 떨어졌기 때문이다.[30)] 근력을 생활수단으로 삼았던 시대는 어쩔 수 없었겠지만, 오늘과 같이 두뇌의 힘으로 살게 된 사회에서는 이 같은 유습은 존속되지 않을 것이다.

인류는 일찍부터 남녀의 성비는 자연 조절되는 것으로 믿고 있었다.

---

29) 여자 아이를 버리는 기녀(棄女)나 죽이는 폐녀(廢女)의 관습은 세계의 도처에서 찾아볼 수 있는 현상이다. 일부 족외혼 종족의 경우, 첫아이가 딸인 경우를 제외하고는 모든 여아를 버리거나 죽이는 것을 관행으로 삼았다. 적들에게 둘러싸인 상태에서 별다른 재주나 솜씨도 없이 생계를 위해 허덕거리는 부족들에게 남아는 부족을 지키고 먹을 것을 찾는 힘의 원천이지만, 여아는 경제 활동이나 전쟁 수행에 별 도움을 주지 못하는 존재로 밖에 여겨지지 않았으므로 이 같은 잔인한 풍습이 생겨나게 되었던 것이다. 그리고 기녀와 폐녀의 풍습은 결과적으로 남녀 성비를 파괴시킴으로써 약탈혼이 생기게도 했다.(김성숙 옮김, 『혼인의 기원』, 나남, 1996, 78-79쪽 참고).

30) 김성숙 옮김, 위의 책, 91쪽.

그러나 자연조절이 아닌 인위적인 불균형은 역시 인위적으로 조절되는 경우가 많았다. 남자가 조금 많을 경우에는 전쟁을 통해 조절하거나 약탈로 해결하는 경우가 지배적이었고, 여성이 유난히 많은 경우에는 이슬람의 경우처럼 일부다처제로 해결하기도 했다.

그러나 일부일처제가 정착된 근대사회에서는 그런 인위적인 조절은 기대하기 어렵게 되었다. 더욱 성감별로 이루어지고 있는 성비의 불균형은 해소하기 어려운 것이 현실이다. 성비 불균형이라는 부도덕한 현실이 해소되지 않는 한 그것은 분명 심각한 인재가 될 것이다.

위에서 언급한 결혼의 풍속들은 조상숭배·후사중시·부부화합·부부유별·장자존중·일족의 화목이라는 동아시아의 윤리적인 전통으로부터 형성 발전된 것이다. 그리하여 동아시아인의 전통적인 결혼은 오늘날처럼 계약자의 자유의사에 따라 성혼 여부가 결정되는 것이 아니라, 제사를 받드는 것과 대(代)를 잇는 것(奉祭祀 嗣後事)의 책임을 수행하지 않으면 안 되는 상황 속에서 자의반 타의반으로 이루어졌다. 이렇게 성립된 결혼은 인륜의 대사로 자의에 따른 이혼은 쉽게 이루어질 수 없는 것이 동아시아 문화의 전통이었다.

5. 가족제도의 전통과 예상되는 가족형태

동아시아에서 산업화가 진행됨에 따라 과거의 가족제도는 무너지고 그 제도를 합리화시킨 유가사상도 쇠퇴한 것 또한 사실이다. 그러나 유가의 생활 이념마저 없어졌다거나 쇠퇴할 것이라는 판단은 착오라 하겠다. 왜냐하면 그 이념을 통해 구현하고자 하는 이상 자체는 변할 수 없기 때문이다.

이처럼 시대의 변화에 따라 가족제도의 구조 내지 성격도 변할 수밖에 없다. 왜냐하면 건전한 사회와 국가는 건전한 가정을 그 구성단위로 할 때만 가능하기 때문이었다. 그래서 『대학 大學』의 첫 머리에 가정이 제 모습을 지닌 후에야 나라는 다스려진다고 하였다.[31] 그리고 『대학』에는 이런 말도 있다.

> 한 집이 인을 행하면, 한 나라 백성이 따라 인을 행하며, 한 집이 예양을 하면 한 나라 백성이 따라서 예양을 한다.[32]

이 말은 한 나라의 근본이 가정에 있다(國之本在家)는 것으로써 나라의 본질적인 문제가 곧 한 가정 가정에 연결돼 있음을 뜻한다. 사회의 기본 단위로 인식되어 온 가족제도란 상속제도·분가제도·가장권과 주부권을 포함한 일종의 체계를 뜻한다. 가장이 자녀들에게 재산을 상속하는 관례는 개별 가족의 사정·지방의 풍속·사회적 지위·개별 가족의 재산 등에 따라 다르다.

그러나 과거 우리나라를 포함해서 동아시아에서는 일반적으로 형제가 둘이면 장자가 가산의 3분의 2를 받고, 차자는 3분의 1을 받는다. 아들이 3형제일 경우는 장자는 2분의 1을 갖고 차남과 3남은 나머지

31) 物格而后知至 知至而后意誠 意誠而后心正 心正而后修身 修身而后家齊 家齊而后國治 國治而后天下平(『大學』 1章).

32) 一家仁 一國興仁 一家讓 一國興讓(『大學』 9章).

반을 균등하게 분배하여 갖는다. 아들이 4형제일 경우는 장자가 3분의 1을 갖고, 그 나머지를 세 아들이 갖는데 이를 '장자우대불균등상속(長子優待不均等相續)'이라 한다.

적어도 전통적인 동아시아에 있어서 가정의 보편적인 기능이란 자녀 교육과 경제적인 협력이었다. 과거 서양의 가정이 종교지식과 종교의식의 중심이었다면, 동아시아의 가정은 생리적·경제적·종교적인 것 외에도 정치적인 요소를 포함하고 있었다. 그리하여 가족 구성원간의 불화를 해결하기 위한 가법(家法)이 있었다. 특히 사대부의 가정에서는 벼슬에 나가기 이전의 교육은 거의 가정에서 이루어졌다. 그러므로 가정은 수신과 경세에 관한 교육이 이루어지는 요람이기도 했다.

그러나 이 같은 기능을 수행했던 동아시아의 전통적인 가정은 산업화와 도시화의 진진에 따라 그게 번모할 수밖에 없었다. 그리히어 그 형태도 수대 동거의 대가족에서 핵가족 형태로 변하고 있다. 이처럼 전통적인 가족 형태는 산업화와 도시화의 정도에 따라 붕괴 정도를 달리함으로써 핵가족의 형태를 띠고 소인수화 또는 부부중심화의 특색을 보이게 되었다. 따라서 가장권이 현저하게 약화되어 이른바 물리적인 아버지는 있어도 심리적인 아버지가 없다는 아버지부재증(fatherless complex)을 낳게 했다. 엄부자모가 아닌 엄모자부란 말도 생겼다.[33]

33) 무명작가 김정현씨는 서울시경 강력계 수사관으로 13년 다니던 직장에 사표를 내던지고 '사람냄새 나는 세상'이 그리워 소설을 쓰기 시작한 작가였다. 주인공이 늦은 시간에 일에 시달리다 귀가하면 아버지를 기다리는 것은 아내의 무관심과 형식적인 응대, 태반의 시간을 어머니와 같이 할 수밖에 없는 자녀들의 원망과 따돌림이었다. 췌장암 말기 선고를 받고 아내와 자식들에게 알려지기를 끝내 거부하다가 마지막 자존심을 지키기 위

가족 형태가 변화함 따라 가정의 기능도 상당히 약화됐을 뿐만 아니라, 가족제도에 대한 낙관론과 비관론이 상치·대두되고 있다. 비관론은 가족이 해체될 것이라는 견해로 산업화가 될수록 직업을 가질 수 있는 기회가 많아지고, 여성들에게도 취업의 기회가 늘어 가족이 뿔뿔이 흩어지고 핵가족의 다 분열화로 가족이 파괴될 것이라는 것이다. 엥겔스 같은 사람은 이와는 또 다른 입장에서 가족의 해체를 예견한 바 있다.[34] 또한 정보화에 따른 재택 근무로 가족은 새로운 형태로 재창조될 것이라는 견해도 있다. 인간은 가족을 제거하는 것을 상상할 수는 있다.

그러나 어떤 사회도 가족을 없애지는 못했다. 1917년 10월 혁명 후, 소련에서는 가족을 없애려는 시도가 있었다. 그리하여 구비서류를 지방우체국에 제출하기만 하면, 여자들은 이혼할 수가 있었다. 그리고 임신한 여자가 어린아이를 분만함으로써 자유가 제한된다고 생각되면 낙태가 허용되기도 했었다.

그러나 사회가 안정되고 질서가 유지됨에 따라 소련의 지도자들은 가족의 필요성을 느낀 나머지 가족을 강화하고 가족에 대한 책임을 소

해 안락사를 선택했던 최루성 줄거리의 소설-『아버지』(문이당 간)가 1백만 부를 넘어 대형 베스트 셀러 행진을 구가했던 것은 왜소해질대로 왜소해진 가장에 대한 사회적 공감 때문이었을 것이다.

34) 산업화의 결과로 가족이 해체되는 경우 외에도 19세기 중엽 프리드리히 엥겔스(F. Engels)는 가족을 공산주의 현실과 더불어 사라지게 될 부르주아의 제도라고 규정한 바 있다. 그의 견해에 따르면, 여자는 남편으로부터 해방될 것이라는 것이다. 그래서 여자가 해방되고 어린이들을 공동체의 탁아소에서 양육하게 되면, 가족은 없어지게 된다는 것이 그의 견해이다.

홀히 하는 사람에 대해 제재를 가했다. 그 동안 현대 가정의 문제를 보완한다는 차원에서 각종 대안적 가정 형태가 서구사회 또는 사회주의 사회에서 제시된 바 있지만, 결코 성공하지는 못했다.

그러므로 금후의 가족에 대해 비관적이든 낙관적이든 간에 가족은 어떤 형태로도 남을 것이다. 비록 군사적인 방법에 의존해서 이루어진 혁명사회이건 유토피아 사회이건 간에 언제 어디서나 가족은 어떤 형태로든 남는다는 것이다.[35] 왜냐하면 인류가 존속하는 한 남녀는 만나서 부부관계를 이루게 되고, 그들 사이에서 자녀는 출생되기 때문이다. 다만 가정은 국가와 사회에 따라 다양한 형태와 기능을 가질 뿐 아니라, 그 형태와 기능은 변화할 것이라는 사실은 인정하지 않을 수 없다. 시대적 변천과 사회적 변화에 따라 가정이 그 본래의 기능을 적지 않게 잃은 것이라는 사실은 부정하기 어려울 것이다.

따라서 지금과 같은 핵가족 아래에서 가족들이 짧은 가정생활을 통해 사랑·유대감·책임감·성실성과 같은 것을 배우고 익힘으로써 인간답게 사는 방법과 태도를 지니는 것이 중요하다.[36] 아울러 가정에서

---

35) 이제 우리의 가정은 산업사회에서 정보화 사회로 진입하면서 재택 근무제가 확산되고, 이는 탈 가부장적 이데올로기와 맞물려 남성과 여성의 역할 공유 내지 역할 전환을 필연적으로 수반할 것이다. 특히 함께 보내는 시간이 증가함에 따라 여가 문화가 중요하게 부각될 것으로 보인다. 이러한 여러 가지 환경적 변화에 따라 독신 가구·동성애 가구·동거 가구·편모편부 가족·무자녀 가족·공동체 가족·수정핵 가족 등 다양한 가족 형태가 등장할 것이다.

36) 1970년대 세계 최고의 이혼율을 기록한 미국이 80년대부터 국가 차원에서 「건전하고 건강한 가정 유지 운동」(Strong Family Movement)을 전개하고 있는 것이나, UN이 1994년을 가정의 해로 정한 이유가 바로 개

습득한 민주적인 의식과 태도·도덕적인 신념과 가치관 그리고 건전한 소비생활 태도와 같은 것들을 학습하고 내면화시키는 것은 그 무엇보다도 중요하다.

과거 우리들은 전통적인 가정문화로서 음식·언어·의복·육아방식·가정의례 등에서 유의 유사한 가정문화를 가지고 있었는데, 지금은 그것을 거의 상실하고 있는 것이 사실이다.[37] 예의범절이나 의식에 있어서도 보더라도 서양인들은 관혼상제 등의 의식에서 자신들의 전통의식을 비교적 정확하게 잘 지켜가고 있는데 반해 동아시아, 특히 한국에서는 종교마다, 지역마다, 집집마다 다르니 어쩌면 가정문화 혼란시대에 살고 있다고 할 수 있을지 모른다. 그러므로 전통적인 가정문화에서 정체성을 찾아 그 가닥을 잡는 것이 무엇보다 중요하다고 하겠다.

아마도 정보사회에서는 재택 근무제가 확산되고, 이에 따라 탈 가부장적 이데올로기와 맞물려 남성과 여성의 역할 공유 내지 역할 전환이 필연적으로 수반될 것이다. 특히 기술 발달에 따른 자동화는 부부가 함께 보내는 시간을 증가시킴으로써 여가 문화가 중요하게 부각될 것이다. 그러나 가족 형태가 어떻게 변하더라도 동아시아인들이 가지는 전통적인 감정－가족의 기본구조로서의 본질은 계속 유지될 것이다.

사회제도로서의 가족제도를 정당화하고 합리화한 것이 동아시아의

인의 성장과 사회의 안녕 그리고 질서 유지가 가정이라는 사회의 기본적인 집단에서 이루어진다는 사실을 강조하기 위해서였다.

37) 과거에는 일가친척이 모이면 여성들에겐 아낙네 문화가 있었고, 남성들에겐 사랑방 문화가 있었다. 그러나 지금은 어른들은 모이면 먹고 마시고 고스톱 판이나 벌이고, 애들은 TV나 오락 게임에 몰두하는 것이 전부다. 아니면 노래방이나 찾아 한바탕 떠들어대는 것이 고작이다.

문화 내지 유가사상이라고 하더라도 가족제도가 발달한 동아시아에서는 도시국가(city state)로 출발한 서양과는 달리 가족국가(family state)라 할 수 있는 사회 조직을 가지고 있다. 도시국가에서의 사회조직은 비독재적이다. 왜냐하면 동등한 도시인 가운데 어느 한 개인이 다른 한 개인보다 우월하거나 더 중요할 아무런 도의적인 이유가 없기 때문이다.

그러나 가족국가의 사회조직은 가장의 권위가 다른 가족-자손들보다 우월하기 때문에 독재적이며 계서적으로 사회 전반에 걸쳐 서열의식이 중시되었다. 그렇기 때문에 민주주의의 보편적인 가치로서의 자유와 평등 그리고 인간적 존엄이 보편적인 가치로 받아들여지지 않았다. 이로 인해 동아시아 사회는 일찍이 민주주의적인 문화와 전통을 가지고 있었으면서 제제나 이념으로서의 민주주의는 발전할 수가 없었다.

참고문헌

『周易』·『史記』『書經』·『詩經』·『論語』·『中庸』·『大學』·『禮記』·『大戴禮記』·『孟子』·『荀子』·『道德經』·『莊子』·『韓非子』·『文獻通考』·『墨子』·『淮南子』·『列子』·『商子』·『呂氏春秋』·『春秋繁露』·『前漢書』·『四書索引』·『資治通鑒』·『孔子家語』·『孔叢子』·『春秋左傳』·『朱子大全』·『구약성경』

가노 나오키 / 吳仁煥 譯, 『中國哲學史』, 서울 : 乙酉文化社, 1988.

葛榮晉 主編 / 하영삼 · 강경구 공역, 『道家文化와 現代文明』, 서울 : 法仁文化社, 1996.

孔繁, 『荀子評傳』, 南京 : 南京大學 出版社, 1997.

匡亞明, 『孔子評傳』, 南京 : 南京大學 出版社, 1990.

金敬琢 譯, 『老子』, 서울 : 晨明出版社, 1987.

金忠烈, 『中國哲學散稿』 I-II冊, 청주 : 온누리, 1990.

勞思光 / 鄭仁在 譯, 『中國哲學史』(古代 · 漢唐篇 2冊), 서울 : 探求堂, 1987.

謝扶雅, 『中國政治思想史綱』, 臺北 : 中正書局, 民國 59年.

謝冰瑩 等 編譯, 『四書讀本』, 臺北 : 三民書局, 民國 80年.

薩孟武, 『中國政治思想史』, 臺北 : 三民書局, 民國 58年.

______, 『中國法治思想』, 臺北：彦博出版社, 民國 67年.
蕭公權 / 崔明・孫文鎬 譯, 『中國政治思想史』 서울：서울대학교출판부, 1998.
孫廣德, 『墨子政治思想之研究』, 臺北：中華書局, 民國 65年.
宋榮培, 『中國社會思想史』, 서울：한길사, 1986.
B. 파스칼 / 申相楚 譯, 『팡세』, 서울：乙酉文化社, 1959.
梁啓熊, 『荀子簡釋』, 上海：古籍出版社, 1957.
梁啓超, 『中國學術思想變遷之大勢』, 臺北：中華書局, 民國 60年.
______, 『先秦政治思想史』, 北京：東方出版社, 1996.
楊榮國, 『中國古代思想史』, 香港：三聯書店, 1962.
楊柳橋, 『荀子詁譯』, 北京：齊魯書社, 1985.
楊澤波, 『孟子評傳』, 南京：南京大學 出版社, 1998.
에드윈 O. 라이샤워・존 K. 페어뱅크 / 전해종・김병익 공역, 『東洋文化史』〈上〉, 서울：乙酉文化社, 1981.
王蘧常 主編, 『中國歷代思想家傳記滙詮』, 上・下冊, 上海：1993.
王先謙, 『荀子集解』, 臺北：世界書局, 民國 56年.
王叔岷, 『莊子校釋』, 國立中央研究院歷史言語研究所 專刊之26, 上海：商務印書館, 民國 36年.
王永祥, 『董仲舒評傳』, 南京：南京大學 出版社, 1995.
王淮, 『老子探義』, 臺北：商務印書館, 民國 58年.
宇野精一 主編 / 洪順隆 外譯, 『中國思想之研究』(1-3冊), 幼獅文化事業公司, 民國 66年.
劉寶楠 撰, 『論語正義』, 北京：中華書局, 1990.

李九瑞,『先秦十子思想概述』, 臺北：中華叢書編輯委員會, 民國 61年.
E. F. 슈마허 / 金鎭郁 譯,『작은 것이 아름답다』, 서울：범우사, 1990.
H. G. 크릴 / 李成珪 譯,『孔子』, 서울：지식산업사, 1983.
__________ / 李東俊・李東仁 譯,『中國思想의 理解』, 서울：經文社, 1986.
張默生,『老子章句新解』, 臺北：樂天出版社, 民國 61年.
蔣伯潛 廣解,『四書讀本』, 臺北：啓明書局, (年度未詳).
蔣錫昌,『老子校詁』, 臺北：明倫出版社, 民國 60年.
J. F. 맥리넌 / 김성숙 옮김,『혼인의 기원』, 서울：나남출판, 1996.
全樂熙,〈增補版〉『東洋政治思想硏究』, 서울：檀國大學校 出版部, 1995.
鄭仁在・鄭炳碩 共譯,『中國哲學特講』, 서울：螢雪出版社, 1985.
조성을 옮김,『中國古代思想史』, 서울：까치, 1991.
周長耀,『墨子思想之硏究』, 臺北：中正書局, 民國 66年.
陳奇猷 校注,『韓非子集釋』, 臺北：河洛圖書出版社, 民國 63年.
陳啓天,『中國法家概論』, 臺北：中華書局, 民國 59年.
陳立夫,『孟子之政治思想』, 臺北：中華書局, 民國 62年.
蔡明田 撰,『老子的政治思想』, 臺北：藝文印書舘, 民國 65年.
焦循 撰,『孟子正義』, 北京：中華書局, 1987.
馮友蘭,『中國哲學史』, 香港：文蘭圖書, 1967.
韓國文化象徵辭典編纂委員會,『韓國文化상징사전』, 서울：東亞出版社, 1992.
韓國思想硏究會,『韓國思想史』, 서울：法文社, 1978.
邢兆良,『墨子評傳』, 南京：南京大學 出版社, 1995.

黃宗羲 / 全海宗 譯,『明夷待訪錄』, 서울 : 三省出版社, 1971.

胡適,『中國古代哲學史』, 臺北 : 商務印書館, 1958.

호적 / 송긍섭 외,『중국철학사』, 서울 : 대한교과서주식회사, 1962.

Edward W. Said, *Orientalism,* New York : Patheon Books, 1978.

J. G. A. Pocock, *Politics, Language & Time : Essays on Political Thought and History,* Chicago and London : The Univ. of Chicago Press, 1989.

James Tully, ed., *Meaning and Context : Quentin Skinner and his Critics,* Princeton Univ. Press, 1988.

찾아보기

(기타)

**동아시아의
고대정치사상연구**

2006년 5월 20일 초판 인쇄
2006년 5월 31일 초판 발행

[값 18,000원]

저 자 전 락 희
발 행 단국대학교출판부
등 록 1968.2.27 :No.제03-00095호

서울시 용산구 한남동 산 8번지
(전화 02-709-2195 팩스 02-792-9281)

편집 · 성 두 현 / 표지디자인 · 이어진

인 쇄 신 양 사

Published by Dankook University Press

Printed in Seoul, Korea

ISBN 89-7092-369-1 93340